西夏学文库 第二辑

论集卷 史金波 杜建录 主编

"十三五"国家重点图书出版规划项目

国家出版基金项目
NATIONAL PUBLICATION FOUNDATION

党项西夏史论

周伟洲 著

甘肃文化出版社

图书在版编目（CIP）数据

党项西夏史论 / 周伟洲著. -- 兰州：甘肃文化出版社，2017.8
（西夏学文库 / 史金波，杜建录主编. 第二辑）
ISBN 978-7-5490-1356-2

Ⅰ.①党… Ⅱ.①周… Ⅲ.①羌（古族名）—民族历史—研究—中国②中国历史—研究—西夏 Ⅳ.①K289 ②K246.307

中国版本图书馆CIP数据核字（2017）第105213号

党项西夏史论

周伟洲 | 著

策　　划	刘　琛　郧军涛
项目负责	郧军涛
责任编辑	李浩强
封面设计	苏金虎

出版发行	甘肃文化出版社
网　　址	http://www.gswenhua.cn
投稿邮箱	press@gswenhua.cn
地　　址	兰州市城关区曹家巷1号	730030（邮编）

| 营销中心 | 王　俊　贾　莉 |
| 电　　话 | 0931-8454870　8430531（传真） |

印　　刷	西安国彩印刷有限公司
开　　本	787毫米×1092毫米　1/16
字　　数	245千
印　　张	15.5
版　　次	2017年8月第1版
印　　次	2017年8月第1次
书　　号	ISBN 978-7-5490-1356-2
定　　价	46.00元

版权所有 违者必究（举报电话：0931-8454870）
（图书如出现印装质量问题，请与我们联系）

西夏学文库
编委会

主　任：陈育宁

委　员：（以姓氏笔画排序）

牛达生　史金波　白　滨　孙宏开　孙伯君　孙昌盛
孙继民　汤晓芳　刘建丽　杜建录　李华瑞　李范文
李进增　李　蔚　佟建荣　沈卫荣　杨　浣　杨富学
杨　蕤　林英津　罗　丰　周伟洲　周　峰　波波娃
胡玉冰　荒川慎太郎　　段玉泉　贾常业　聂鸿音
索罗宁　梁松涛　韩小忙　景永时　彭向前　薛正昌

主　编：史金波　杜建录

编　务：周　峰　赵天英

中国社会科学院西夏文化研究中心
宁夏大学西夏学研究院

编

百年风雨　一路走来

——《西夏学文库》总序

一

经过几年的酝酿、规划和编纂,《西夏学文库》(以下简称《文库》)终于和读者见面了。2016年,这一学术出版项目被列入"十三五"国家重点图书出版规划,2017年入选国家出版基金项目,并在"十三五"开局的第二年即开始陆续出书,这是西夏学界和出版社共同努力的硕果。

自1908、1909年黑水城西夏文献发现起,近代意义上的西夏学走过了百年历程,大体经历了两个阶段:

20世纪20年代至80年代为第一阶段,该时期的西夏学有如下特点:

一是苏联学者"近水楼台",首先对黑水城西夏文献进行整理研究,涌现出伊凤阁、聂历山、龙果夫、克恰诺夫、索弗罗诺夫、克平等一批西夏学名家,出版了大量论著,成为国际西夏学的"老大哥"。

二是中国学者筚路蓝缕,在西夏文文献资料有限的情况下,结合汉文文献和文物考古资料,开展西夏语言文献、社会历史、文物考古研究。20世纪30年代,王静如出版三辑《西夏研究》,内容涉及西夏佛经、历史、语言、国名、官印等。1979年,蔡美彪《中国通史》第六册专列西夏史,和辽金史并列,首次在中国通史中确立了西夏史的地位。

三是日本、欧美的西夏研究也有不俗表现,特别是日本学者在西夏语言文献和党项古代史研究方面有着重要贡献。

四是经过国内外学界的不懈努力,至20世纪80年代,中国西夏学界推出《西夏史稿》《文海研究》《同音研究》《西夏文物研究》《西夏佛教史略》《西夏文物》等一系列标志性成果，发表了一批论文。西夏学从早期的黑水城文献整理与西夏文字释读，拓展成对党项民族及西夏王朝的政治、历史、经济、军事、地理、宗教、考古、文物、文献、语言文字、文化艺术、社会风俗等全方位研究，完整意义上的西夏学已经形成。

20世纪90年代迄今为第二阶段，这一时期的西夏学呈现出三大新特点：

一是《俄藏黑水城文献》《英藏黑水城文献》《日本藏西夏文文献》《法藏敦煌西夏文文献》《斯坦因第三次中亚考古所获汉文文献（非佛经部分）》《党项与西夏资料汇编》《中国藏西夏文献》《中国藏黑水城汉文文献》《中国藏黑水城民族文字文献》《俄藏黑水城艺术品》《西夏文物》（多卷本）等大型文献文物著作相继整理出版，这是西夏学的一大盛事。

二是随着文献文物资料的整理出版，国内外西夏学专家们，无论是俯首耕耘的老一辈学者，还是风华正茂的中青年学者，都积极参与西夏文献文物的诠释和研究，潜心探索，精心培育新的科研成果，特别是在西夏文文献的译释方面，取得了卓越成就，激活了死亡的西夏文字，就连解读难度很大的西夏文草书文献也有了突破性进展，对西夏历史文化深度开掘做出了实质性贡献。举凡西夏社会、政治、经济、军事、文化、法律、宗教、风俗、科技、建筑、医学、语言、文字、文物等，都有新作问世，发表了数以千计的论文，出版了数以百计的著作，宁夏人民出版社、上海古籍出版社、中国社会科学出版社、社科文献出版社、甘肃文化出版社成为这一时期西夏研究成果出版的重镇。宁夏大学西夏学研究院编纂的《西夏研究丛书》《西夏文献研究丛刊》，中国社会科学院西夏文化研究中心联合宁夏大学西夏学研究院等单位编纂的《西夏文献文物研究丛书》是上述成果的重要载体。西夏研究由冷渐热，丰富的西夏文献资料已悄然影响着同时代宋、辽、金史的研究。反之，宋、辽、金史学界对西夏学的关注和研究，也促使西夏研究开阔视野，提高水平。

三是学科建设得到国家的高度重视，宁夏大学西夏学研究中心（后更名西夏学研究院）被教育部批准为高校人文社科重点研究基地，中国社会科学院将西夏学作为"绝学"，予以重点支持，宁夏社会科学院和北方民族大学也将西夏研究列为重点。西夏研究专家遍布全国几十个高校、科研院所和文物考古部门，主持完成和正在开展近百项国家和省部级科研课题，包括国家社科基金特别委托项目"西夏文献文物研究",重大项目"黑水城西夏文献研究""西夏通志""黑水城出土医药文献整理研究",教育部重大委托项目"西夏文大词典""西夏多元文化及其历史地位研究"。

研究院按照教育部基地评估专家的意见,计划在文献整理研究的基础上,以国家社科基金重大项目和教育部重大委托项目为抓手,加大西夏历史文化研究力度,推出重大成果,同时系统整理出版百年来的研究成果。中国社会科学院西夏文化研究中心也在继承传统、总结经验的基础上,制订加强西夏学学科建设、深化西夏研究、推出创新成果的计划。这与甘肃文化出版社着力打造西夏研究成果出版平台的设想不谋而合。于是三方达成共同编纂出版《文库》的协议,由史金波、杜建录共同担纲主编,一方面将过去专家们发表的优秀论文结集出版,另一方面重点推出一批新的研究著作,以期反映西夏研究的最新进展,推动西夏学迈上一个新的台阶。

二

作为百年西夏研究成果的集大成者,作为新时期标志性的精品学术工程,《西夏学文库》不是涵盖个别单位或部分专家的成果,而是要立足整个西夏学科建设的需求,面向海内外西夏学界征稿,以全方位展现新时期西夏研究的新成果和新气象。《文库》分为著作卷、论集卷和译著卷三大板块。其中,史金波侧重主编论集卷和译著卷,杜建录侧重于主编著作卷。论集卷主要是尚未结集出版的代表性学术论文,因为已公开发表,由编委会审核,不再匿名评审。著作卷由各类研究项目(含自选项目)成果、较大幅度修订的已出著作以及公认的传世名著三部分组成。所有稿件由编委会审核,达到出版水平的予以出版,达不到出版水平的,则提出明确修改意见,退回作者修改补正后再次送审,确保《文库》的学术水准。宁夏大学西夏学研究院设立了专门的基金,用于不同类型著作的评审。

西夏研究是一门新兴的学科,原来人员构成比较单一,学术领域比较狭窄,研究方法和学术水准均有待提高。从学科发展的角度看,加强西夏学与其他学科的学术交流,是提高西夏研究水平的有效途径。我国现有的西夏研究队伍,有的一开始即从事西夏研究,有的原是语言学、历史学、藏传佛教、唐宋文书等领域的专家，后来由于深化或扩充原学术领域而涉足西夏研究，这些不同学术背景的专家们给西夏研究带来了新的学术视角和新的科研气象，为充实西夏研究队伍、提高西夏研究水平、打造西夏学学科集群做出了重要的贡献。在资料蒐集、研究方法和学术规范等方面，俄罗斯、日本、美国、英国和法国的西夏研究者值得我们借鉴学习，《文库》尽量把他们的研究成果翻译出版。值得一提的是，我们还特别请作者，特别是老专家在各自的著述中撰写"前言"，深入讲述个人从事西夏研究的历程，使大家深切感受各位专家倾心参与西夏研究的经历、砥砺钻研的刻苦精神，以及个中深刻的体会和所做出的突出成绩。

《文库》既重视老专家的新成果，也青睐青年学者的著作。中青年学者是创新研究的主力，有着巨大的学术潜力，代表着西夏学的未来。也许他们的著作难免会有这样那样的不足，但这是他们为西夏学殿堂增光添彩的新篇章，演奏着西夏研究创新的主旋律。《文库》的编纂出版，既是建设学术品牌、展示研究成果的需要，也是锻造打磨精品、提升作者水平的过程。从这个意义上讲，《文库》是中青年学者凝练观点、自我升华的绝佳平台。

入选《文库》的著作，严格按照学术图书的规范和要求逐一核对修订，务求体例统一，严谨缜密。为此，甘肃文化出版社成立了《西夏学文库》项目组，按照国家精品出版项目的要求，精心组织，精编精校，严格规范，统一标准，力争将这套图书打造成内容质量俱佳的精品。

三

西夏是中国历史的重要组成部分，西夏文化是中华民族文化不可或缺的组成部分。西夏王朝活跃于历史舞台，促进了我国西北地区的发展繁荣。源远流长、底蕴厚重的西夏文明，是中华各民族兼容并蓄、互融互补、同脉同源的见证。深入研究西夏有利于完善中国历史发展的链条，对传承优秀民族文化、促进各民族团结繁荣有着重要意义。西夏研究工作者有责任更精准地阐释西夏文明在中华文明中的地位、特色、贡献和影响，把相关研究成果展示出来。《文库》正是针对西夏学这一特殊学科的建设规律，瞄准西夏学学术发展前沿，提高学术原创能力，出版高质量、标志性的西夏研究成果，打造具有时代特色的学术品牌，增强西夏学话语体系建设，对西夏研究起到新的推动作用，对弘扬中国优秀传统文化做出新的贡献。

甘肃是华夏文明的重要发祥地之一，也是中华民族多元文化的资源宝库。在甘肃厚重的地域文明中，西夏文化是仅次于敦煌文化的另一张名片。西夏主体民族党项羌自西南地区北上发展时，最初的落脚点就在现在的甘肃庆阳一带。党项族历经唐、五代、宋初的壮大，直到占领了河西走廊后，才打下了立国称霸的基础。在整个西夏时期，甘肃地区作为西夏的重要一翼，起着压舱石的作用。今甘肃武威市是西夏时期的一流大城市西凉府所在地，张掖市是镇夷郡所在地，酒泉市是番和郡所在地，都是当时闻名遐迩的重镇。今瓜州县锁阳城遗址为西夏瓜州监军所在地。敦煌莫高窟当时被誉为神山。甘肃保存、出土的西夏文物和文献宏富而精彩，凸显了西夏文明的厚重底蕴，为复原西夏社会历史提供了珍贵的历史资料。甘肃是西夏文化的重要根脉，是西夏文明繁盛的一方沃土。

甘肃文化出版社作为甘肃本土出版社，以传承弘扬民族文化为己任，早在20多年前就与宁夏大学西夏学研究中心（西夏学研究院前身）合作，编纂出版了《西夏研究丛书》。近年来，该社精耕于此，先后和史金波、杜建录等学者多次沟通，锐意联合编纂出版《西夏学文库》，全力申报"十三五"国家图书出版项目和国家出版基金项目，践行着出版人守望、传承优秀传统文化的历史使命。我们衷心希望这方新开辟的西夏学园地，成为西夏学专家们耕耘的沃土，结出丰硕的科研成果。

史金波　杜建录

2017年3月

前　言

中国古代的党项族，以其建立西夏政权和创造自己独特的文化，在中国历史上占有重要的一页。西夏及其文化的形成，经历了漫长的历史发展过程，因此研究党项族早期历史及其与邻近诸族的关系，就成为正确理解和评价西夏及其文化特点的重要因素之一。而党项族的早期历史，主要经历了中国统一时期的唐代和分裂割据的五代；他们的活动对唐、五代的历史均产生过重要的影响，是唐、五代史的组成部分。所以，无论从中国民族史、西夏史和唐、五代史等方面来看，研究唐、五代时期的党项历史都具有重要的学术价值和现实意义。

可是，关于唐、五代时期党项史的研究，过去国内学术界并没有予以足够的重视。目前有关这方面的论著，主要有韩荫晟先生的《党项与西夏资料汇编》（宁夏人民出版社，1983年）[①]和日本学者冈崎精郎先生的《タングート古代史研究》（《党项古代史研究》，东洋史研究会，1972年）；前者主要是资料汇编，而后者虽有一定的学术水平，但也存在一些问题。

鉴于此，作者吸取了前人的研究成果，特别是上述韩荫晟、冈崎精郎两位先生的研究成果，写下了这本《唐代党项》，大胆地发表了一些不够成熟的看法，以求教于广大读者。

此书于1988年由三秦出版社出版。此后，国内外西夏学研究获得了突飞猛进之发展，原藏于俄国的大批西夏文文献相继在中国出版，有的还译成汉文。而有关党项（包括西夏）的文物考古资料也相继公布。其中关于唐五代

---

① 此书修订完整版于2000年由宁夏人民出版社出版。

党项的文物考古资料，如在今内蒙古乌审旗和陕西榆林地区发现和出土一批关于党项拓拔氏的墓志和文物，对唐至五代早期党项史的研究更具有十分重要的价值。因此，在2006年承蒙广西师范大学出版社的邀约，笔者依据上述资料，在保持原著的基础上，对拙著进行了一些修订和增补，再版拙著《唐代党项》。

时间过得真快，转眼之间2006年再版的《唐代党项》一书又过了整整的10年。承蒙著名学者、西夏学研究专家史金波先生盛情邀约，整理出版笔者过去有关党项西夏论著，故依据近十年来国内相关研究，再次对拙著《唐代党项》进行修订，作为"上编"；并将过去发表的有关党项西夏的论文结集，作为"下编"，又另附笔者早年的译文一篇，一并再版。若笔者有关上述党项西夏的论著，对年轻的学人有一点帮助的话，笔者也就心满意足了。

周伟洲
2016年7月于陕西师范大学

目 录

上编　唐代党项

第一章　绪论　003
　　一、党项的族源及原分布地　003
　　二、党项拓跋氏的族属问题　007
　　三、初期党项的社会组织及习俗　013
　　四、早期党项与吐谷浑、隋朝的关系　015

第二章　唐初党项的降附及党项诸羁縻府州的设置　018
　　一、唐初对党项的招抚及诸羁縻府州的建立　018
　　二、唐贞观九年前后的党项诸部　021

第三章　唐代党项的内徙与分布　023
　　一、党项内徙的时间及情况　023
　　二、党项内徙后的分布及活动　032
　　三、唐安史之乱后党项第二次大迁徙　037

第四章　唐朝中后期的党项　043
　　一、唐朝对内徙党项的政策　043
　　二、内徙党项的社会组织和经济状况　048
　　三、唐边将的暴虐及党项的反抗　050

第五章　唐末党项拓跋部的崛起及其割据势力的形成　060
　　一、党项拓跋部的崛起——定难军节度使的建立　060
　　二、藩镇交争中的定难军节度　066

第六章 五代时期的党项　　075
　　一、五代时党项概说　　075
　　二、夏州节度使李氏割据势力的发展　　084
　　三、西路党项和中西交通　　093
　　四、麟、府等地的党项折氏　　105

下编　党项西夏论文

陕北出土三方唐五代党项拓跋氏墓志考释
　　——兼论党项拓跋氏之族源问题　　115
早期党项拓跋氏世系考辨　　133
早期党项拓跋氏世系补考　　142
五代冯晖墓出土文物考释　　149
五代至宋初陕北党项及宋夏在陕北的争战和影响　　169
宋初党项李氏割据势力的消亡与复兴　　184
夏州党项李氏割据政权的巩固与西夏建国基础的奠定　　194
元昊简论　　206

附录　译文

西夏的兴起与青白盐问题　　213

主要引用、参考论著目录　　222
索引　　226

上编

唐代党项

第一章 绪 论

一、党项的族源及原分布地

中国史籍中有党项专传的是唐魏徵等撰的《隋书》,唐李延寿所撰《北史》,唐杜佑撰的《通典》,五代、北宋时修纂的《旧唐书》《新唐书》《五代会要》《新五代史》《旧五代史》,元代所修的《宋史》等。这些重要的史籍,或直接称党项为"党项羌",或记其源于"三苗之后",或云"汉西羌之别种(或'遗种')也"。所谓"三苗之后",乃因汉代史籍称羌"出自三苗,姜姓之别也"①。总之,史籍所记党项是源于羌。

《旧唐书》卷一九八《党项传》等还记述了汉魏以来西羌与党项的关系,说"党项羌在古析支之地,汉西羌之别种也。魏、晋之后,西羌微弱,或臣中国,或窜山野。自周氏灭宕昌、邓至之后,党项始强"。汉代的西羌主要居地"滨于赐支,至乎河首,绵地千里。赐支者,《禹贡》所谓析支者也"②。析支,即指今青海河曲一带,这里是羌族发源之地。党项既然在古析支之地,从分布的中心来看,他是与西羌同源的。西羌早在汉代就曾大量内徙于河陇及关中一带。而遗留在原居地的广大羌族,在西晋末则为原属东北慕容鲜卑的一支——吐谷浑所统治。只是在吐谷浑的东边有两个羌族所建的小政权,即宕昌(中心在今甘肃宕昌)和邓至(中心在今四川九寨沟)。这两个小政权事实上也是附属于吐谷浑的③。西魏废帝元年(552年),西魏逐吐谷浑势力出邓至。于此设邓宁郡(邓州),邓至亡。宕昌在北周保定四年(564年)为周大将田弘击灭,后于此设宕州。宕昌、邓至灭亡后,"党项始强"。以后,宕昌、邓至有一部分则融入党项,成为其组成部分。故《隋书·党项传》云"其种

---

① [宋]范晔撰,[唐]李贤等注:《后汉书》卷八七《西羌传》,北京:中华书局,1965年。本书所引《后汉书》皆源于此版本,后文不注。下同。
② 《后汉书·西羌传》。
③ 详细论述见拙作《吐谷浑史》,银川:宁夏人民出版社,1985年,第61—62页。

有宕昌、白狼(即白兰羌)"①。因此可以说,党项羌应是汉魏后居于今青海、甘南和四川西北的西羌诸部发展而来,是居于这些地区的西羌在北周后的泛称。

北周后,党项羌兴起,其分布地极广,《隋书·党项传》说:"东接临洮(治今甘肃岷县)、西平(今青海西宁),西拒叶护,南北数千里,处山谷间。"《旧唐书·党项传》则说:"其界东至松州(治今四川松潘),西接叶护,南杂春桑、迷桑等羌,北连吐谷浑,处山谷间,亘三千里。"后者大约是唐代人进一步了解党项羌及其分布后所做的叙述,因而较为全面和准确。

党项东边邻唐松州,隋时此地属同昌郡;"西接叶护",此"叶护",过去中外学者均认为指西突厥统叶护可汗,如果泛指隋及唐初吐谷浑统治的部分党项羌以西之地而言,这一说法似乎还可成立。因为当时吐谷浑的西境一直达鄯善(今新疆若羌)、且末,与在西域称雄的西突厥相邻。若仅指党项羌而言,则不够确切,因当时党项各部在吐谷浑之南,西边仅达黄河河曲一带。党项的南部与春桑(一作"舂桑")、迷桑等羌杂处,春桑、迷桑地当在今青海、四川交界处及今果洛、阿坝藏族自治州一带。据有的学者研究,"桑"本为藏语 gzing,意为草地、牧场,有水草之地。春桑即春天放牧的地方。至今青海的果洛、四川的阿坝地区,仍有"春桑""冬桑""墨桑""申桑"等地名②。

《隋书》卷八三《附国传》亦记:"其东北连山,绵亘数千里,接于党项。往往有羌:大、小左封,昔卫,葛延,白狗,向人,望族,林台,春桑,利豆,迷桑,婢药,大峡,白兰,叱利摸徒,那鄂,当迷,渠步,桑悟,千碉,并在深山穷谷,无大君长。其风俗略同于党项,或役属吐谷浑,或附附国。"春桑、迷桑居地的叙述与前相合,在党项之南。"婢药",亦即"弥药"(minyag),是吐蕃对党项的称呼。其余皆羌族部落名,地在今青海东南和四川西北一带。

又 1908 年至 1909 年,俄国科兹洛夫(Л.К.Козлов)探险队,在我国内蒙古额济纳旗黑水城遗址盗掘的西夏文文书中,有一些西夏文诗歌、谚语。其中有一首诗是颂扬党项人祖先的。现据陈炳应从俄文译释的有关段落,抄录如下:

黔首石城漠水畔,红脸祖坟白河上,高弥药国在彼方。③

据中外大多数学者的意见,"红脸"(或译作"赭面")指党项族,其祖坟在"白

---

① 关于白狼即白兰的考证,参见周伟洲、黄颢:《白兰考》,载《青海民族学院学报》1983 年第 2 期。
② 李范文:《党项原始居地考》,1982 年银川西夏学术讨论会论文。
③ 陈炳应:《西夏文物研究》,银川:宁夏人民出版社,1985 年,第 346 页。

河上",白河系指其发源之地,即今嘉陵江上游白龙江(古称"白水")。"弥药"是党项人自称,以后吐蕃沿用此名。① 也有的学者认为:西夏党项羌人所称的"白河上国"的意思是"上(尊尚)白",西方属金,金是白色的,由于尚白而命名为"白上国"。② 从上引西夏诗句来看,前一解释较胜。这也证明党项羌的原分布地是在今青海、甘南和四川西北一带。

在另一部西夏文典籍《圣立义海》卷四《山之名义》中,也提到党项人的原始居地。如在"白河根本"句下注:"白高河水本出白峰根源,民庶基也";在"冬夏降雪"下注:"夏国(一作'蕃国')三大山,冬夏降雪,日照不化,永积。有贺兰山、积雪山、焉支山。"贺兰山、焉支山,应即今宁夏、甘肃同名之山。积雪山,同书注:"雪山绵长不断,诸国皆至,乃白高河本源。"③ 可见,"白高河"为党项人的根本、本源,民庶基地,是他们祖先的原居地。此河发源于岷山,山终年积雪,故有学者认为,《圣立义海》所说的"积雪山",即指今岷山。④ 发源此山的白高河即今白龙江。党项人的原始居地,在今白龙江上游。因此,西夏文与汉文文献关于党项原居地的记载,基本上是一致的。

《隋书·党项传》还记:党项"每姓别为部落,大者五千余骑,小者千余骑"。《旧唐书·党项传》则说:"其种每姓别自为部落,一姓之中复分为小部落;大者万余骑,小者数千骑,不相统一。"后者所记数字较前大,可能是从隋代到唐初,其每个部落内人户增加了的缘故。⑤《旧唐书·党项传》等还记载了八个以姓氏为部名的部落,即"有细封氏、费听氏、往利氏、颇超氏、野辞氏(《通典》作'野律氏')⑥、房当氏、米擒氏、拓跋氏(史籍又译作托跋氏、拓拔氏等),而拓跋最为强族"。八部的居地,史籍阙载。据近人吴景敖《西陲史地研究》说"自吐蕃入侵党项,诸姓内徙,诸部旧称尚有留作地名以至于今日者",据他考证:

拓跋氏 "位于洮、岷西南一度设置叠州之'叠布'(今甘肃迭部),以至松州西北甘松故地之'铁巴'诸部,皆为'拓跋'部之转音。"又《新唐书·党项传》记贞观九年李靖等击吐谷浑,有党项大酋拓跋赤辞屯狼道峡(《旧唐书》作狼道坡)以抗唐军,"狼道坡故址,盖即今下叠部东界之罗达(今译作'拉达')"。

---

① 如聂历山(Н.А.левский):《西夏语文学》,莫斯科1960年;罗福成:《西夏文经典目录考略》,载《西夏文专号》;李范文:《西夏研究论集》,银川:宁夏人民出版社,1983年,等等。
② 吴天墀:《西夏史稿》(增订本),成都:四川人民出版社,1983年。
③ 克恰诺夫、李范文、罗矛昆:《圣立义海研究》,银川:宁夏人民出版社,1995年,第58—59页。
④ 同上书,第34页。
⑤ 参见冈崎精郎:《党项古代史研究》,东洋史研究会,1972年,第11页。
⑥ 野辞氏或野律氏,疑即史籍中记党项大姓野利氏,律、利一音之转。

房当氏 "'犀(房)当'故址,即今临潭县西拉力关西仓土官辖境之西塘。"

细封氏 "'细封'故址,当今拉卜楞郭莽寺所属安睹六族中之细华,藏语之转称细华,盖目此为多雹之地。"

米擒氏 "'米擒'当即《宋书》之昂城,亦即《唐书》中之误为'昂城者',其故址为今松潘境西北大金川上游细华以南陌昌(今阿坝)地方。"

把利氏 "'把利'故址当为今夏河西南洮河北岸之薄拉地方。"

颇超氏 "'颇超'故址当即今果洛西南近色达处柏华昌地方。"

野辞氏 "'野辞'故址当为今果洛贡马昌属境黄河岸之蛙色尔地方。"①

吴氏考证的党项七部居地,除拓跋氏部居地考证有一些根据外,其余六部均系推测,难以尽信。但其推测的党项七部居地,皆在史籍所述党项原居地范围之内,大的方位是正确的。

除了上述党项八部外,两《唐书·党项传》还记载了两个大的党项部落:黑党项和雪山党项。

黑党项 《旧唐书·党项传》说:"又有黑党项,在于赤水之西。李靖之击吐谷浑也,浑主伏允奔黑党项,居以空闲之地。"关于黑党项的"黑"字,冈崎精郎《党项古代史研究》引白鸟库吉《室韦考》等对黑鞑靼、白鞑靼,黑匈奴、白匈奴的解释,认为"白"是指比较文明的部落,"黑"即与"白"对应,指比较野蛮的部落,在党项族中受尊重的部族往往加上"黑"的称呼。他又引西田龙雄的说法,即"弥药"一词本身就有"黑党项"之意;作为党项中心的黑党项,在《辽史》卷三三《营卫志下》"圣宗三十四部"之一西南路招讨司所辖的"鹤剌唐古(喀剌唐古,黑党项之意)"中得以承续②。至于黑党项的居地,是"在于赤水之西"。此赤水,冈崎精郎以为即吐谷浑赤水(今青海共和)③,此说近似。按上引《旧唐书·党项传》说:"李靖之击吐谷浑也,浑主伏允奔黑党项,居以空闲之地",而贞观九年李靖北路军李大亮等追击伏允,曾至"河源",此河源应为隋炀帝灭吐谷浑后所设之河源郡(治赤水,今青海兴海),则黑党项居地当在今青海兴海县以西之地④。

雪山党项 《旧唐书·党项传》记:"又有雪山党项,姓破丑氏,居于雪山之下。"冈崎精郎《唐代党项的发展》一文认为,雪山党项是由其住地名雪山而命名,此说是。但他考证此雪山是《元和郡县图志》卷三二松州嘉诚县(今四川松潘)所记,在

---

① 见吴景敖:《西陲史地研究》,上海:中华书局,1948年,第21—22页。
② 见冈崎精郎:《党项古代史研究》,第28—29页。
③ 同上书,第28页。
④ 参见拙著《吐谷浑史》,银川:宁夏人民出版社,1985年,第90页。

县东八十里之雪山①,此说则误。后作者在《党项古代史研究》中,仍然坚持此说;同时也注意到雪山党项破丑氏,唐代史籍又称其为"河西党项"②;如此则雪山党项居地在河西九曲。其实,雪山党项破丑氏居地应在河西,即河曲西;所谓"雪山",绝非指松州之雪山,而是指河西之大积石山。雪山,非专名,唐时祁连山、岷山等因终年积雪,均有时称为雪山,大积石山当亦无例外。

关于党项的名称问题,过去中外学者讨论甚多,大致有以下几点认识是基本一致的:"党项"一词,是内地汉族对他的称谓;北方突厥等族则称之为"唐古特"(Tangut),这在立于唐开元二十三年(735年)的突厥文《毗伽可汗碑》文可以找到证明③。唐古特(唐古)应即党项的异译,即是说北方民族是沿用了内地汉族的称呼。藏族(吐蕃)称党项为"弥药"(Minyag),汉、藏史籍均有明确记载。至于党项人自称,据有的学者推测,可能与藏族人对他们的称呼相同,称为"弥药"或"弥人"。前引西夏文诗歌有"高弥药国在彼方"一句,似乎西夏人(党项)确自称为"弥药"。

"党项"一词的原意,中外研究者的看法分歧很大。如丁绣认为:"党、宕音近,藏语'党'谓高寒平旷之地,'昌'一作'项',意亦为荒野或二水之交,故谓'党项'即'宕昌'。"吴景敖不同意丁绣党项即宕昌之说,但未释"党项"的原意。④上引王静如先生《西夏国名考》,则疑"党"即上古音"羌"之讹,加"ut"为其复数,故汉族称之为"党项"(唐古特)。日本寺本婉雅认为"党项"有"广大草原"之意,是藏语"Than Skud"的对音(《西藏古代民族之研究下》,载《支那佛教史学》1卷3号);青木文教则认为藏语"T'angrgot"有野蛮人的原野的意思,指西藏高原的游牧地区,是否以此来为党项命名,则不得而知(《西藏文化之新研究》)。⑤而冈崎精郎在其《党项古代史研究》一书中,则引西田龙雄的说法,以党项自称"弥药"有"黑色的党项"之意。以上诸家的说法,均可备一说,要取得一致的、正确的结论,看来还需进一步研讨。

二、党项拓跋氏的族属问题

党项既然是汉魏的西羌发展而来,那么自魏晋南北朝以来,原西羌诸部在发展过程中,是否又杂入了其他民族成分呢?魏晋以来,东北和北方的鲜卑族曾大

---

① 此文载《东方史论丛》(第1卷),养德社,昭和二十二年(1947年)。
② 《新唐书》卷八八《刘师立传》。
③ 见岑仲勉:《突厥集史》(下册),北京:中华书局,1958年,第914页。
④ 以上均见吴景敖:《西陲史地研究》,第20页。
⑤ 转引自冈崎精郎:《唐代党项的发展》一文。

量向西北迁徙,著名的就有河西鲜卑(以秃发鲜卑为主)、陇西鲜卑(以乞伏鲜卑为主)、吐谷浑、折掘等。特别是从辽东慕容鲜卑中分离出来的吐谷浑,于晋永嘉末(312—313年)西迁至今青海、甘南及四川西北,统治了该地羌、氐等族,时间长达三百余年。其间,吐谷浑与党项关系极为密切。因此,西北的羌族(包括党项羌)受到原北方鲜卑族的影响是毫无疑义的。

问题是党项八部中最强的拓跋氏,与建立北魏的鲜卑拓跋氏(后改元氏),字音相同,两者是否同源?也就是说,党项拓跋氏是否是鲜卑拓跋氏的后裔,而非源于羌?这个问题可以说是中国历史的一个难解之谜。从唐代以来,中国史籍就有不同的记载,到党项拓跋氏首领元昊建立西夏,正式提出自己出于元魏拓跋氏之后,使问题更为复杂。近代以来,中外学者就这一问题展开了讨论,两种意见争鸣不已,谁也说服不了谁。下面我们对近几十年双方主要论点做一简介,并表示一些看法。

(一)关于文献的记载问题。前引中国史籍关于党项专传及一般论述中,均云党项出自羌,其中自然包括党项拓跋氏在内。但也有一些史籍记载党项拓跋氏出自元魏拓跋鲜卑的。这类史籍大致可分为两大类:一是时间稍后,且出白西夏统治者拓跋氏之手。如《宋史·夏国传上》元昊上宋朝表、《续资治通鉴长编》卷一二五宝元二年十一月西夏使贺九言致宋书中语、《金史·西夏传》的《夏国谱系·序》等。持反对意见的研究者认为,这些记载均出自西夏统治者之口,有"冒认"和"高攀"之嫌,有以此来证明西夏立国合法性的用意,不足为据。就是认为党项拓跋氏源于鲜卑的学者,也认为说西夏统治者没有"冒认""高攀"的必要的看法,是不合乎事实的。另一类史籍是时代较早,或出自西夏人以外其他族之手的。如汤开建先生最近发表的《关于西夏拓跋氏族源的几个问题》一文中[①],就列举了数种:

首先是唐林宝《元和姓纂》卷一〇"拓跋"条,将元魏鲜卑拓跋氏的谱系直接与党项拓跋氏联系在一起,且称党项拓跋氏为"东北藩"。这条资料出自唐代,时间较早,而且是汉族所纂姓氏著作,自然有它的权威性。但是,正如陈炳应先生所说:"第一,据《元和姓纂校勘记》的考证,此书早已亡佚,是孙季述从《永乐大典》和其他文献中钩沉补辑的。而且,林宝成书过于匆忙,孙季述的校录时间更为紧迫,所以书中错误很多。第二,说到西夏族源问题最早的史籍都说党项是羌族,并未提到有鲜卑族混入。""第三,'拓跋'之名并非鲜卑族所独有。在唐代初期,今西藏地区就居住着自称'达布'的少数民族。今甘肃、四川交界处居住着一个尚未正

---

① 载《中国史研究》1986年第4期。

式识别族属的民族,他们自称'达布''夺簸'。"①而《姓纂》及《宋史·宋琪传》称内迁至夏州的平夏部党项拓跋氏为"东北蕃"或"蕃姓",是因他们内迁至河套南,故云"东北蕃";"蕃",绝非专指鲜卑而言,因为到唐代所谓"鲜卑"早已融入汉族和其他少数民族之中。唐宋时期,"蕃"不过是内地汉族对少数民族的泛称,而且主要指西北的羌(包括党项)、吐蕃等。至于宋琪称"俗谓平夏拓跋,盖蕃姓也","谓之南山野利,盖羌族之号也","蕃姓"与"羌族之号",一指姓氏,一指部落号(亦为姓氏),这仅是作者为使用词不相雷同而所有差异,绝非是将两者对立起来,视为两个不同民族的概念。唐宣宗《洗雪平夏党项德音》开首就说:"平夏、南山虽云有异,源流风俗本贯不殊。"②这就是明证。

其次,《辽史·西夏外记》说:"西夏,本魏拓跋氏后,其地则赫连国也。"这段记述可以说与《金史·西夏传》同出一辙。辽、金统治阶级只不过是"相信"了西夏统治者自己的说法,虽"绝不是攀附之辞",但他们与西夏统治阶级一样,是与汉族所建的宋朝相对立的,有着同样的心理状态,故宁愿相信西夏统治者追溯的祖先,与西夏一样取得了在内地建立政权的合法性。

又《范文正公文集补编》卷一将元昊列为"胡人",与拓跋珪、石勒、苻坚、刘聪等"胡人"并列。这自然是党项内徙至夏、灵、庆等州后,与北方少数民族("胡人")杂处数百年之久,深染胡风,故宋人称其为"东北藩",或与胡人(而且是历史上曾于内地建立过政权的胡人)并列,亦情理中事,不能以此证明党项拓跋氏源于鲜卑。

至于宋欧阳修《归田录》卷一云:"赵元昊以河西叛,改姓元氏,朝廷恶之,遽改元曰:'康定'。"这不过是说元昊自称元魏之后而已。元昊非改姓元氏,而是改姓"嵬名"(于弥)。此词的音义,西夏学者自有解释,如史金波先生《西夏名号杂考》(载《中央民族学院学报》第4期)就认为,嵬名是西夏语译音,意为"近亲的党项"。如按有的学者意见,嵬名即"元"的西夏语音,西夏先世也就是姓元氏,元昊并非改姓,而是恢复旧姓;那么元氏本是北魏拓跋氏之改姓,元昊要复旧姓,当复"拓跋",而绝不会复北魏孝文帝汉化时改拓跋为元的汉姓。

又有的学者以吐蕃称党项为弥药,此与南北朝时北方族中"弥俄突"姓相近,说明党项拓跋氏源于北方鲜卑。③其实,弥药与弥俄突除了音有些相似之外,并无

---

① 见陈炳应:《西夏文物研究》,第154—155页。
② 《唐大诏令集》卷一二九。
③ 吴天墀:《论党项拓跋氏族属及西夏国名》,载《西北史地》1986年第1期。

任何关系。弥俄突,多为高车(铁勒)人姓氏,与鲜卑姓氏也相距甚远。

还有一种说法,即北宋朝廷不敢让西夏统治者了解元魏的历史是心虚的表现,反证党项拓跋氏的确与元魏有关。这一问题又可以从相反的角度来解释,即北宋统治者不愿西夏更多地了解元魏的历史,以防他从中吸取元魏时事,将自己打扮成元魏的继承者,"弄假成真",不好对付。这恰好证明西夏统治者并非元魏之后裔。

总之,自西夏元昊正式打出了自己是元魏拓跋氏后裔、阴山贵种的招牌之后,从各方面强调和力图论证这一说法,以巩固自己的地位。这在中国封建社会的历史上是屡见不鲜的事。而此后宋、元、明、清,以至近代的史籍,包括私人著述、笔记等,无不受其影响。因此,元昊以后各代有关的记载,不能不使我们提出疑问。如若没有确切的论据,党项拓跋氏源于元魏拓跋氏的说法是难以令人相信的。

(二)文献和碑铭中,多有将西夏统治者与"羌"人对立起来的论述,这是主张党项拓跋氏源于鲜卑拓跋氏的证据之一。我们认为,这种矛盾和对立是存在的,但这一对立和矛盾不是民族之间(即鲜卑与羌)的,而是统治阶级与被统治阶级之间的矛盾和对立。更何况西夏统治者从元昊时起,自称为元魏拓跋氏之后,在其颁布的诏书或使用的语言上,将统治区域内的,包括党项羌在内的羌族部落(有时汉文所译之"羌",在原西夏文为"bod",即吐蕃),与自称鲜卑贵种对立起来,完全是正常的。这丝毫不能证明西夏统治者拓跋氏是源于鲜卑。

(三)至于文献中记载西夏(宋元时亦称为"河西""唐兀")的风俗制度,多沿袭北方民族;西夏语(如现存的《河西译语》)中含有大量北方民族阿尔泰语系的成分,这是持党项拓跋氏源于鲜卑论者所津津乐道的。我们首先肯定上述看法是客观的事实,但是从此仍然不能得出党项拓跋氏源于鲜卑的结论来。道理很简单,因为党项(包括拓跋氏)在唐初时已纷纷内迁至今陕北、宁夏及甘肃陇右一带,相继生活了四五百年之后,他们与北方诸族及汉族交往密切,相互影响;特别是内迁至夏州的党项拓跋氏部更靠近大漠南北的北方民族,习俗、语言深受北方诸族的影响,那是自不待言的。据研究西夏语文的专家史金波先生的意见,现存的西夏多种类型的字典、辞书,如《番汉合时掌中珠》《文海》《文海宝韵》《同音》《五音切韵》及大批西夏义文献,经过几代西夏学家对西夏语文的分析研究,得出的结论是:西夏语属汉藏语系藏缅语族。至于《河西译语》,其中确有某些阿尔泰语成分,但其所记录的语言,是在西夏亡后。党项人经过与其他民族的融合,已不能代表西夏时期的西夏语。据历史资料看,党项的习俗,如衣着、发式、婚姻、丧葬、复仇方式等亦多与羌系民族相近。①因此,到公元11世纪初,元昊建西夏政权之后,西夏统治阶级和党项人有显著的"胡化"倾向,语言杂有北方阿尔泰语系的成分,这一切均是很自然的事。甚至元昊所颁布的"秃发令",也一方面是因党项习俗深受北方民族的影响,另一方面也因元昊自称鲜卑之后,自然要"假戏真做",仿效"祖先"秃发(即"索头")了。

也正因为如此,内徙党项与该地或北方胡人杂处、通婚,后世文献也就称党项为"杂虏""杂种""杂人"了。甚至有较确切的史料证明,内徙后的党项族中确杂有源于鲜卑的部落,那就是唐末五代时兴起于府州(今陕西府谷)的党项折氏。②这一事例绝不能证明党项内徙前最强大的拓跋氏源于鲜卑,折氏只是在党项内徙后逐渐融入内徙党项中去的。

(四)若党项拓跋氏真源于元魏,那么鲜卑拓跋氏又是何时、何地迁入到党项羌的原分布地的呢?遍查所有文献及文物资料,均未有较为明确的记载。因此,从宋代以来有的学者企图解决这个问题。如宋邓名世的《古今姓氏书辨证》卷三八拓跋氏条,就曾提出一种解释:"太和二十年正月丁卯,诏改姓元氏。自是拓跋氏降为庶姓,散在夷狄。唐时,党项以姓别为部,而拓跋氏最强。"这种解释仅是一种推测,元魏时降为庶姓的拓跋氏"散在夷狄",为何不散入鲜卑原居地大漠南北,而偏要进入羌族聚居之地?如果真有一支拓跋氏部入羌区,又在何时、因何原因迁徙的呢?这一系列问题根本无法弄清楚。而同属鲜卑族的吐谷浑、乞伏氏、秃发氏等向西北的迁徙,则史籍记载甚明。这就不能不使人怀疑邓名世说法的真实性③。

又最近汤开建先生《关于西夏拓跋氏族源的几个问题》一文,专门研究了"拓跋鲜卑流进羌部落的过程"。这无疑将党项拓跋氏族源问题的讨论引入了更加深入的阶段。他主要论据是公元2世纪初原属拓跋鲜卑的一支——秃发疋孤率部西迁至河西,十六国时秃发氏建南凉政权;南凉亡后,通过不同渠道有秃发氏鲜卑流进吐谷浑,故吐谷浑内有鲜卑秃发氏(拓跋氏),即后之党项拓跋氏。此论初看似觉有理,但深入下去仍然有许多问题。首先是西夏统治者自称,或一些史籍所记,党项拓跋氏是源于元魏拓跋氏,而非南凉秃发氏;元魏、南凉统治者最早虽然同源,但早在三世纪初就分道扬镳,成为同源异流的不同族属。如果西夏统治者确源于

---

① 史金波:《西夏境内民族考》,载《庆祝王钟翰先生八十寿辰学术论文集》,沈阳:辽宁大学出版社,1993年。
② 详细论述见后。
③ 这一点,连力主党项拓跋氏源于元魏的汤开建先生也认为不能证明元魏拓跋氏流入羌区,成为党项一部的事实。

南凉秃发氏,可未见有一书记载或有一点暗示,这也许才真正是他们"攀附"元魏的"高门"吧。其次,南凉被西秦灭后,作为统治民族的秃发氏的去向,一部分为西秦强迁入陇西,一部分(樊尼一支)投北凉,还有一部仍居青海西平(今西宁)、乐都等地。他们长期与汉族杂处,汉化较深。①吐谷浑后虽占领了西秦陇西诸郡,但不久此地又为北魏所据有,是否有原南凉秃发氏流入吐谷浑,则不得而知。入北凉的秃发樊尼一支,据《新唐书·吐蕃传上》讲,北凉亡后逃入羌中建国,即吐蕃王族祖先。此说既然不能成立,那么樊尼入羌中建国之说,同样是大有疑问的。何况,樊尼从北凉又流亡到羌部,绝不会有原秃发氏一个部落追随。总之,所谓有南凉秃发氏进入吐谷浑的说法,仅只是一种推测;即便有秃发氏人流入吐谷浑,也很难说他们最后又变成了党项最初八大部中最强的拓跋部。再次,吐谷浑部内虽然有"名王拓跋木弥",但不能确定其就是原鲜卑秃发氏(拓跋氏)。因为史载"名王拓跋木弥"欲降隋,是在隋开皇年间,此时党项早已兴起;我们有理由认为此"名王拓跋木弥"是党项羌的拓跋部一首领,而非源于鲜卑、后进入吐谷浑的南凉秃发氏首领。如果能证明早在党项兴起之前,吐谷浑内有拓跋氏,则可考虑此拓跋氏与南凉秃发氏有同源的关系。这一点,也早为吐谷浑史的研究者所指出②。

由此,《新五代史·吐谷浑传》《册府元龟》卷九六七等记:吐谷浑有大姓"拓跋"氏,有"拓跋思恭",亦不过是说明吐谷浑曾统治过一部分党项,故其内有大姓、属党项羌的"拓跋氏"而已。其中《册府元龟》指唐末党项"拓跋思恭"为吐谷浑则误也。

(五)党项与吐蕃(古藏族)关系至为密切,因此有学者企图从古藏文文献及传说来考释"党项"一名的含义和其族源问题。如张云先生撰《党项名义及族源考证》一文,即引用藏文文献所记藏人传说:吐蕃人是由猕猴与岩魔女相合后繁衍为四个大姓部族所组成;而将木雅(即弥药、党项)归入四大姓中之"董"(Ldong 或 Sdong)氏,名之为"董本雅"(Ldong Minyag)。作者结合汉、西夏文文籍对此做了分析、研究,得出汉文所说的"党项"一名应来自藏文中的 Ldong 或 Sdongg sham(下部董氏)的音译。而木雅之族源应是"汉代西羌的后裔,而且与当时的东羌(东吾、东号所传)及'弥羌'(迷吾、迷唐等所传)有更直接的族源关系与继承关系"。③有关藏文古史四大氏族(或说六大氏族)的传说,藏文文献记载不一,且形成较晚;而

---

① 参见拙作《南凉与西秦》,西安:陕西人民出版社,1987年,第70—73页。
② 见拙作《吐谷浑史》,第82页。
③ 文载《首届西夏学国际学术会议论文集》,银川:宁夏人民出版社,1998年,第24—34页。

木雅人到底原为吐蕃本部人,或是本部之外的"夷族",藏文文献记载也不一致。但无论怎样,如果将汉藏文献相互对照研究,藏文中的"木雅"与汉文中的"党项"其来源、居地大致是相同的①。

(六)近十余年来,陕西榆林地区和内蒙古乌审旗一带出土了一批唐至北宋时党项拓跋氏墓志,其中《李仁宝墓志》(后晋开运三年立石)、《李彝谨墓志》(后周广顺二年立石)、《李继筠墓志》(宋太平兴国四年立石),均追叙其祖源于后魏鲜卑拓跋氏。②因此,有一些学者撰文,以为此三方墓志的撰写早于李元昊建立西夏时自称为后魏后裔约五十至一百年,故不得认为党项拓跋氏出于后魏鲜卑拓跋氏是元昊本人的创造或"攀附"③。然而,他们却未注意到,榆林横山县韩岔乡元岔村出土的唐代《拓跋守寂墓志》(唐开元二十五年立石),内明记拓跋守寂远祖为"弥"(即拓跋木弥,隋时为吐谷浑名王),"出自三苗,盖姜姓之别","载炳前史,详于有隋",即其源于羌。因此,唐元和年间林宝所撰《元和姓纂》将拓跋守寂一族与后魏鲜卑拓跋氏世系联结起来,显然是错误的。到唐末党项拓跋思恭崛起,为夏州节度使,赐姓李氏后,到五代时,其后人耻言其祖先为西北的戎狄——羌族,自然就攀附上曾建北魏的鲜卑拓跋氏,到元昊建夏国,便正式打出了其源于阴山贵种、鲜卑拓跋氏后裔的旗帜,以证明其称帝建国之"合法性"。

总之,追溯历史上一个早已消亡的民族的族属问题,的确是一件十分复杂,而且需要对全部史料进行认真分析、深入探讨、去伪存真的工作,找到令人信服的史料证据至关重要。从目前已知的文献史料和出土的实物资料来看,党项拓跋氏(即西夏皇族)无论在语言,还是生活习俗,如发式、服饰、婚姻、葬俗、复仇方式、信仰等方面,都与党项族的其他氏族部落一样,与古代羌系民族更为接近。

三、初期党项的社会组织及习俗

《隋书》及《旧唐书》和《新唐书》的《党项传》等有关党项初期社会组织情况的记载,文大同而小异。党项是以"姓"为部落,"一姓之中复分为小部落";所谓"姓",当是以氏族血缘关系为纽带组成的氏族,以这种氏族为中心,不断发展、壮大,最

---

① 参见石泰安(R.Stien)著,耿昇译:《川甘青藏走廊古部落》,成都:四川民族出版社,1992年,第53—70页。
② 康兰英主编:《榆林碑石》,西安:三秦出版社,2003年第81页;邓辉、白庆元:《内蒙古乌审旗发现的五代至北宋夏州拓跋部李氏家族墓志铭考释》,《唐研究》(第8卷),北京:北京大学出版社,2002年,第384—387页。
③ 上引《榆林碑石》前言,第5页;上引邓辉、白庆元:《内蒙古乌审旗发现的五代至北宋夏州拓跋部李氏家族墓志铭考释》,《唐研究》(第8卷),第391页。

后形成部落。在隋代，党项部落大者五千余骑，小者千余骑。至唐代，"大者万余骑，小者数千骑"，而一姓中又可分为小部落。这种部落的发展，不仅包括了同一血缘氏族的繁衍和发展，也有对其他部落的兼并，而迫使其他部落改姓并入的成分在内。所谓"骑"，可能是指部落内一个家族中成年、能战斗的男姓成员。各个部落之间是"不相统一"的。

初期党项的这种社会组织情况与汉代西羌"氏族无定，或以父名母姓为种号"，"十二世后，相与婚姻"①相比，无疑是前进了一大步。因为初期党项的氏族已定，以氏族为中心发展成为部落，不再行同姓十二世后相婚姻的习俗，而是"不婚同姓"②，即实行严格的族外婚。这种社会组织形式正是原始社会末期氏族发展到部落阶段的写照。

恩格斯在其《家庭、私有制和国家的起源》中，阐述了国家产生以前原始时代社会的基本特征，他引摩尔根对易洛魁氏族的分析，指出易洛魁氏族盛行的十个习俗。③其中有许多习俗与初期党项以氏族为基础的部落习俗相似。如党项"不婚同姓"；"俗尚武，无法令赋役"；"不事产业，好为盗窃，互相凌劫"；"尤重复仇，若仇人未得，必蓬头垢面跣足蔬食，要斩仇人而后复常"；"三年一相聚，杀牛羊以祭天"等等。④这些习俗与易洛魁人氏族"同氏族人必须相互援助、保护，特别是在受到外族人伤害时，要帮助报仇"；"氏族的任何成员都不得在氏族内部通婚"；"氏族有议事会"等，是基本一致的。

通过以上简略的分析，知初期党项的社会仍处于以氏族为基础的原始社会末期，以血缘关系组成的氏族为基础而发展成为部落，是社会的基本组织形式。

党项主要从事畜牧，《旧唐书·党项传》说其"不知稼穑，土无五谷"，这与其居地"气候多风寒，五月草始生，八月霜雪降"的地理环境有关，故其"畜牦牛、马、驴、羊，以供其食"。这一特点是在原西羌"所居无常，依随水草"，"以产牧为业"的游牧经济基础上，进一步发展的结果。史称党项"俗皆土著，居有栋宇，其屋织牦牛尾及羊毛覆之，每年一易"⑤。即是说，党项羌已逐渐由游牧走向定居，成为"土著"之民。但是，是否所有党项均居"栋宇"，由游牧转为定居呢？这颇值得怀疑。史籍所记，可能仅为隋唐时内地汉人对今四川西北一带党项居住情况的记述。而远在青

---

① 《后汉书·西羌传》。
② 《旧唐书·党项传》。
③ 见《马克思恩格斯选集》（第 4 卷），北京：人民出版社，1977 年，第 80—84 页。
④ 《旧唐书·党项传》。
⑤ 《旧唐书·党项传》。

海河曲一带的党项部落,很可能仍以游牧为主,居住于帐篷中。

党项既然以牧畜或游牧为主,其衣、食、住、行均与牲畜有关。史称其以牛、马、驴、羊供食,"男女并衣裘褐,仍披大毡","求大麦于他界,酝以为酒"等。①其俗多有与西羌同者,如党项俗"妻其庶母及伯叔母、嫂、子弟之妇,淫秽蒸亵,诸夷中最为甚",西羌亦"父没则妻后母,兄亡则纳釐嫂"。这种婚俗是北方游牧民族所共有的:它一方面表示这些民族仍残留着较为原始的婚姻制度,另一方面也是游牧民族"恶种性之失",有着保持本氏族或家族生产力量(人力和牲畜)的经济意义。史所称党项"淫秽烝亵,诸夷中最为甚",不过是说明其婚姻的原始,在当时汉族眼里,似乎不能理解,故做如上的记叙。又党项"死则焚尸,名为火葬",而羌族死后一般是行火葬的。②西羌"性坚刚勇猛",党项亦"俗尚武"。两族均无文字,党项"候草木以记岁时"。③

总之,从党项、西羌的经济、习俗等方面比较分析,也证明党项是源于羌。

四、早期党项与吐谷浑、隋朝的关系

党项羌之名,正式见于中国史籍,是在西魏、北周之际,这与两《唐书·党项传》所说"周灭宕昌、邓至,而党项始强"的记载,基本一致。《隋书·党项传》记党项最早的活动是:"魏、周之际,数来扰边。"据韩荫晟先生编《党项与西夏资料汇编》上卷第二册的考证,记党项历史的散存资料,其上限只能推溯到周武帝天和元年(566年)。此年,任北周翼州刺史(治今四川茂汶北校场坝)的杨文思曾因"党项羌叛",率州兵讨平之。④至杨坚(隋文帝)任北周丞相时(北周大象二年,公元580年),因内地多故,党项曾"因此大为寇掠"。时杨坚命梁睿率军平定了蜀地王谦的反叛,因党项的寇掠,睿请还师讨党项,杨坚不许。⑤这些零星的记载,可视为党项与内地政权发生关系之始。

隋朝建立后,立国于党项北的吐谷浑曾不断寇扰隋的西北边境。开皇元年(581年),吐谷浑寇弘州(治今甘肃临潭西)、凉州,隋文帝于此年十一月遣乐安郡公元谐率军数万击吐谷浑。吐谷浑将定城王钟利房(原为钟羌)率骑三千渡黄河,

---

① 《旧唐书·党项传》。
② 羌族火葬习俗,先秦史籍记载很多,如《荀子·大略篇》《吕氏春秋·义赏篇》等。
③ 以上所引均见《后汉书·西羌传》和《旧唐书·党项传》。
④ 见《隋书》卷四八《杨索附文思传》等。但据新出的《杨文思墓志》记文思讨党项是在天和四年,见周伟洲《杨文思墓志与北朝民族及民族关系》,载周伟洲主编《西北民族论丛》(第14辑),北京:社会科学文献出版社,2016年。
⑤ 《隋书·党项传》。

"连结党项",为元谐击败于丰利山(在今青海湖东)。元谐又败吐谷浑太子可博汗于青海,于是有吐谷浑名王十七人,公侯十三人,各率部来降。①值得注意的是,吐谷浑为抗隋军而"连结党项",那么当时党项与吐谷浑是什么关系呢?

据一些史籍的记载,时党项在吐谷浑之南,且大部分是役属于吐谷浑的。因为北周灭宕昌、邓至后,党项始强,而宕昌、邓至原是役属于吐谷浑的。又前引《隋书·附国传》云附国东北诸羌部"或役属吐谷浑,或附附国",那么在诸羌北,紧邻吐谷浑的党项诸部,役属于吐谷浑者当不在少数。党项是以姓为部,势分力弱,故其内一些部落为吐谷浑所役属是完全可能的。开皇八年(588年),有吐谷浑名王拓跋木弥欲率部降隋②。此拓跋木弥应即为吐谷浑所役属,且封为名王的党项羌首领。

除此而外,还有一些党项部落先后降附于隋。如开皇四年(584年),有党项千余家投隋;五年(585年)又有党项拓跋宁丛等各率部诣隋旭州(治今甘肃临潭附近)内附,隋授宁丛大将军号。③六年正月,又有"党项羌内附"④。党项内附隋后的情况,史籍阙载。《隋书·元谐传》曾记开皇九年(589年),有司勘案元谐及从弟滂、田鸾、祁绪等谋反,罪状之一就是"谐谋令祁绪勒党项兵,即断巴蜀"。由此知内附于隋的党项,是直接为隋边州将吏所控制的。

隋开皇十五年(595年)起,内附党项开始寇扰隋西北边郡。此年,隋叠州(治今甘肃迭部)附近党项曾"时有翻叛",叠州总管慕容三藏率兵讨平,使"部内夷夏咸得安辑"⑤。次年(596年),党项又寇扰会州(治今四川茂县),隋朝征发陇西兵讨降之,党项即遣子弟入朝谢罪。文帝对他们说:"还语尔父兄,人生虽有定居,养老长幼。而乃乍还乍走,不羞乡里邪!"⑥到隋炀帝继立前后,党项又与吐谷浑联合扰隋凉州、张掖等地。隋大业五年(609年),隋炀帝为扫除中西交通的障碍,在裴矩的怂恿下,率领各路大军"西巡",欲击灭吐谷浑。党项诸部在这场战争中表面上是严守中立,于同年四月,即炀帝西巡至狄道(今甘肃临洮)时,曾向隋贡方物⑦。此次战争的结果是隋击灭了吐谷浑,吐谷浑可汗伏允无以自资,率其徒数千骑客

---

① 见《隋书》卷四〇《元谐传》等。
② 《隋书·吐谷浑传》。
③ 《隋书·党项传》。
④ 《隋书》卷一《高祖纪上》。
⑤ 《隋书》卷六五《慕容绍宗附三藏传》。
⑥ 《隋书·党项传》。
⑦ 《册府元龟》卷九七〇《外臣部·朝贡三》。

于党项。①隋在原吐谷浑之地设鄯善、且末、西海、河源四郡。此四郡之外,原吐谷浑领有的今甘肃、四川西北等地则遍布着党项羌诸部。

隋大业末(618年),吐谷浑可汗伏允乘隋境大乱,尽复故地。但此之后吐谷浑的势力已大为衰弱,而党项却开始强盛起来。

---

① 《隋书·吐谷浑传》。

第二章　唐初党项的降附及党项诸羁縻府州的设置

一、唐初对党项的招抚及诸羁縻府州的建立

唐朝建立伊始，仅领有关中、巴蜀、山西等地，其余地区仍处于群雄割据的局面。吐谷浑和党项也就乘机不断寇扰西北诸州。与此同时，他们也派遣使臣向唐"朝贡"。这就是唐建国初武德年间（618—626年）吐谷浑、党项与唐朝关系的特点。

史籍所载武德年间，党项向唐遣使只有两次：一是武德二年十一月，党项与吐谷浑并遣使朝贡[①]；一是武德八年，党项朝贡[②]。而同一时期，吐谷浑向唐遣使共达九次[③]。他们向唐朝贡主要是与贸易、互市有关。

武德年间，党项寇扰唐西北诸州十分频繁，而且往往是与吐谷浑一起行动的。据史籍载，武德元年党项、吐谷浑寇唐松州，唐益州道行台窦轨与扶州刺史（治今四川九寨沟）蒋善合连势进击。善合先期至钳川（今四川九寨沟西），力战败之。窦轨复率军至临洮，攻左封（今四川黑水东南），破其部众。[④]四年七月，党项与吐谷浑又寇洮（治今甘肃临潭）、岷（今甘肃岷县）二州，唐岐州刺史柴绍救岷州。吐谷浑等据山顶，矢如雨下，柴绍遣人弹胡琵琶，令二女子对舞，吸引敌人聚观，然后密遣精骑自后进击，吐谷浑等大败，被杀者五百余人。[⑤]六年五月，吐谷浑、党项寇河州（治今甘肃临夏），为刺史卢士良击走。[⑥]七年四月，党项寇松州；七月，吐谷浑、党项再寇松州；十月，又寇叠州，陷合川[⑦]。八年四月，党项寇渭州（治今甘肃

---

① 《册府元龟》卷九七〇《外臣部·朝贡三》。
② 同上所引；《旧唐书》卷二《太宗纪》。
③ 参见拙著《吐谷浑史》，银川：宁夏人民出版社，1985年，第76—77页。
④ 《旧唐书》卷六一《窦威附轨传》等。
⑤ 《新唐书》卷五八《柴绍传》等。《资治通鉴》卷一九〇，系于武德六年六月；《唐会要》卷九四，则云在"武德四年七月"，从《唐会要》。
⑥ 《新唐书》卷一《高祖纪》；《册府元龟》卷三九七，《将帅部·怀抚》。
⑦ 《资治通鉴》卷一九一，唐贞观九年三月、五月条。

陇西)。①九年三月,吐谷浑、党项寇岷州;五月,党项寇廓州(今青海尖扎北),又与吐谷浑寇河州。②总之,在唐建国后短短的九年中,党项寇扰唐西北诸州达十余次,其中与吐谷浑一起行动的就有七次,沿边松、河、洮、岷、叠、渭、廓等七州均受其害。从党项寇扰唐西北诸州的位置看,唐初党项聚居之地仍在松州以西,叠、洮、廓等州之南。

唐贞观元年(627年),太宗李世民继位后,国内局势基本上稳定下来。特别是在贞观三年(629年),唐北方的劲敌突厥衰弱,太宗于同年八月即遣李靖等击东突厥,突厥诸部纷纷降唐。这一形势大大影响了唐周边的各族,促使他们亦先后附唐。加之太宗对邻近各族采取了"招抚"的政策,附唐的各族日益增加。据《通典》卷七《食货志》记:"大唐贞观户不满三百万,三年户部奏:中国人因塞外来归及突厥前后降附,开四夷为州县,获男女一百二十余万口。"在这些降附的"四夷"中,也包括党项。如《旧唐书·党项传》记:

> 贞观三年,南会州都督郑元璹遣使招谕,其酋长细封步赖举部内附,太宗降玺书慰抚之。步赖因来朝,宴赐甚厚,列其地为轨州,拜步赖为刺史,仍请率所部讨吐谷浑。其后,诸姓酋长相次率部落皆来内属,请同编户,太宗厚加抚慰,列其地为崌、奉、岩、远四州,各拜其首领为刺史。

唐初的南会州,即北周时的汶州,治今四川汶川。此地都督郑元璹招抚的党项酋长细封步赖,应即上述党项八部中的"细封氏";其居地,吴景敖说在今夏河拉卜楞之细华,恐不确。步赖在南会州降,其居地必在南会州之西,并与之邻近。《中国历史地图集》第五册第43至44幅《唐剑南道北部图》,将轨州标于今四川阿坝,其地在南会州之西,大抵近似。

步赖降后,入朝长安,得到太宗的重视,"宴赐甚厚"。因而,诸姓酋长又相次内附,太宗列其地为崌、奉、岩、远四州。此四州地不详。据《旧唐书·地理志四》的记载,轨州都督府,"贞观二年,处党项置。领县四"。松州都督府所督羁縻二十五州中,则有:崌州,贞观元年,招慰党项置州,领县二;奉州,贞观三年置,原名西仁州,八年改为奉州;岩州,贞观五年置,原名西金州,八年改岩州;远州,贞观四年置。这些府州设置年代虽然记载不尽相合,但均置于贞观五年前是可以肯定的。

唐贞观五年,唐朝已灭亡了北方的东突厥,声威远播,内附唐朝的"四夷"更

---

① 《资治通鉴》卷一九一,唐贞观九年三月、五月条。
② 《资治通鉴》卷一九一,唐贞观九年三月、五月条。

为增多。其中又有大批党项降附于唐。《册府元龟》卷九七〇《外臣部·朝贡三》记此年十一月,有党项、白兰渠帅来朝。《资治通鉴》卷一九三等记此年十二月,"太仆寺丞李世南开党项之地十六州、四十七县"①。到贞观六年(632年),"党项羌前后内属者三十万口"②。唐所置党项河曲十六州③,名不详,地当在青海河曲一带。在降附的三十万党项中,最引人瞩目的应是党项拓跋部大酋拓跋赤辞(一作"赤词")。《旧唐书·党项传》记:

> 有羌酋拓跋赤辞者,初臣属吐谷浑,甚为浑主伏允所昵,与之结婚。及贞观初,诸羌归附,而赤辞不至。李靖之击吐谷浑,赤辞屯狼道坡以抗官军。廓州刺史久且洛生遣使谕以祸福,赤辞曰:"我被浑主亲戚之恩,腹心相寄,生死不贰,焉知其他。汝可速去,无令污我刀也。"洛生知其不悟,于是率轻骑袭之,击破赤辞于肃远山,斩首数百级,虏杂畜六千而还。太宗又令岷州都督李道彦说谕之,赤辞从子思头密送诚款,其党拓跋细豆又以所部来降。赤辞见其宗党离,始有归化之意。后岷州都督刘师立复遣人招诱,于是与思头并率众内属,拜赤辞为西戎州都督,赐姓李氏,自此职贡不绝。④

按此记党项拓跋赤辞最早内附在贞观九年李靖击灭吐谷浑后,事实并非如此。据《唐会要》卷九八《党项》条记:"(贞观)五年,诏遣使开河曲地为六十州(应为'十六州'之讹),内附者三十四万口。有羌酋拓跋赤词者,其为浑主伏允所昵,与之结婚,屡抗官军,后与从子思头并率众与诸首领归款,列其地为懿、嵯、麟、可等三十二州,以松州为都督府,羁縻存抚之,拜赤词为西戎州都督,赐姓李氏。自是,从河首大磧石山已东,并为中国之境。"相同记载又见于《新唐书·地理志七下》"党项五十一州"条、《册府元龟》卷九九六引会昌四年武宗赐党项诏等。这些史籍均明言赤辞最早附唐是在贞观五年。又《旧唐书·地理志四》记松州都督府所属的党项羁縻州中,懿、嵯二州置于贞观五年,可州置于贞观四年;《新唐书·地理志七下》记嵯州亦置于贞观五年;西戎州亦"贞观五年以拓跋赤词部落置。初为都督府,后为州"。此亦可证赤辞最早于贞观五年内附于唐。⑤

---

① 又见于《新唐书·地理志七下》。
② 《旧唐书》卷三《太宗纪下》;《册府元龟》卷九七七,《外臣部·降附》条。又《册府元龟》卷九九六,《外臣部·责让》条引会昌四年十月诏云"自贞观五年,诏开河曲地为六十州,内附者三十万口",内"六十州"误。
③ 贞观五年,唐开党项十六州,上引《册府元龟》卷九七七,云为"河曲十六州"。又见《新唐书·党项传》。
④ 又见《新唐书·党项传》。
⑤ 赤辞最早在贞观五年附唐一事,也早为日本学者冈崎精郎所指出,见《党项古代史研究》,第21—22页。

贞观五年拓跋赤词内附的具体情况,在《旧唐书》卷五七《刘文静附师立传》亦有记述:贞观初,刘师立检校岐州都督,"上书请讨吐谷浑,书奏未报,便遣使间其部落,谕以利害,多有降附,列其地为开、桥二州。又有党项首领拓跋赤辞,先附吐谷浑,负险自固,师立亦遣人为陈利害,赤辞遂率其种落内属。太宗甚嘉之,拜赤辞西戎(州)都督"。此段记述与上引《旧唐书·党项传》"后岷州都督刘师立复遣人招诱……"一段相同,两者应系一事。① 师立之招降赤辞,如按两《唐书·党项传》自当在贞观九年之后,可是上引《刘师立传》所记其列置的开、桥二州,桥州置于贞观六年②,参以上述贞观五年赤辞内附事,此事应发生在贞观五年左右。

如以上考证属实,则两《唐书·党项传》中"李靖之击吐谷浑,赤辞屯狼道坡以抗官军"一句,系两《唐书》撰者将贞观九年赤辞复叛唐,阻唐军攻吐谷浑事误移入于此。

就在贞观六年十一月,前述的"雪山党项"破丑氏也开始向唐朝贡。③《旧唐书·刘师立传》在记述了贞观五年赤辞降后,又说:"时河西党项破刃(丑)氏常为边患,又阻新附,师立总兵击之;军未至,破丑氏大惧,遁于山谷,师立追之,至卹于真山(不详)而还。"次年十一月破丑氏之朝贡,可能与此有关。

总之,唐贞观八年(634年)前,许多党项部落内附于唐,说明太宗的"招抚"政策取得了成功。唐朝于党项诸部地置一系列的羁縻府州。这种羁縻府州,不同于内地的州郡,正如《新唐书·地理志七下》羁縻州序所说:"唐兴,初未暇于四夷,自太宗平突厥,西北诸蕃及蛮夷稍稍内属,即其部落列置州县。其大者为都督府,以其首领为都督、刺史,皆得世袭。虽贡赋版籍,多不上户部,然声教所暨,皆边州都督、都护所领,著于令式。"党项羁縻州的情况,大致是"界内虽立县名,无城郭居处"④。其中只有少数州县有版籍户口,但也不上户部,绝大多数州县皆无版籍户口。唐代的羁縻州制,可以说是继承了汉代的"属国"制和魏晋以来的"都护""护军"制而发展起来的,它是中国历史上历代统治者管理边疆少数民族较为成功的一种形式。

二、唐贞观九年前后的党项诸部

贞观八年前,由于党项诸部纷纷附唐,使吐谷浑失去了强有力的同盟军。贞观八年,唐太宗为了反击吐谷浑对西北边地的骚扰和打通中西陆路交通,遣左骁卫大将军段志玄等率边兵及契苾(铁勒部之一种)、党项之众,击吐谷浑于青海。内

---

① 唯一不同的是刘师立的任职,一云是岐州都督,一记是岷州都督,按《旧唐书·刘师立传》只记师立任岐州都督,疑岷州都督误。
② 见《新唐书·地理志七下》。
③ 《册府元龟》卷九七〇《外臣部·朝贡三》。
④ 见《元和郡县图志》卷三九芳州丹岭县条。此虽记丹岭党项诸羌,但其他羁縻州县大致相同。

"党项"当即贞观初内附于唐的党项诸部。这次战争,因段志玄逗留不进,吐谷浑尽驱牧马逃遁,而无功而返。①

同年十二月,太宗决定对吐谷浑进行大规模的"讨伐",以"特进李靖为西海道行军大总管,侯君集为积石道行军总管,任城郡王道宗为鄯善道行军总管,胶东郡公道彦为赤水道行军总管,凉州都督李大亮为且末道行军总管,利州刺史高甑生为盐泽道行军总管,以伐吐谷浑"②。贞观九年五月,李靖等平定吐谷浑,吐谷浑可汗伏允为部下所杀,其子慕容顺降。③在这次战争中,党项诸部的情况则是我们所要叙述的问题。

唐贞观九年(635年)正月,当唐李靖大军出发之际,"党项羌先内属者,皆叛归吐谷浑"④。三月,洮州羌(主要是党项)叛入吐谷浑,杀刺史孔长秀,后为盐泽道行军总管高甑生击破。⑤四月,李靖的北路军曾追击吐谷浑可汗伏允于河源,伏允逃入黑党项,"居以空闲之地"。后伏允为唐军追击,逃至伏伦碛(今新疆且末与和田间沙碛),为部下所杀。

另一支由赤水道行军总管李道彦率领的唐军,由西路松州出发,目标指向吐谷浑重镇赤水(今青海共和)。这支唐军要到达赤水,如期与李靖大军会合,必须经过内附的党项诸部居地。行军前,唐朝就多以厚币遗党项,令其为向导。时党项大酋拓跋赤辞来见唐军,向诸将请求:"往者隋人来击吐谷浑,我党项每资军用,而隋人无信,必见侵掠。今将军若无他心者,我当资给粮运,如或我欺,当即固险以塞军路。"唐诸将于是与赤辞"歃血而盟",赤辞信之。可是,当道彦由松州进军到阔水(在今四川松潘西)时,见赤辞无备,遂纵军进袭,掠牛羊数千头。赤辞怨怒,屯兵野狐峡(两《唐书·党项传》作"狼道坡"或"狼道峡"),阻唐军前进,并击败道彦,死者万余人。党项乘势寇叠州。道彦退保松州,后唐朝罪道彦,"减死徙边"⑥。

从这一件事,亦可证党项大酋拓跋赤辞早在贞观五年已内附于唐。贞观九年,他之所以阻挡唐军,复反叛,是因为道彦等失去信用,纵军掠夺党项牲畜而引起的。由于九年五月吐谷浑的降附,成为唐的属国,党项也就失去了与唐对抗的后盾,自然又恢复到九年前内附于唐的状况之中,甚至黑党项酋长敦善王也于此时向唐贡方物。⑦

---

① 见《新唐书·吐谷浑传》;《资治通鉴》卷一九四,唐贞观八年条。
② 《新唐书·太宗纪》等。
③ 关于这次战争经过及行军路线,可参见拙作《吐谷浑史》,第86—95页。
④ 《册府元龟》卷九八五《外臣部·征讨四》。
⑤ 《旧唐书》卷三《太宗纪下》。
⑥ 见《旧唐书》卷六〇《淮安王神通附道彦传》;《资治通鉴》卷一九四,唐贞观九年七月条。
⑦ 《旧唐书·党项传》。

第三章 唐代党项的内徙与分布

一、党项内徙的时间及情况

唐贞观以后,吐蕃势力北上,于高宗龙朔三年(663年)灭吐谷浑;党项诸部有的为吐蕃所征服,有的则因吐蕃所逼,相继内徙。党项的内徙是其历史上一次重大事件,也是其历史发展的一个转折点。然而,由于史籍记载阙遗甚多,致使其内徙的具体情况已鲜为人知。我们只有根据唐初党项羁縻府州的变迁,来分析党项内徙的时间和情况。试先见下表:

党项羁縻府州变迁表

府名	州名	设置时间及所属	废置或内迁时间及所属	资料出处
	崌州	贞观元年,属松州都督府。	不详	《旧唐书·地理志四》等
	懿州	贞观五年,属松州都督府。	内迁时间不详	同上、《新唐书·地理志七下》
	阔州	贞观五年,属松州都督府。	不详	同上
	麟州	贞观五年,原名西麟州,八年去西字。	不详	同上
	雅州	贞观五年,属松州郁督府。	不详	同上
	丛州	贞观五年,属松州都督府。	同上	同上
	可州	贞观四年,属松州都督府。	同上	同上
	远州	贞观四年,属松州都督府。	同上	同上
	奉州	贞观三年,原名西仁州,八年更名,属松州都督府。	同上	同上

续表

府名	州名	没置时间及所属	废置或内迁时间及所属	资料出处
	岩州	贞观五年,原名西金州,八年更名,属松州都督府。	同上	同上
	诺州	贞观五年,属松州都督府。	贞观末内迁,属静边州都督府,隶于庆州都督府。	同上
	蛾州	贞观五年,属松州都督府。	不详	同上
	彭州	贞观三年,原名洪州,七年更名,属松州都督府。	不详	同上
	盍州(一作盖州)	贞观四年,原名西唐州,八年更名,属松州都督府。	贞观末内迁,属静边州都督府,隶于庆州都督府。	同上
	直州	贞观五年,原名西集州,八年更名,属松州都督府。	不详	同上
	肆州	贞观五年,属松州都督府。	不详	《旧唐书·地理志四》
	位州	贞观四年,原名西盐州,八年更名,属松州都督府。	内迁时间不明,后属芳池州都督府,隶庆州都督府。	《旧唐书·地理志四》《新唐书·地理志七下》
	玉州	贞观五年,属松州都督府。	同上	同上
	嶂州	贞观四年,属松州都督府。	贞观末内迁,属静边州都督府,隶庆州都督府。	同上
	祐州	贞观四年,属松州都督府。	同上	同上
	台州	贞观六年,原名西沧州,八年更名,属松州都督府。	内迁时间不明,后属安化州都督府,隶庆州都督府。	同上
	桥州	贞观六年,属松州都府。	内迁时间不明,后属宜定州(原名永定)都督府,隶庆州都督府。	同上
	序州	贞观十年,属松州都督府。	不详	同上

续表

府名	州名	没置时间及所属	废置或内迁时间及所属	资料出处
	嵯州	贞观五年,属松州都督府。	贞观末内迁,属静边州都督府,隶庆州都督府。	同上
轨州都督府	曾领岷、奉岩、远四州。	贞观二年以党项细封步赖部置,属松州都督府。	后可能废置	《旧唐书·党项传》、同书《地理志四》
西戎州都督府	曾领懿、嵯、麟、可等三十二州。后改为西戎州。	贞观五年以拓跋赤辞降置,属松州都督府。	内迁时间不详,西戎州后属宜定州都督府,隶庆州都督府。	《新唐书·地理志七下》《唐会要》卷九八等
	达州	不详	贞观末内迁,属静边州都督府,隶庆州都督府。	《册府元龟》卷九七〇
	恤州（一作 沺州）	原属松州都督府,设置时间不详。	同上	同上、《新唐书·地理志七下》
	静州	咸亨三年置,属松州都督府,后为正州。	未内迁	《新唐书·地理志七下》《旧唐书·地理志四》
	吴州	天授二年（一说三年）置。	此州乃唐于内徙于灵、夏等州党项部置,后属静边州都督府,隶灵州都督府。	《旧唐书·地理志四》、同书《党项传》
	浮州	同上	同上	同上
	归州	同上	同上	同上
	朝州	同上	同上	同上
	马邑州	开元十七年置,在秦、成二州山谷间,隶秦州都督府。	宝应元年徙于成州盐井故城。	《新唐书·地理志七下》
	保塞州	设置年代不明,隶陇右临州都督府。	不详	同上
	密恭县	高宗上元三年前置,为吐蕃所破,后复置,隶洮州。	不详	同上

续表

府名	州名	设置时间及所属	废置或内迁时间及所属	资料出处
	乾封州	置于天授三年,在泾、陇。	宝应元年又内附	同上、《通鉴》卷二〇五
	归顺州	同上	宝应元年内附,属静边州都督府,隶灵州都督府。	同上
	顺化州	同上	宝应元年又内附	同上
	和宁州	同上	同上	同上
	保善州	同上	同上	同上
	宁定州	同上	同上	同上
	罗云州	同上	同上	同上
	朝凤州	同上	同上	同上
	归义州	同上	同上	同上
	和义州	同上	同上	同上
	永定等十二州(名不详)	设置年代不明,属陇右。	永泰元年又内附	《旧唐书·代宗纪》、《新唐书·地理志七下》
	宜芳等十五州	原为永定十二州,属陇右。	永泰元年又内附。在永定十二州基础上,另置宜芳等十五州。	同上
	清塞州	不详	后侨治银州	《新唐书·地理志七下》
	归德州	原属松州郁督府	后侨治银州	同上
	麟州	开元九年张说建议安置党项设此州,十三年正式置,为正州,属关内道。	开元年间以内迁党项地置	《新唐书·地理志一》
	蚕州	仪凤二年松州都督府领三羁縻州之一。	咸亨二年废置	《旧唐书·地理志四》、《新唐书·地理志七下》
	黎州	武德七年置,原名西宁州,八年更名,属戎州都督府。	同上	同上

续表

府名	州名	没置时间及所属	废置或内迁时间及所属	资料出处
兰池州都督府		不详	后隶灵州都督府	《新唐书·地理志一》等
芳池都督府		不详	后隶灵州都督府	《新唐书·地理志七下》
相兴都督府		不详	同上	同上
永平都督府		永泰元年以内徙党项部置。	属灵州都督府	《新唐书·党项传》
旭定都督府		同上	同上	同上
清宁都督府		同上	同上	同上
忠顺都督府		同上	同上	同上
宁保都督府		同上	同上	同上
静塞都督府		同上	同上	同上
万吉都督府		同上	同上	同上
乐容州都督府	领州一：东夏州	仪凤二年松州都督府督羁縻州三十，内有乐客州（应为乐容州之误）。	后内迁，属灵州都督府。	《旧唐书·地理志四》《新唐书·地理志七下》
静边州都督府	领州二十五，内吴、朝、归、浮、祐、嶂、归顺、恤、嵯、盖、诺十一州，除表已列入外还有：布、北夏、思义、思乐、昌塞、卑、西归、饻、开元、淳、乌笼、悦、回乐、鸟掌十四州	贞观中置，初在陇右，后侨治庆州。仪凤年迁银州。	后又侨治灵州都督府	《新唐书·地理志七下》《拓跋守寂墓志》

续表

府名	州名	设置时间及所属	废置或内迁时间及所属	资料出处
芳池州都督府	领州九（一作十），内除玉、位二州上已列表外，还有宁静（一作静）、种（一作獯）、濮、林、尹长、宝、宁八州	设置年代不明，皆内徙党项野利部，内包括贞观中所置之玉（一作王）、位等州。	寄治庆州怀安界，皆野利氏种落。	《旧唐书·地理志一》《新唐书·地理志七下》
宜定州都督府（本安定，后改名）	领州七，内桥、西戎二州已列入本表，还有：党、乌、野利、米、还等五州。	设置年代不明，有野利、拓跋部，内桥、西戎二州，设于贞观年间。	同上	同上
安化州都督府	领州七，内西沧（台）州已列入表，还有永利（一作永和）、威、旭、莫、琮、儒等六州。	设置年代不明，其中西沧、儒州设于贞观年间。	同上	同上
云中都督府	领州五：舍利、思壁、阿史那、绰部、白登等。	此府所辖主要为突厥，但也有"党项部落，寄在朔方县界"。	属夏州都督府	《旧唐书·地理志一》
呼延州都督府	领州三：贺鲁、那吉、跌跌等	所辖主要为突厥、回纥、铁勒，也有"党项部落，寄在朔方县界"。	同上	同上

除上表所列党项羁縻府州外，还有：

《旧唐书·地理志四》松州都督府条记："仪凤二年，复加整比，督文、扶、当、柘、静、翼六州（此为正州不在羁縻州数内）。都督羁縻三十州：研州、剑州（置于永徽年间）、探那州、忾州、毗州、河州、斡州、琼州、犀州、拱州、凫州、陪州、如州、麻州、霸州、礀州、光州、至凉州、蚕州（此州已列入表中）、晔州、梨州、思帝州、戍州、统州、谷州、邛州（《新唐书》作'谷邛州'）、乐客州（即乐容州，已列入上表）、达违州、皋州、慈州。"《新唐书·地理志七下》"党项州七十三"条，记陇右道无版籍党项羁縻州共五十八,内有二十四在上列"三十州"内,此外还有融洮州、执州、答针州、税河州、吴洛州、齐帝州、苗州、始目州、悉多州、质州、兆州、求易州、讬州、志德州、延避州、略州、索京州、柘刚州、明桑州、白豆州、瓒州、酋和州、和昔州、祝州、索川州、拔揭州、鼓州、飞州、索渠州、目州、宝剑州、津州、柘钟州、纪州、徽州等三十五州。如果再加上有版籍的二十五州(即表中崛州至轨州的二十五州),共知松州都督府所辖九十个羁縻州。这个数字还不完整,因为《旧唐书·地理志四》说:"据天宝十二载簿,松州都督府,一百四州,其二十五州有额户口,但多羁縻逃散(即内徙),余七十九州皆生羌部落,或臣或否,无州县户口,但羁縻统之。"因此,此七十九州(个别例外)不列入表中。

又《新唐书·地理志七下》"党项五十一州"条记:"乾封二年(667年)以吐蕃入寇,废都、流、厥、调、凑、般、匐、器、迩、锽、率、差等十二州。"按此十二州的情况,仅见《旧唐书·地理志四》松州都督府所督二十五羁縻州丛州后的一段记载:"都、流、厥、调、凑、般、匐、器、迩、率、钟,并为诸羌部落,遥立,无县。"据此,表内不列此十二州。

《旧唐书·地理志三》叠州下都督府条又记:"(贞观)十三年,置都督,督叠、岷、洮、宕、津、序、壹、枯、嶂、王(玉)、盖、立(位)、桥等州。永徽元年,置都督府。"内宕州以下九州,原均为党项羁縻州。其中"津州"见《新唐书·地理志七下》"党项州七十三"条无版籍的五十八州内;序、壹(懿)、枯(祜)、嶂、王(玉)、盖、立(位)、桥等八州,则原属松州都督府所属二十五羁縻州内之八州。这也就是说,在贞观十三年至永徽元年叠州都督府存在期间,曾将原松州都督府所辖之津、序等九州割属叠州都督府,为正州;永徽元年后又归属松州都督府。据此,以上九州地当邻近叠州。

下面,我们通过上表及有关史籍记载,对唐安史之乱前党项的内徙时间和情况做进一步探讨。

关于党项内徙时间,从上表党项羁縻府州的变迁,还不能完全反映出来。党项的内徙主要是与吐蕃的侵逼有关,据史载,早在贞观十二年(638年)左右,吐蕃松赞干布因向唐室请婚遭拒绝,遣军攻唐松州。时"羌酋阁州(阁为阔之讹)刺史别丛卧施、诺州刺史把利步利并以州叛归之"[①]。阔、诺二州均为唐党项羁縻州,时属松州都督府所辖,地在今四川松潘之西;把利氏为党项姓氏,又见于《新唐书·党项传》等。后吐蕃退走。贞观十五年(641年),唐以宗室女文成公主嫁松赞干布,

---

① 《资治通鉴》卷一九五,唐贞观十二年条。

双方结成甥舅之国,保持友好关系,一直到贞观末唐太宗与松赞干布先后去世。

唐高宗继立后,吐蕃势力开始向北扩张,唐朝的一些党项羁縻府州开始废置,或处于"或臣或否"的状态之中,党项部众内徙也日益增加。到唐仪凤年间(676—679年),吐蕃更是不断寇扰唐鄯(治今青海乐都)、廓(治今青海尖扎北)、河(治今甘肃临夏)、芳(治今甘肃迭部东南)、扶(治今四川南坪)、松等州。至永隆元年(680年)前后,"吐蕃尽据羊同(今西藏西部)、党项及诸羌之地,东接凉、松、茂(治今四川茂县)、巂(治今四川西昌)等州……"①即是说,党项的内徙在这一时期达到了高潮。吐蕃占领了唐所置大部分党项羁縻府州后,仍然有一些党项部众继续向内地迁徙。

这些党项部众迁徙情况如何?据上表,唐在关内道所属的银州(治今陕西横山党岔乡)、灵州都督府(治今宁夏吴忠西)内附有党项羁縻府十二、州二十八,所统党项部众当均为内徙者。其中最大的羁縻府是静边州都督府,共辖二十五州。《新唐书·地理志七下》记:此都督府"贞观中置,初在陇右(时松州都督府隶陇右道),后侨治庆州之境"。此府初隶陇右松州都督府,何时又附在庆州的呢?据《资治通鉴》卷二二二,唐肃宗乾元元年(758年)胡三省注:"贞观以后,吐蕃浸盛,党项拓跋诸部畏逼,请内徙,诏庆州置静边军州处之。"即是说,约在贞观末,党项拓跋氏部落即内徙至庆州(治今甘肃庆阳)一带,唐始设静边州都督府以处之。据新近公布出土于陕西横山县韩岔乡元岔洼村的唐《拓跋守寂墓志》(开元二十五年,737年立石)记:"迨仪凤年,公(守寂)之高祖立伽府君,委质为臣,率众内属……拜大将军、兼十八州部落使,徙居圁阴之地,则今静边府也。曾祖罗胄府君……祖后那府君……拜静边州都督,押淳、恤等一十八州部落使、兼防河大使,赠银州刺史。"②据此,知在高宗仪凤年间,以党项拓跋氏十八个部落为主的静边州都督府,在守寂高祖立伽的率领下,又从庆州迁到"圁阴"(即陕西横山县无定河之南,水南曰阴),也即唐开元时银州治所,今陕西横山县党岔乡西韩岔乡一带。这与《旧唐书》卷三八《地理志一》"银州条"所记"静边州都督府,旧治银川郡(天宝时改银州为银川郡)界内,管小州十八"完全相符。再如二十五州中的吴、浮、归、朝四州,《旧唐书·党项传》记:"其在西北者,天授三年(692年)内附,凡二十万口,分其地置朝、吴、浮、归等十州,仍散居灵、夏。"③此四州后又附在静边州都督府之下。由此,知天授三年内附党项也应是在此之前内徙至灵、夏的党项部众,数目竟达二十余万。他

---

① 《资治通鉴》卷二〇二唐永隆元年条;《新唐书·党项传》等。
② 见康兰英主编:《榆林碑石》,三秦出版社,2003年版,第224页。
③ 《新唐书·地理志七下》吴州下注:"天授二年置吴、朝、归、浮等州。"

们当是永隆元年前后吐蕃占领诸党项羁縻府州之后,大量内徙至灵、夏的。

至于附灵州、银州的兰池、芳池、相兴、乐容四府及清塞、归德(原属松州都督府)二州领有的内徙党项,从各府州大多出现在安史之乱前推测,也当在贞观以后,陆续内徙至庆、灵、银、夏之境的党项部中设置的。只有永平以下等七府,才是置于永泰元年(765年),即安史之乱后。①

表中属庆州的党项羁縻府有三,共辖州二十四。此三府设于何时没有记载,我们只能做一些推测。按《旧唐书·地理志序》有"今举天宝十一载(752年)地理"一句,则其所记附于庆州的以上三个党项羁縻府的设置,至少应在天宝十一载之前。其内静、王(玉)、位、桥、西戎、西沧等六州,均原属松州都督府,后内迁至庆州的。芳池州、安定两府主要安置的是内徙的党项野利部。上引《通鉴》卷二二胡注亦云:"贞观以后,吐蕃浸盛,党项拓跋诸部畏逼……又置芳池都督府于庆州怀安县(今甘肃华池西北)界,管小州十,以处党项野利氏部落。"

上表中属陇右道的党项羁縻府州,除马邑州、保塞州、密恭县情况如表所述外,其余原属陇右松州都督府的二十五州(有版籍)及六十五州(无户口版籍)的情况,应如《新唐书·地理志七下》所说:"……肃宗时懿、盖、嵯、诺、嶂、祐、台、桥、浮、宝、玉、位、儒、归、恤(氿)及西戎、西沧、乐容、归德等州皆内徙,余皆没于吐蕃。"内云"肃宗时",只是一个界限,其实早在肃宗之前以上诸州皆陆续内迁,附于其他羁縻府州之下了。

值得注意的是原属陇右、宝应元年(762年)内附的乾封、归义等十州,原在泾、陇,设于何时?冈崎精郎引《资治通鉴》卷二武则天长寿元年二月记"吐蕃党项部落万余人内附,分置十州",以为此十州应即前引天授三年(此年四月改元如意,九月改元长寿)所置之"朝、吴、浮、归等十州"。②笔者认为此说误,因《新唐书·地理志七下》记朝、吴、归、浮等州设置于天授二年;《旧唐书·党项传》云归降党项为二十余万,且在灵、夏境。因此,从时间、归降人数、地点来看,均不相符。实际上,此年所设十州应是与吐蕃邻近的陇右"乾封"等十州。如此,乾封等十州设置于长寿元年二月,系安置摆脱吐蕃统治的党项部众万余人。这一事实说明,党项的内徙不一定全部迁到关内道的庆、灵、夏、银诸州,也有向泾、陇一带迁徙的。安史之乱前,唐朝曾就地安置,设立一些羁縻府州,表中所列属陇右的永定十二州亦当属此类。安史之乱后,这些羁縻府州的党项与吐蕃、吐谷浑等向东寇扰,后又归附唐朝。

通过以上对党项内徙情况的分析,可知党项的内徙大致开始于贞观末,主要

---

① 见《新唐书·党项传》。
② 见冈崎精郎:《党项古代史研究》,第30页。

原因是吐蕃的侵逼,而内徙的高潮是在唐仪凤至永隆元年前后,吐蕃占领原党项居地之时。党项的内徙并不是唐朝有计划地按原党项羁縻州进行内迁,而是他们以姓氏、部落为单位自发地陆续向北迁徙。最后,散居于陇右北部诸州及关内道的庆、灵、银、夏、胜等州。在这种情况下,唐朝才又复置或重置一些党项羁縻府州,寄治于庆、灵、夏、银等州。党项的内徙活动是陆续进行的,从贞观末一直到天宝末安史之乱前,内徙活动基本完成。因而《新唐书·地理志七下》所说"禄山之乱,河、陇陷吐蕃,乃徙党项州所存者于灵、庆、银、夏之境",是不够确切的。

二、党项内徙后的分布及活动

内徙党项的分布,据一些史籍的记载,主要在陇右道的洮、秦、临等州和关内道的庆、灵、夏、银、胜等州之内。下面我们在分述陇右、关内两部分内迁党项具体分布的同时,也略记其在安史之乱前的活动情况。

陇右北部诸州有众多的内徙党项,前述长寿元年所置之乾封等十州即是明证。此外,上表所列置于开元十七年(729年)的马邑州,内党项居秦(治今甘肃秦安西)、成(治今甘肃礼县南)二州山谷间,还有隶洮州的恭密县(设置于高宗上元三年前),永定等十二州原也在陇右,具体地点不详。以上党项羁縻州内,基本上都是内徙的党项部众。从一些资料看,陇右北部诸州的党项迁入时间较早,人数众多。如约在唐麟德至永隆年间(664—630年),崔知温迁兰州刺史(治今甘肃兰州西),"会有党项三万余众来寇州城",知温开门诱敌,党项恐有伏,不敢进,后救兵至,"大破党项之众"[①]。此攻掠兰州的三万余党项,自然是兰州附近陇右北部诸州的内徙党项部众。

内迁至关内道诸州的党项部众为数更多。他们迁徙的路线,大致多由陇右道陇西诸州而入关内灵、庆、夏、银诸州。早在则天圣历初(698年),史籍就记载关内灵、胜(治今内蒙古东胜东北)二州内迁党项的活动。如《新唐书》卷一一六《陆元方附余庆传》记:"圣历初,灵、胜二州党项引北胡寇边,诏余庆招慰,喻以恩信,蕃酋率众内附。"北胡,当指时雄踞漠北的后突厥汗国默啜,其时默啜正不断寇扰唐北边诸州。又突厥文《毗伽可汗碑》记:"朕十七岁时(约在700年),余往征党项(Tangut)。党项族余破之。"[②]此所记之"党项",必在灵、胜、夏诸州。上两条资料说明,早在则天武后时,内徙党项的分布之地已扩展到河套胜州等地,并与漠北的突

[①]《旧唐书》卷一五八《崔知温传》。此事年代考定,取韩荫晟:《党项与西夏资料汇编》上卷第二册,银川:宁夏人民出版社,1983年,第640—641页。

[②] 碑译文引自岑仲勉:《突厥集史》(下册),北京:中华书局,1958年,第914页。

厥等北方民族有了交往。

胜州以南的灵、夏二州的内迁党项部众为数更多。前述仪凤时,迁到银州的静边州都督府内辖有党项拓跋氏十八个部落(分设十八个州)。又天授二年(三年?)有二十万内徙党项附武周,则天以其居地置朝、吴、归、浮等十州,"仍散处灵、夏等界内"。后此四州又并属于静边州都督府。到开元九年(721年),在灵、夏等州爆发了六胡州胡人康待宾为首的反唐斗争。六胡州,是唐在调露元年(679年)为安置突厥降户而置,地在灵、夏南境,今内蒙古鄂托克旗南、宁夏盐池以北。神龙三年(707年),唐又改六胡州为兰池都督府①。过去学者均以为此六胡州所改的"兰池都督府"即党项羁縻州"兰池都督府",实误,六胡州所改的是"兰池州"或"兰池州都督府",与党项羁縻州"兰池都督府"为分别的两地。②

值得注意的是,在康待宾起兵时也有许多内徙党项部众参加。《旧唐书》卷九七《张说传》记:"(开元)九年四月,胡贼康待宾率众反……时叛胡与党项连结,攻银城(今陕西神木南)、连谷(今陕西神木北),以据仓粮,说统马步万人出合河关(今山西兴县西黄河边)掩击,大破之。追至骆驼堰,胡及党项自相杀,阻夜,胡乃西遁入建铁山(在连谷西北),余党溃散。说召集党项,复其居业……因奏置麟州,以安置党项余烬。"连谷、银城时属胜州,此地有内徙党项前已叙及,当六州胡康待宾攻陷六胡州后,欲经银、胜等州北返漠北,至银、胜时,党项与之联合,攻银城、连谷,后为张说击败。党项、六州胡则相互火并,六州胡败走,党项降张说,说建议设麟州安置党项。麟州之正式设置在开元十二年(724年),天宝元年(742年)复置。③

又《册府元龟》卷九七四还记载了一条十分重要的资料:

> 九年六月丁酉制曰:念功之典,书有名训……党项大首长、故右监门卫将军、员外置同正员、使持节达、洄等一十二州诸军事、兼静边州都督,仍充防御部落使拓跌("跋"之误)思泰,倾者,戎丑违命,爰从讨袭,躬亲矢石,奋其忠勇;方申剪馘之勋,俄轸丧元之痛……宜索宠章,俾慰泉壤,可增特进,兼左金吾卫大将军,赐物五百段,米粟五百石。仍以其子守寂袭其官爵。

此制《全唐文》卷一六收入中宗文,故以前有关党项、西夏论著认为此制颁于

---

① 《新唐书·地理志一》宥州条等。
② 详细考证,见周伟洲《兰池都督府与兰池州》,载《中国历史地理论丛》2011年第1期。
③ 《新唐书》卷三七《地理志一》"麟州条"。

中宗时,且认为思泰即贞观初附唐的党项巨酋拓跋赤辞之从子"思头"(或为思头弟)。其实,此制前之"九年六月",应为开元九年六月,这一点韩荫晟先生的《党项与西夏资料汇编》上卷第二册已指出:"按'九年'上文曾写'景龙二年',以后连书'三年''四年'……'九年'。景龙纪历止于四年,疑此'九年'为开元数。"按《册府元龟》景龙二年十二月记事后,所接之"三年",应为开元三年。这只要将《册府元龟》此三年所记之突厥支匐忌等来朝,高丽高文简等附唐事件,《资治通鉴》《新唐书·突厥传》等系于开元三年一事,可以得到明证。因《册府元龟》撰者漏记"开元"二字,致使清代编辑《全唐文》时,不知所措,误将此制列入中宗景龙时文内。

据新发现的《拓跋守寂墓志》记,守寂"考思泰府君,文武通才,帅师为任,光有启土,莫之与京。拜左金吾卫大将军、兼静边州都督防御使、西平郡开国公。会朔方不开,皇赫斯怒,周处则以身殉节,毕万乃其后克昌。赠特进、左羽林大将军"①。以此墓志与上引制文相校,人物、事件相合,但也有相异之处。如墓志记思泰原官爵,似为后追赠,应以制文所记为确;而制文记思泰所领"达、恤等一十二州诸军事"则误,应如志文所记思泰父及守寂所领的"淳、恤一十八州部落使",兼静边州都督(防御使)。达州,不在前引《新唐书》卷四三《地理志四》静边州都督府所属"二十五州"之内,而淳州则在此二十五州之内。墓志记思泰因参加镇压六胡州康待宾"反乱"战死,用西晋周处率军镇压关中以氐族齐万年为首之起义而战死,春秋时晋国毕万孙魏绛和戎立功而子孙昌盛之典故,来昭示思泰战死后其子守寂一族将繁昌。事实上,从思泰战死后,其族始贵盛,为自唐初拓跋赤辞之后,党项拓跋氏族第二次显著于史籍。

同年六月,唐朝增进(追赠)思泰为"特进、兼左金吾卫大将军"(墓志作"赠特进、左羽林大将军"),并以其子守寂(名寂,字守寂)袭其官爵。《元和姓纂》卷一〇记守寂在开元时任"右监门大将军、西平公、静边州都督",死后谥曰"勇","赠灵州都督"②。守寂墓志则云:其"起家袭西平郡开国公,拜右监门卫大将军、使持节、淳、恤等一十八州诸军事、兼静边州都督,仍充防御部落使。寻加特进……春秋卅(三十),以开元廿四年十二月廿一日寝疾,薨于银州敕赐之第。诏赠使持节、都督灵州诸军事、灵州刺史";安葬前夕,又加赠鸿胪卿。③

墓志还记守寂一族亲属的哀悼之情,保存了有关党项拓跋氏世系的重要资料,其中有:守寂母"亲太原郡太夫人王氏","弟游击将军、守右武卫翊府右郎将、

---

① 见上引康兰英主编:《榆林碑石》,西安:三秦出版社,2003年,第224页。
② 《唐会要》卷八〇,《谥法下》。
③ 上引康兰英主编:《榆林碑石》,西安:三秦出版社,2003年,第224—225页。

员外置宿卫、赐紫金鱼袋、助知检校部落使守礼","嗣子朝散大夫、守殿中省尚辇奉御、员外置同正员、使持节、淳、恤等一十八州诸军事、兼静边州都督防御部落使、赐紫金鱼袋、西平郡开国公澄澜","叔父朔方军节度副使、并防河使、右领军大将军、兼将作大匠兴宗"等。

守寂母王氏,思泰妻,从姓氏看,似为汉族。《通典》卷三四《职官一六》记"三品以上母妻为郡夫人",加太夫人则为母,思泰父子均官为三品,故王氏为"太原郡太夫人",太原为所加之邑号。守寂弟名守礼,按汉族习俗为"守"字辈。其官爵

唐拓拔守寂墓志铭及盖(陕西横山县韩岔乡元岔洼村出土)

"游击将军(武散官,五品下)、守右武卫翊府右郎将,员外置宿卫";守,唐制指散位底而职事高曰守,右武卫翊府为唐禁军指挥机构,下属有中郎将、左右郎将等职,员外置宿卫,即官员定员(正员)外所设,仍参与宿卫。守寂嗣子名澄澜,不见史籍记载。过去有学者认为守寂子是《新唐书·党项传》记永泰元年"召静边州大首领、左羽林大将军拓跋朝光等五刺史入朝"中的"拓跋朝光"①,看来此说误也。澄澜除袭父守寂官爵外,有"散朝大夫(从散官,从五品下)、守殿中尚辇奉御(从五品上)"等官爵,守寂卒时,其年幼,故袭爵高而职低。值得注意的是,志记守寂叔拓跋兴宗,《全唐文》卷三〇一收录其表文三件,仅记云:"兴宗,玄宗时人。"韩荫晟编《党项与西夏资料汇编》上卷第一部分收录兴宗三表,仅能疑兴宗为党项族人②,得此志可解兴宗世系之谜。据志称,兴宗为守寂叔,思泰异母弟。《全唐文》所收其三表文,均为《请致仕侍亲表》,内云其母"谯郡太夫人曹氏,今八十有四","然曹氏有臣,更无他子,臣才龆龀,父已背亡"(第一表);又云"以蕃夷之贱品,邈冠冕之清流,身带三印,爵封五等,入践命卿,出为副将"(第二表);"而臣又不幸,愚子供奉官、右威卫郎将守义近亡"(第三表)等。三表均为恳请朝廷准允停官返故里,侍奉老母,语意恳切,孝道弥著。据韩荫晟考证,三表约书于天宝五六载(745—746年),距守寂卒后约十年。志文所记兴宗官爵,与表文所叙大致相符。如表文所谓"身带三印",即志记的"朔方军节度副使、右领军卫大将军(正三品)、将作大匠(从三品)"三印;"出为副将",指其任朔方军节度副使一职而言。唐朔方节度使治灵州(治今宁夏吴忠西),故兴宗再三提出返故里侍奉老母。兴宗近亡之子"守义",与守寂、守礼均为"守"字辈。从后那至守寂,其族常与汉族士族通婚,其汉化程度日益加深。

由此可见,时党项拓跋守寂一族之繁盛。现据墓志及文献将守寂一族世系列表如下:

党项拓跋守寂一族世系表

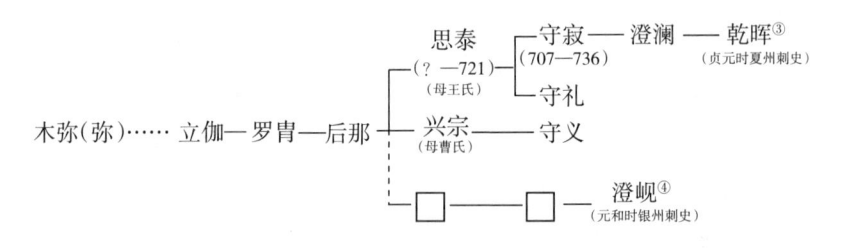

```
                                    ┌守寂────澄澜──乾晖③
                          思泰─────┤(707—736)    (贞元时夏州刺史)
                          (?—721) │
                          (母王氏)  └守礼
木弥(弥)……立伽─罗胄─后那┤
                          │兴宗─────守义
                          (母曹氏)
                          └□────□──澄岘④
                                        (元和时银州刺史)
```

---

① 冈崎精郎:《党项古代史研究》,第42—43页。
② 见韩荫晟:《党项与西夏资料汇编》,第156—159页。
③ 《新唐书》卷二一六下《吐蕃传》记贞元二年(786年),"吐蕃攻盐、夏,刺史杜彦光、拓跋乾晖不能守……"此拓跋乾晖,《元和姓纂》卷一〇云其为守寂孙,时任银州刺史。贞元时任夏州刺史。
④ 《元和姓纂》卷一〇记有守寂侄澄岘,"今(元和时)任银州刺史"。

开元十一年六胡州起义被镇压后,唐迁六州胡于河南、江淮等州。直到开元二十六年(738年),唐朝才将所迁胡户及散在鄜(治今陕西富县)、延(治今陕西延安)等州的六州胡,迁还故土,于原六胡州之地置宥州。此后,唐朝也加强了对内徙党项的控制。如天宝中,安思顺、郭子仪等筑天德军(今内蒙古乌梁素海东岸)北城,目的是为"南制党项,北制匈奴(突厥)"①。

侨治于庆州的还有芳池州、安定州、安化州三都督府,共领二十四州,内主要是党项野利部及拓跋部。安史之乱前,未见史籍记载他们的活动。

最后还必须提及的是,在党项原居地为吐蕃占领后,内徙的党项仅是一部分,而留在那里的党项部众则为吐蕃所统治,人数仍然不少。《新唐书·党项传》说,吐蕃称其为"弭药"(minyag)。武则天长寿元年,有吐蕃"大首领曷苏率贵川部与党项种三十万降",则天以张玄遇为安抚使率兵二万迎之,次大度水(今四川大渡河),吐蕃擒曷苏去。有它酋昝插又率羌(党项)、蛮八千来降,玄遇安置后,刻石大度山以记功。②内云之党项,当为其原居地党项部众,为吐蕃所统治者,其与吐蕃曷苏等有三十万,人数不在少数。又《新唐书·吐蕃传》记开元十七年(729年),吐蕃令曩骨(犹唐千牛官)送书信于塞下,内云:"二国有舅甥好,昨弥(即多弥)、不弄羌(即'白兰羌')、党项交构二国,故失欢,此不听,唐亦不应听。"此亦可证党项已分属唐、吐蕃所统治。至于藏文典籍中有关弭药的记载就更多了。如萨迦·索南坚赞的《王统世系明鉴》(成书于明初)记松赞干布曾娶"木雅(即弭药)妃",此妃修建了卡札色神殿。③而松赞干布建政过程中,亦取效弭药人的各种技艺才能;在其他方面,诸如文化、医学、建筑和宗教等方面,吐蕃与党项亦多有交流,甚至有相当部分的党项人,后来也融合到藏族之中④。因此,藏文文献所记藏族原始四族或六族中,有"董木雅(弭药)"之称。

三、唐安史之乱后党项第二次大迁徙

唐天宝十四载(755年)安史之乱爆发后,内徙的党项又发生了一次大的迁徙。这次迁徙总的趋势是原在陇右北部诸州的内徙党项向东进入关内道的庆、夏、盐、灵等州,而原在庆、灵、夏等的党项更向东迁至银、绥等州,甚至有渡过黄河向河东地区迁徙者。

---

① 《元和郡县图志》卷四,天德军条。
② 《新唐书》卷二一六上《吐蕃传》。
③ 见陈庆英、仁庆扎西汉译本,沈阳:辽宁人民出版社,1985年,第127页。
④ 黄颢:《藏文史书中的弭药》,《青海民族学院学报》1985年第4期。

唐至德年间（756—758年），唐朝全力对付安、史叛军，河陇空虚，吐蕃乘机出兵攻占河陇诸州，并向关内进逼。在这种形势下，陇右内迁的党项诸部向东的迁徙，就变成了与吐蕃、吐谷浑、突厥奴剌部等向东的寇掠。上元元年（760年），在泾、陇的党项部落及吐谷浑十余万众，在普润（今陕西凤翔北）等地为唐凤翔节度使崔光远击破，党项、吐谷浑降。①十一月，泾州（治今甘肃泾川）又破党项。②当时，唐朝根本无暇顾及如何安置这批降众，因此，在同年冬，党项又与岐、陇原唐吏郭愔等"土贼"联合，寇美原（今陕西铜川市耀州区东），击败唐秦、陇防御使韦伦，肃宗追还凤翔节度使崔光远，以李鼎代之。③次年二月，党项、突厥奴剌等寇宝鸡（今陕西宝鸡），焚大散关，陷凤州（治今陕西凤县东北），杀刺史萧愧。凤翔节度使李鼎"击败之"。④所谓"击败之"，不过是唐官方的用语，事实上正如原凤翔节度使崔光远所说："今凤翔近甸，秦、陇雄藩，北有党项之虞，西有羌、浑（吐谷浑）之患，或阻绝我道路，或侵轶我封疆，王师出征则鸟散山谷，官军罢讨则雨集郊圻。"⑤就在同年五月、六月，党项又寇宝鸡、好畤（今陕西乾县监军镇）。⑥

至宝应元年（762年）初，党项又与吐谷浑、奴剌等部先后寇扰梁州（治今陕西汉中），刺史李逸弃郡走，接着又有党项寇奉天（今陕西乾县）、同官（今陕西铜川）、华原（今陕西铜川市耀州区）等。⑦其间，唐鄜州刺史成公意、兵马使林明俊、凤州刺史吕日将等，虽然击破党项，俘获甚多⑧，但仍未改变当时的形势。直到同年十二月，原陇右党项乾封等十州部落诣山南西道都防御使臧希让降，并请州印⑨，党项的寇扰才暂时平息。十州内的归顺州后附入静边州都督府，其余九州不详。到唐广德元年（763年）之后，吐蕃基本上占据了陇右，于是党项诸部又与吐蕃联合，对唐朝构成了更大的威胁。

现在，我们回过头来叙述一下安史之乱爆发后，内迁至关内道内庆、灵、夏诸州的党项各部情况。乾元元年（758年），肃宗从灵武返长安后，叛乱仍未平息。庆、灵、夏、银诸州内徙党项乘机向南寇扰邠（治今陕西彬县）、宁（治今甘肃宁县）等

---

① 《新唐书·党项传》；同书卷六《肃宗纪》等。
② 《资治通鉴》卷二二一，唐肃宗上元元年十一月条。
③ 《新唐书》卷一四一《崔光远传》；《资治通鉴》卷二二一，唐肃宗上元元年十一月条。
④ 《新唐书·肃宗纪》；《资治通鉴》卷二二一，唐上元二年二月条。
⑤ 《文苑英华》卷五八四《为崔邠公谢除凤翔节度使表》。
⑥ 《资治通鉴》卷二二二，唐肃宗上元二年五月、六月条。
⑦ 《资治通鉴》卷二二二，唐肃宗宝应元年三月、四月条。
⑧ 见《册府元龟》卷四三四《将帅部·献捷》条；《新唐书》卷六《代宗纪》等。
⑨ 《册府元龟》卷九七七《外臣部·降附》条。又《新唐书·党项传》记此十州部落"诣萧让献款，丐节印，诏可"。

州。九月,唐招讨党项使王仲昇斩党项酋长拓跋戎德。①但是,这并没有阻止党项的南侵,到乾元三年(760年)正月,党项逼近京畿,唐廷震动。在这种形势下,唐朝乃分邠、宁等州节度为鄜坊、丹延节度,亦称为"渭北节度",以邠州刺史桑如畦领邠宁、鄜州刺史、杜冕领鄜坊节度副使,分道招讨党项。又以郭子仪领此两道节度使,欲借其威名,以镇京畿。②九月,子仪出镇邠州,党项退走。此后,吐蕃势力逐渐伸入,不断诱使渭北党项各部,"密以官告授之,使为侦道,故时或侵叛"③。直到宝应初,渭北党项才稍有收敛,遣使朝唐,并表示愿意助灵州军粮。④

但是,自广德后,在吐蕃的诱使下,陇右及部分渭北内徙党项与吐谷浑、回纥等联合开始向唐京畿一带进攻。这一形势,郭子仪早有察觉,广德元年四月,他多次上言:"吐蕃、党项不可忽,宜早为之备。"⑤可是,唐朝廷为宦官程元振所蒙蔽,未做认真的防御。同年十月,吐蕃攻泾州,刺史高晖降,遂为之向导,寇奉天、武功。时吐蕃率党项、吐谷浑之众二十多万从周至司竹园渡渭水,逼近长安。唐代宗逃至陕州(治今河南三门峡),吐蕃入长安,立原邠王守礼子承宏为帝,大掠士女。后郭子仪等在广大军民的支持下,设伏于城周,吐蕃退走。⑥

吐蕃这次攻入唐京师长安,多得力于党项、吐谷浑及唐降将,因此之故,唐朝于次年二月,颁大赦令,特别对"天下所有诸色结聚及羌、浑、党项等,能悔过自陈,各归生业,一切并舍其罪。其中有能率先来降者,仍特加官赏"⑦。在当时的形势下,唐朝的赦令收效甚微。同年九月,原唐仆射、大宁郡王仆固怀恩(原为回纥部酋)在灵武叛唐,"引吐蕃、回纥、党项数十万南下,京师大恐,子仪出镇奉天"⑧,怀恩退走。

次年(永泰元年)二月,党项寇富平,焚定陵(唐中宗陵)寝殿。九月,怀恩又纠集吐蕃、党项、吐谷浑、奴剌等数十万众,分道进逼京师长安。其中党项部众由其帅任敷、郑庭、郝德等率领⑨,自东道趋同州(治今陕西大荔);吐谷浑、奴剌自西道至周至、凤翔;回纥、吐蕃自泾、邠、凤翔数道寇京畿。唐朝调集郭子仪、李抱玉、周智

---

① 《新唐书·肃宗纪》。
② 《资治通鉴》卷二二一,肃宗上元元年正月条;《唐大诏令集》卷五九《郭子仪兼邠宁、鄜坊两道节度使制》。
③ 《旧唐书·党项传》。
④ 《旧唐书·党项传》。
⑤ 《资治通鉴》卷二二二,唐广德元年条。
⑥ 见《新唐书·吐蕃传》。
⑦ 《唐大诏令集》卷六九《广德二年南郊赦》等。
⑧ 《旧唐书》卷一二〇《郭子仪传》。
⑨ 任敷等三人系所谓的"土贼"。

光等各路军,分屯各处。党项西掠白水,东寇蒲津①;十月,焚同州官廨、民居而去。后党项为周智光破于澄城。郭子仪又遣军击之,并遣开府仪同三司慕容休贞以书谕党项,郑廷、郝德等诣凤翔降②。而怀恩的进攻,也因其本人病卒,回纥降唐,吐蕃退走而告终。

自此以后,吐蕃据守河陇,唐朝暂时得到喘息的机会,逐渐设法巩固西北的边防。措施之一就是竭力把关内道北部的党项、吐谷浑各部与陇右的吐蕃分开,以免为吐蕃所诱胁。《新唐书·党项传》记其事云:

> (郭)子仪以党项、吐谷浑部落散处盐(治今陕西定边)、庆等州,其地与吐蕃滨近,易相胁,即表徙静边州都督、夏州乐容等六府党项于银州之北、夏州之东,宁朔州吐谷浑往夏西,以离沮之。

按《党项传》是在叙述永泰元年九月仆固怀恩事件后,接着记子仪表徙党项、吐谷浑的,因此,此事应发生在永泰元年九月之后。③内云"党项、吐谷浑部落散处盐、庆等州",即是说安史之乱后,东迁的陇右党项部落亦散处在盐、庆等州。唐朝鉴于内迁党项与陇右吐蕃邻近,易为其所诱胁,重新酿成上述事变,因而采取将散在庆、盐州等地的党项与吐蕃分离的措施,将原属银州的静边州都督府,属夏州的乐容等六府党项部落④,迁于银州之北、夏州以东,宁朔州(原附乐容都督府,地在今陕西靖边南)的吐谷浑部落迁于夏州以西。

这一措施实行的具体情况,《新唐书·党项传》也有一些记述:一是召最有势力的静边州大首领、左羽林大将军拓跋朝光等五刺史入朝,"厚赐赉,使还绥其部"。二是因庆州的党项破丑氏族三(即唐初的"雪山党项")、野利氏族五、把利氏族一,原与吐蕃姻援,扰唐边凡十年(即756—765年),故郭子仪建议以工部尚书路嗣恭为朔方留后⑤,将作少监梁进用为押党项部落使,置行庆州。并说:"党项阴结吐蕃为变,可遣使者招慰,芟其反谋,因令进用为庆州刺史;严逻以绝吐蕃往来道。"代宗采纳了子仪的建议。三是于原静边、芳池、相兴三党项羁縻都督府设都督、长史,

---

① 《资治通鉴》卷二二三,唐代宗永泰元年九月条。
② 《新唐书·党项传》。
③ 参见上引冈崎精郎:《党项古代史研究》,第42页。
④ 按此"六府"党项当为静边州、乐容、相兴、芳池州、安定州、安化州等六都督府。
⑤ 按《旧唐书》卷一一《代宗纪》记,路嗣恭为朔方留后于永泰元年闰十月戊申。此亦可证唐采取上述措施是在永泰元年九月之后。

又另置永平、旭定、清宁、宁保、忠顺、静塞、万吉等七州都督府。四是因破丑、野利、把利三部及属静边州都督府的思乐州刺史拓跋乞梅等入朝,将以上诸部及宜定州刺史折磨布落、芳池州野利部并徙绥(治今陕西绥德)、延(治今陕西延安)。这样,原在庆、盐及夏州西部的党项部落大部又东迁至银、绥、延州。

综上所述,内徙党项的第二次迁徙起于安史之乱后的至德年间,一直到永泰元年,前后约十年。迁徙的情况,先是至德后原迁至陇右的党项部落,以"寇掠"的形式向东徙至庆、盐诸州。可考的有乾封等十州及永定等十二州党项。到永泰元年,唐朝为了离沮吐蕃与庆、盐等内徙党项,将这部分党项又东迁至银州之北、夏州之西及绥、延等州。这样,经过党项第二次大的迁徙,内徙党项逐渐集中到灵、庆、夏、银、绥、延、胜等州,余留在陇右的党项则为吐蕃所统治。

值得注意的是,这次迁徙的党项部落中与以后党项勃兴有重大关系的拓跋等部的情况。如前所述,开元至天宝中任静边州都督府都督的是拓跋思泰、守寂、澄澜一族。守寂于开元九年袭爵,澄澜于开元二十四年后袭父爵,为静边州都督。《新唐书·党项传》记:"始,天宝末,平夏部有战功,擢容州刺史、天柱军使。"以前一般论著均认为"擢容州刺史、天柱军使"者,即守寂。① 又《旧唐书·地理志一》银州条云:"静边州都督府,旧治银川郡界,管小州十八。"如前所述,据《拓跋守寂墓志》,以党项拓跋十八个部落为主的静边州都督府治所,早在唐仪凤年间已迁至银州治所附近(即今陕北横山韩岔乡一带),一直到天宝年间(如上述《旧唐书·地理志一》银州条所云)。但是到永泰元年,因郭子仪的建议,静边州都督府治又从银州治所附近迁于"银州北",即今陕西横山县无定河北。而时任静边州大首领、左羽林大将军的拓跋朝光,非守寂子,前已辨明,"大首领"也并非"都督"。那么,此时任静边州都督的是否还是守寂子澄澜,不明。但是,拓跋朝光亦是拓跋氏一族之成员无疑。自此以后,静边州所在之银、夏州一带就成为党项拓跋氏兴起的根本。

其次,永泰元年迁入绥、延等州的"宜定州刺史折磨布落",也引人注目。五代至宋时,据府州(治今陕西府谷)的党项折氏一族。可能与此折磨布落有一定的关系。至于破丑、野利、把利氏,皆为党项大姓。"思乐州刺史拓跋乞梅",其州属静边州都督府,按上引《新唐书·党项传》文意,似也与宜定等州同迁至绥、延。

内徙党项经过第二次大迁徙之后,逐渐按地域形成几个大的部落集团。《册府元龟》卷九五六《外臣部·种族》条说:

---

① 如吴广成:《西夏书事》卷一等。

> 党项羌者,三苗之裔也……唐时有六府部落,曰野利越诗、野利龙儿、野利厥律、儿黄、野海、梅野悉等;居庆州者,号为东山部落;居夏州者。号夏部落。

《新唐书·党项传》"六府部落"作"六州部落","梅野悉"作"野悉","夏部落"作"平夏部"。由于文献记述过于简略,致使历代研究者对此段文字理解不尽相同。如按文意,六州(府)、平夏(夏)、东山是三个大的部落集团,还是只有平夏、东山两个?即六州部中包括东山、平夏,抑或是各自不同的三个部分。历来研究者大都采取前者,但采此说有一矛盾无法解决:即六府中野利部占其三,而最强的拓跋部却无一,令人费解。日本学者冈崎精郎是用六府部号为野利等,而其部首领可能为拓跋氏来解释。他举《五代会要》卷二九党项羌条有"府州党项泥也六族","泥也大首领拓跋山"为例,来证明自己的论点。① 按此仅是特殊的情况,一般来说党项的部名往往是与其姓氏一致的,故冈崎精郎的解释似觉勉强。

我们认为,此段文意似也可解释为唐代党项(安史之乱后)有三个大的部落集团,即六府(州)部、平夏部和东山部。六府部,以党项野利部为主,具体居地不详。但如果芳池州都督府为野利部,则永泰元年此都督府迁至绥、延州,则所谓"六府"部当在绥、延。东山部之得名,可能是指庆州在陇山之东,故名"东山"②。平夏之得名,应如宋代宋琪所言:"从银、夏至青、白两池(在今宁夏盐池北),地惟沙碛,俗称平夏。"③"夏",指十六国赫连氏曾于此建立过"夏"国而言。此两大部落集团是以拓跋部为主。

永泰元年后,党项的再次东迁,有的已东迁至银、绥、延等州。此地临近黄河。因此,永泰、大历后,因吐蕃势力的继续东进,不时寇扰唐渭北诸州,居上述地区的党项、吐谷浑等又东渡黄河进入河东地区(今山西省)。党项渡河后,大部分集中在石州(治今山西离石)。④

---

① 见冈崎精郎:《党项古代史研究》,第44—45页。
② 见吴天墀:《西夏史稿》,第13页。
③ 《宋史》卷二六四《宋琪传》。
④ 《新唐书·党项传》。

第四章　唐朝中后期的党项

一、唐朝对内徙党项的政策

永泰元年唐朝采纳了郭子仪的建议,将盐、庆等州的内徙党项迁至银州之北、夏州之西及绥、延等州。目的是将占据陇右的吐蕃与党项分隔开来,使之不能联合,对自己构成威胁。这一措施暂时收到了一定的效果。如大历二年(767年)九月,"吐蕃寇灵州。十月,党项首领来朝,请助国供灵州军粮"①。

但是,由于吐蕃据有河陇,仍然不断向东寇掠,当时的形势,正如郭子仪在大历九年(774年)一次上书中所说:"自先皇帝(肃宗)龙飞灵武,战士从陛下收复两京,东西南北,曾无宁岁。中年以仆固之役,又经耗散,人亡三分之二,比于天宝中有十分之一。今吐蕃充斥,势强十倍,兼河、陇之地,杂羌、浑之众,每岁来窥近郊……臣所统将士,不当贼四分之一,所有征马,小当贼百分之二,诚合固守,不宜与战……外有吐蕃之强,中有易摇之众,外畏内惧,将何以安?"②而内迁党项又恰处于吐蕃与唐朝间,吐蕃不断向唐境的寇掠,一方面使唐统治下的内迁党项成为其掠夺的对象,另一方面有的内迁党项又与吐蕃联合,共同寇掠唐关内道诸州。这就是永泰元年之后,吐蕃、唐、党项三者关系的特点。

唐大历十二年(777年)九月,吐蕃深入到唐坊州(治今陕西黄陵),"掠党项羊马而去"③。十三年(778年)初,吐蕃大酋马重英(即 Stag sgra kluk hong,达札路恭)以四万骑寇灵州,"残盐(治今陕西定边)、庆而去"④;八月,又有吐蕃二万寇银、麟二州,"略党项杂畜",郭子仪遣李怀光击走⑤。大历末(约779年),党项野利

---

① 《册府元龟》卷九七三《外臣部·助国讨伐》条。
② 《旧唐书》卷一二〇《郭子仪传》。
③ 《旧唐书》卷一一《代宗纪》;同书《吐蕃传上》等。
④ 《新唐书·吐蕃传下》。
⑤ 《资治通鉴》卷二二五,唐大历十三年八月条。

秃罗都与吐蕃联合叛唐,郭子仪率军击之,斩秃罗都,其部野利景庭、野利刚等数千人降附于鸡子川(不详)。①

到唐德宗贞元二年(786年)底,吐蕃大举向唐进攻,陷盐州,刺史杜彦光不能守,率众奔鄜州(治今陕西富县)。接着,吐蕃又攻陷夏州(治今陕西靖边北白城子),刺史拓跋乾晖率众退走;吐蕃再东攻银州,陷麟州。②盐、夏、银、麟四州皆内徙党项聚居之地;内夏州刺史拓跋乾晖,据《元和姓纂》卷一〇记,开元后任静边州都督的拓跋守寂之孙名"乾晖",银州刺史。则乾晖当为党项拓跋部首领,原静边州都督守寂孙,澄澜子。乾晖是怎样成为唐夏州刺史,后又为银州刺史,原静边州都督府建置是否存在,乾晖是否仍兼都督之职？这一系列问题,因史籍阙载,而难以回答。

吐蕃占领盐、夏州后,各以军千人戍守,大军退还鸣沙(今宁夏中卫鸣沙)。唐贞元三年(787年)六月,吐蕃因馈运不济,人多病疫思归,于是悉焚庐舍,毁城驱民而归。唐灵盐节度使杜希全遣兵分守③。九月,吐蕃又寇掠汧阳(今陕西千阳)、华亭(今甘肃华亭),陷泾州(治今甘肃泾川)西连云堡,攻长武城(今陕西长武西北)。四年(788年)五月,吐蕃三万骑攻掠泾、邠、宁(治今甘肃宁县)、庆、鄜五州④。唐朝一方面调兵遣将,驻守各地,一面修复城镇、堡塞,加强防守。同年,唐邠宁节度使张献甫遣军重新筑盐、夏二城。⑤贞元七年(791年),唐泾原节度使刘昌复筑平凉城及胡谷堡(在平凉西三十五里),此地乃御吐蕃之冲要。⑥九年(793年),唐朝接受朔方、灵、盐等节度使都统杜希全等的建议,诏渭北各路节度抽调所部将士、人役复城盐州,二旬而毕,"由是灵武、银、夏、河西稍安、虏(吐蕃)不敢深入"⑦。

在面临着吐蕃不断寇掠的形势下,唐朝自然害怕境内的内徙党项投归吐蕃,引导其入寇近郊。因此,唐朝对内徙党项采取了"安抚"为主的总方针。

首先,是对一些党项部落进行"招抚"。如唐德宗建中二年(781年),朔方节度使崔宁与夏州刺史吕希倩合力招抚党项,"归降者甚多"⑧。贞元四年,范希朝任振武节度使时,先后招降党项拓跋忠敬部、磨梅部等。德宗在与希朝诏中说:拓跋忠

---

① 《新唐书·党项传》。
② 新旧《唐书·吐蕃传下》;《资治通鉴》卷二三二,唐贞元二年十二月条。
③ 《新唐书》卷一三三《张守珪附献甫传》。
④ 《新唐书·吐蕃传下》。
⑤ 《新唐书》卷一三三《张守珪附献甫传》。
⑥ 《旧唐书》卷一三《德宗纪》;《旧唐书》卷一五二《刘昌传》。
⑦ 《旧唐书》卷一四四《杜希全传》。
⑧ 《旧唐书》卷一一七《崔宁传》;《册府元龟》卷六七四《牧守部·公正》条。

敬等部"顷虽为盗,今已经恩,惧而归投,情可容恕,许其后效,以补前非","宜加招谕,令知朕意"①。到贞元末,吐蕃又大肆入寇。如贞元十七年(801年),吐蕃攻盐州,又陷麟州,杀刺史郭锋,毁城垒,掠居民,驱党项部落而去②。而吐蕃这一时期的入寇又多与党项相联通,因而唐朝廷议论对内迁党项用兵,加之边将为了邀功,也亟请击之。唐宪宗元和元年(806年)宰相杜佑上书论此事说:派军击党项是"未达事机,匹夫之常论也"。他认为,对"杂处中国,本怀我德"的"党项小番","当示抚绥"。又说:"今戎丑(吐蕃)方强,边备未实,诚宜慎择良将,诫之完葺,使保诚信,绝其求取,用示怀柔。来则惩御,去则谨备,自然彼怀,革其奸谋,何必遽图兴师,坐致劳费。"宪宗嘉纳其言③。杜佑提出对内徙党项的"抚绥""怀柔"政策,可以说是唐朝中期对党项政策的概括和说明。

此后,唐朝十分注意选派党项聚居的诸州官吏及节度使。如元和初任李愿为检校礼部尚书,兼夏州刺史、夏、绥、银、宥等州节度使。李愿整顿弊端,境内严肃。④又以"服勤戎职,练达吏道"的薛伾任鄜坊等州观察使⑤;以王元琬为"使持节都督银州刺史、充本州押蕃落使"⑥;元和四年(809年)以素有威望的王佖为"检校户部尚书、兼灵州大都督府长史、御史大夫,充朔方、灵、盐、定远城节度副大使、知节度事、管内支度营田观察处置押蕃落等使"⑦。元和九年(814年)因振武边事旷废,党项屡扰边,唐朝思用儒者以安抚党项,放任"儒而勇"的胡征为振武、麟、胜节度使等。⑧特别是在唐穆宗继位初(821年),为安抚党项,曾命崔元略使党项宣抚,辞疾不行,改命太子中允李寮兼侍御史,充党项宣抚副使。⑨

唐朝在积极抚绥内迁党项的同时,还逐渐加强对内迁党项的管理,采取一些措施防止党项各部的寇盗活动。永泰元年后,唐朝境内的内迁党项主要分属朔方、振武、夏州(或云夏州节度,置于贞元三年)、泾原、邠宁、鄜坊(渭北)、河东等七个节度使管辖。各节度使所领州及军镇虽时有变化⑩,但内迁党项却是分属这七个节度使,并在其直接控制之下。由于中唐以来藩镇势力增长,唐中央权力削

---

① 《白氏长庆集》卷五七《与希朝诏》。
② 《旧唐书·吐蕃传下》;同书卷一三《德宗纪》等。
③ 《旧唐书》卷一四七《杜佑传》。
④ 《旧唐书》卷一三三《李晟附子愿传》等。
⑤ 《白氏长庆集》卷五五;《文苑英华》卷四〇八,白居易《授薛伾坊观察使制》。
⑥ 《元氏长庆集》卷四八《制诰》。
⑦ 《白氏长庆集》卷五四《除王佖检校户部尚书充灵盐节度使制》。
⑧ 《新唐书》卷一六四《胡证传》。
⑨ 《旧唐书》卷一六三《崔元略传》;《册府元龟》卷九八〇《外臣部·通好》条等。
⑩ 参见《新唐书》卷六四《方镇表一》。

弱,因而内徙党项逐渐为各节镇所控制。

唐朝为了加强对内徙党项的统治,又不得不借助各节镇的力量,"押蕃落使"的增设,以及节度使兼领此职,就是一个明证。"押蕃落使"一职,最早见于开元二十年(732年),时以朔方节度"增领押诸蕃部落使"①。此云"诸蕃",当包括振武所属党项部落在内。乾元元年(758年),"置振武节度押蕃落使,领镇北大都护府(治中受降城,今内蒙古包头西)、麟、胜二州"②。永泰元年,子仪曾请以"将作少监梁进用为押党项部落使"。此后,"押蕃落使"一职增设更多:贞元三年,唐"置夏州节度观察处置押蕃落使,领绥、盐二州,其后罢领盐州"③。元和三年,王元琬曾持节都督银州刺史,充本州押蕃落使。次年,唐朝又以王似任"灵州大都督府长史、御史大夫,充朔方、灵、盐、定远城节度副大使、知节度事、管内支度营田观察处置押蕃落等使"等。以上所述之"押蕃落使"等职,均置于党项聚居之夏、绥、银、灵、盐等州,则所谓"押蕃"之蕃,主要指党项。此职一般均由节度使、州刺史兼任,说明唐朝将加强对内徙党项控制的责任,明确地加之于节度使、州刺史身上。

此外,唐朝还采取了一些措施,以加强对内徙党项的管理。如元和八年(813年),唐宰相李吉甫建议:自夏州至天德军,复置废驿馆十一所,以通急驿。又请夏州遣骑士五百,营于经峪故城(在宥州西北,今内蒙古毛乌素沙漠东北),目的是"应援驿使,兼护党项部落"。他还建议复置宥州,理经略军④。次年(814年)五月,唐宪宗采纳李吉甫建议,颁《置宥州敕》,内云:"天宝中,宥州寄理于经略军,宝应已后,因循遂废⑤。由是昆夷屡扰,党项靡依,蕃部之人,抚怀莫及。朕方弘远略,思复旧规,宜于经略军置宥州,仍为上州,郭下置延恩县为上县,属夏银绥观察使。"⑥又"取鄜城神策屯兵九千实之"⑦。唐朝之复宥州于经略军,目的是"以备回鹘,抚党项"⑧。到元和十五年(820年),宥州徙治长泽(今内蒙古南,陕西靖边西),为吐蕃所破,州废。长庆四年(824年),节度使李祐复奏置,治长泽。⑨

这里有一个值得提出来的问题,即永泰元年唐朝调整的党项羁縻府州是否还存在?据《册府元龟》卷九七七外臣部降附条唐宪宗元和五年记:

---

① 见《新唐书·方镇表一》。
② 同上所引。
③ 同上所引。
④ 《元和郡县图志》卷四,新宥州条。
⑤ 可参见《新唐书·地理志一》,宥州条,有宥州建置沿革。
⑥ 《唐大诏令集》卷九九;《册府元龟》卷九九三《外臣部·备御》条。
⑦ 《新唐书》卷一四六《李栖筠附吉甫传》。
⑧ 《资治通鉴》卷二三九唐元和九年正月条引李吉甫奏。
⑨ 《新唐书·地理志一》宥州条。

> 五年五月,盐州奏:"渭北党项拓跋公政等一十三府连状称:'管渭北押下帐幕牧放,今十五余年,在盐州界。今准敕割属夏州,情愿依前在盐州充百姓。'"

内云之渭北党项"一十三府",当指党项羁縻府;即是说,到元和时,渭北党项诸羁縻府州仍然存在。此一十三府党项在十五余年前于盐州牧放,也就是在贞元十一、十二年间,唐城盐州之后不久。由此推测,贞元九年城盐州后,原迁于绥、延等州的党项可能又西返盐州一带住牧。此十三府,大约包括芳池、相兴、永平、旭定、清宁、忠顺、宁保、静塞、万吉、乐容州、静边州(部分)、窟定、安化等十三羁縻都督府。最后,唐朝是否准其所请,则不得而知。尽管有上述史籍的记载,但是中唐以后史籍很少提及党项羁縻府州,因此颇疑此时党项羁縻府州已名存实亡,或已经废置。

唐朝还直接任命一些有功的党项部酋为州刺史或其他官职,笼络其上层,以便于加强对党项部众的统治。如前述拓跋守寂孙乾晖,贞元初曾为夏州刺史,后又任银州刺史。元和时,乾晖死,守寂侄澄岘继任银州刺史。这一措施为唐末党项拓跋氏势力增强、割据一方创造了条件。此外,史籍还载有党项部酋为唐"部落游奕使"一类的官职①,这是笼络、利用党项部酋以管理本部落的措施。

在经济方面,唐朝为了安抚内徙党项部众,并未明确规定要向内徙党项征收赋税。这一点,史籍记载甚明。如白居易《代王泌答吐蕃北道节度论赞勃藏书》中说:"且如党项久居汉界,曾无征税,既感恩德,未尝动摇。"②《李卫公会昌一品集》卷五《赐回鹘可汗书意》亦说:"惟塞上蕃(主要指党项)、浑(吐谷浑),各有畜牧,朝廷未尝征率,务使安存。"③可是,有的研究者却引杜牧《樊川文集》卷一五《贺平党项表》一段:"伏以党羌杂种……为西戎(吐蕃)所蹙,举种来降,国家纳之,置于内地,爰受冠带,兼伏征徭……"以证明内迁党项是"兼伏征徭",向唐缴纳赋税的。④从目前掌握的资料来看,还未见唐朝向内迁党项诸部或部众征税的具体事例,而只有服兵役,出兵打仗的记载。因此,颇疑杜牧云之"兼伏征徭"的"征徭"系指兵役而言,而非"征税"。而唐朝因惧内徙党项投吐蕃,采取"安抚"政策,不欲因征税而引起党项叛投吐蕃,也是合于情理的。尽管如此,并不等于唐朝统治阶级

---

① 《册府元龟》卷九七七,外臣部降附条记:文宗太和元年有"部落游奕使拓跋忠义"。
② 《白氏长庆集》卷五六。
③ 以上所论,参见韩荫晟:《党项与西夏资料汇编》上卷第二册,第713页。
④ 如史卫民:《党项族拓跋部的迁徙及其与唐、五代诸王朝的关系》,载《内蒙古大学学报》(历史学专集),1981年增刊。

对内徙党项没有民族歧视和压迫、剥削。从某些方面来说,唐边将的暴虐和对党项的压榨,还是十分残酷的。

二、内徙党项的社会组织和经济状况

党项在唐初未内徙之前,是处于以姓为部,一姓又可分为小部落,大者万骑,小者数千,不能相统的状况。内迁后的党项社会组织情况又是如何呢?据现有史籍所载,内徙后的党项基本上仍是以姓为部,各部人数不等,部与部之间还是不相统一,没有形成一个统一的中心。如"振武有党项、室韦交居川阜"①,内有党项拓跋忠敬部、磨梅部落等。唐人沈下贤在其一篇题为《夏平》的杂著中,谈到元和时夏州一带的党项时亦说:"夏之属土广长几千里,皆流沙,属民皆杂虏。虏之多曰党项,相聚于野曰部落。"②白居易代拟《授薛佽鄜坊观察使制》中亦说:"鄜畤、延安抵于中部(今陕西黄陵),羌夷种落(主要指党项羌)散在其间,戎夏杂居,易扰难理。"③此外,上述永泰元年迁至绥、延的党项破丑、野利、把利三部、折磨布落,还有六府(六州)部落,平夏部、东山部等。这种情况正如《旧五代史》卷一三八《党项传》所述:"部有大姓而无君长,不相统,散处邠宁、鄜延、灵武、河西,东至麟、府之间。"

与唐初党项部落不同的是,内迁党项部落更为分散,他们大都与室韦、内迁吐谷浑及汉族杂居错处,其部落内部或部落之间,已逐渐按地域形成了一些大的部落联盟(或称之为"集团"),如庆州的东山部,夏州的平夏部,绥、延的六府(六州)部,还有稍后出现的"南山部"等。关于"南山部落",始见于唐会昌、大中年间。《通鉴考异》卷二二引《唐年补录》曰:"松州南有雪山,故曰南山。"冈崎精郎认为,据此,所谓"南山"原在松州南,后党项内徙至渭北后,将南山一名带到了渭北。④南山党项所居地南山,亦应如宋代宋琪所说:"自鄜、延以北,地多土山柏林,谓之南山。"⑤南山党项部落,则指居于鄜、延二州之北山地的党项部落。

为什么在中唐时,内迁党项中会形成平夏、东山、六府、南山等这种部落集团呢?中唐时,在内迁党项部落内,因几经迁徙和战乱以及部落间的相互兼并,原有的氏族血缘关系遭到一定的破坏。前引沈下贤《夏平》一文说:"广德年中,其部落

---

① 《旧唐书·范希朝传》。
② 《沈下贤文集》卷三《夏平》。
③ 《白氏长庆集》卷五五。
④ 上引冈崎精郎:《党项古代史研究》,第131—132页。
⑤ 《宋书·宋琪传》。

先党项与其类意气不等,(因聚党为兵相伐,)①强者有牛羊橐驼,其后更酬杀,转转六七十年莫能禁,道路杀掠以为常。"这样一来,内徙党项原氏族、部落内的血缘关系逐渐松弛,以血缘关系为纽带的氏族、部落组织也逐渐由地域关系所替代。在同一个地区,不同族姓的部落开始有了联合的趋势,形成以地域为名的部落集团。同时,部落或部落集团内出现了有势力的"大姓",有的任部落首领,有的甚至兼任唐州刺史、部落游奕使等官职。

特别值得注意的是,中后唐时党项部落内外有了奴隶买卖的现象出现。唐段成式《酉阳杂俎》卷七《金刚经鸠异》篇曾记:永泰初,有一个丰州(治今内蒙古五原南)烽子(即烽火台戍卒)黄昏时外出,"为党项缚,入西蕃(吐蕃)易马"。又《元和郡县图志》卷四天德军条亦记:"先是缘边居人,常苦室韦、党项之所侵掠,投窜山谷,不知所从。"贞元三年十一月,唐朝曾下令"禁商人不得以口、马、兵械市于党项"②。"口"即人口,也就是奴隶。可见,在党项部落内外是存在着奴隶买卖的。根据这些记载,是否可以说中唐以后内迁党项部落内已经发展了奴隶制的生产方式呢?据现有资料,还没有发现党项部落内使用奴隶的事实,因此,我们认为中唐直到唐末,内迁党项内部仍处于原始社会末期氏族解体的阶段。

内徙党项虽几经迁徙,但其经济仍然以畜牧为主。上引沈下贤《夏平》一文说,夏州一带的党项"其所业无农桑事,事畜马牛羊橐驼"。《李卫公会昌一品集》卷六《赐党项敕书》也说,"自尔归款国家……牛马蕃孳,种落殷盛"。而内迁党项所居之地大部分也是水草丰美、宜于畜牧的地区,如银、灵、夏、绥等州,中唐时成为唐朝马匹的主要供给地。唐大和七年(833年),唐朝还于银州专设银川监牧使,以刺史刘源充使。③又党项与唐、吐蕃贸易的主要物品就是马、羊等牲畜。中唐大诗人元稹一首题为《估客乐》的诗中说:

求珠驾沧海,采玉上荆衡;
北买党项马,西擒吐蕃鹦。④

由此可知,当时一般商人到北边贸易多是买党项的马匹。

由于党项是以畜牧为生的部落,他们必然要与内地的汉族及其他民族建立

---

① 有括号的文字,系据《文苑英华》卷三七〇《夏平》文补。
② 《旧唐书》卷一二《德宗纪》。
③ 《唐会要》卷六六《群牧他》;《册府元龟》卷六二一《卿监部·监牧》条。
④ 《元氏长庆集》卷二三。

起广泛的贸易关系。他们主要以自己的牲畜来换取汉族的丝织品、珍珠、银、铜、铁,甚至武器和奴婢。《资治通鉴》卷二三二,唐贞元三年曾记:唐德宗问李泌复府兵之策,泌对以国家遭饥乱,经费不足。他建议:因吐蕃占领原、会之间,曾以牛运粮,粮尽,牛无所用,如发朝中左藏恶缯(即长期积压于库中的缯帛)染为彩缬,于党项中市牛,每头不过二三匹,计十八万匹,可致六万余头。德宗即命行之。唐大和中,党项渐强,欲改善其武器装备,"则以善马购铠,善羊贸弓矢"[①]。至开成末,党项种落繁富,吸引"远近商贾赍杂缯诸货,入其部落,贸其牛马"[②]。而内迁党项正是在这种与他族不断的交往之中,逐渐发展、强盛起来的。

除此而外,内徙党项还与吐蕃、吐谷浑、室韦、回鹘等族有着密切的政治、经济和文化等方面的交往。内徙党项与吐蕃的关系,前已叙及;其与吐谷浑的关系,则基本同于党项各部之间的关系。原居于青海、甘南的吐谷浑与党项的关系就是密不可分的;唐安史之乱后,吐谷浑与党项往往杂居在一起,两者的政治地位与经济情况也大致相同。至于室韦、回鹘等北方民族,主要与居于振武、天德军一带的党项关系最为密切,所谓"振武有党项、室韦交居川阜"[③],即指此。由于党项、吐谷浑、室韦等处于杂居的状态,三者社会发展情况相近,相互影响至深。此外,内徙党项所居之河套南北,还杂有许多原突厥降户、昭武九姓胡等,他们之间的交往及相互影响也是自不待言的。正因为党项的内迁西北,与属阿尔泰语系的北方诸族杂居错处,交往密切,因而党项无论从风俗习惯还是语言文化,都深受北方民族的影响。这就是后来内徙党项建立的西夏政权中,政治、经济和文化无不带有北方民族特点的根本原因。

三、唐边将的暴虐及党项的反抗

唐朝对内迁党项采取了以"安抚"为主的总方针,党项部众虽为唐之"编户",但无征税。这一切仅是唐朝统治阶级在当时形势之下采取的方针。这正如杜牧在《贺平党项表》中所说:大历、建中之后,"比以回鹘未殄,吐蕃正强,且须羁縻,未可重撼"[④]。可是,由于内徙党项诸部正处于原始社会末期的社会发展阶段,私有制萌芽产生和逐渐确立,阶级的对立也在逐渐形成,因此他们向邻近部落或民族进行财富、人口的掠夺,就成为经常的事。这就是唐安史之乱前后,党项与吐蕃、吐谷

---

① 《新唐书·党项传》。
② 《唐会要》卷九八《党项》。
③ 《旧唐书》卷一五一《范希朝传》。
④ 《樊川文集》卷一五《贺平党项表》。

浑等联合向唐境内大肆寇掠，"为戎虏（吐蕃）之耳目，狼心枭响，作郊畿之残贼"①的原因。

永泰元年后，内徙党项基本上处于唐朝的统治之下，然其掠夺（即所谓"盗寇"）邻近部落和汉民之事仍不断发生。如前述振武党项、室韦"交居川阜，凌犯为盗，日入慝作，谓之'刮城门'。居人惧骇，鲜有宁日"②。沈下贤《夏平》文中亦说夏州党项"更酬杀，转转六七十年莫能禁，道路杀掠以为常"。甚至也有党项部落进攻、掠夺唐州郡的情况发生。如元和时，振武一带"党项屡扰边"，唐朝选派胡征为振武军节度使。③元和九年，党项曾寇振武④。

党项诸部的"为盗""寇掠"，一般说来，是由其社会发展的条件所决定的。对此，唐朝统治者采取了两方面的对策：一是以控制和削弱党项各部势力发展为目的，多次禁止内地商人以人口、马匹和兵械与党项贸易。这一禁令，其实早在开元初即已颁布。⑤到贞元三年十一月，唐朝又重申："禁商人不得以口、马、兵械市于党项。"大和中，党项渐强，鄜坊道军粮使李石又表请禁商人不得以旗帜、甲胄、五兵入部落，"告者，举罪人财畀之"⑥。事实上，唐朝越是三令五申下禁令，就越说明这种贸易的发展。禁令只不过一时一地起过作用，或时紧时松，终归是禁止不了的。二是唐朝注意选派良吏，对内徙党项加强管理。如前述贞元时任振武节度使范希朝，其在任内，能"周知要害，置堡栅，斥候严密，人遂获安。异蕃（党项、室韦）虽鼠窃狗盗，必杀无赦，戎虏甚惮之"⑦。又如元和时任夏州刺史、夏绥银宥等州节度使的李愿，"威令简肃，甚得绥怀之术"⑧。他上任后，"既按察部落，尽知其猾，大者死，小者盟。又令曰：今盟已，敢有叛者灭之"。关于李愿整治境内还传有许多趣事，如有人高价贷得一马，马骇而逃逸，经一月，马奔历党项数帐，均逐之，不敢收。后马至一帐，父老执逸马送至李愿处。过了一年，失马者终于复得之。⑨

由于唐朝采取了上述措施，从永泰元年至元和初年，内迁党项除了小有"寇扰"外，还未酿成大的动乱。可是，随着内迁党项各部的发展，势力有所增长，其掠夺邻近各族的活动也大为增多。然而，这仅是问题的次要方面，主要还是唐朝的边将、节

---

① 《樊川文集》卷一五《贺平党项表》。
② 《旧唐书·范希朝传》。
③ 《新唐书》卷一六四《胡证传》。
④ 《资治通鉴》卷二三九，唐元和九年条。
⑤ 见《唐会要》卷八六引《开元二年敕》。
⑥ 《新唐书·党项传》。
⑦ 《旧唐书·范希朝传》。
⑧ 《旧唐书·李晟附子愿传》。
⑨ 《沈下贤文集》卷三《夏平》。

镇逐渐加强了对党项诸部的压迫和剥削,激化了党项诸部与唐朝统治阶级的矛盾。而这一矛盾的性质已转化为阶级矛盾,其中也包含着民族矛盾的因素在内。所以,从元和年间一直到大中时期,党项诸部多次掀起了反抗唐朝统治阶级的斗争。

早在贞元时,原于永泰、大历后陆续迁入河东石州的党项部落,不堪永安镇将阿史那思暕的侵渔和勒索无度,于十五年(799年)相继逃回河西(河套西)。①"永安镇",据《资治通鉴》卷二三五胡注:"唐盖置永安镇于石州,以绥御党项。"这一事件是唐边将对内迁党项压迫、剥削最初造成的恶果之一。石州党项虽然迁回河西原居地,但是内徙党项向河东的迁徙并未间断。会昌六年(846年)唐宰相李德裕在一份奏状中就说:"缘党项自麟府、鄜坊至于太原,遍居河曲,种落实蕃。"②可见,内徙党项向河东太原等地的迁徙并没有停止,返回河西的仅是居于石州永安镇一带的党项部众。

贞元以后,史籍所载唐边将对党项的暴政明显增多。如元和元年(806年)杜佑上疏中说:"且党项小蕃,杂处中国……间者,边将非廉,亟有侵刻,或利其善马,或取其子女,便赂方物,征发役徒,劳苦既多,叛亡遂起,或与北狄通使,或与西戎寇边,有为使然……"③元和三年,元稹代拟的《授王元琬银州制》中亦说:"吏二千石已上,不能拊循,竟致侵削;其蹄角齿毛之异,廉者半价而买,贪者豪夺其良;困于诛求,起为盗贼……"④延州的情况,也大致如此:李绛《论延州事宜状》记:"延州所管皆新蕃人(主要是党项),比来部落扰动,多因官吏贪克,失于恩信,务于诛求,致控制无方,威惠不及。"⑤

最为典型的是党项平夏部所在的夏州,元和中,夏、绥、银节度使田缙私用军粮四万石,强取党项羊马,夏州党项、吐谷浑等部苦其侵扰,遂引吐蕃入寇。元和十四年九月,唐贬田缙为衡王傅。⑥同年十月,吐蕃节度论三摩等率十五万众攻围盐州,"党项首领亦发兵驱羊马以助",盐州刺史李文悦率军死守,后诸道兵来救,吐蕃退走,凡围城二十七日。⑦于是,唐朝再贬田缙为房州司马。⑧元和十五年,党项又引吐蕃攻泾州,后赖郝玼、李光颜奋命抵御,吐蕃方退。⑨吐蕃这两次大举进

---

① 《资治通鉴》卷二三五,唐贞元十五年十二月条;《新唐书·党项传》。
② 《李卫公会昌一品集》卷一六《请先降使至党项屯集处状》。
③ 《旧唐书·杜佑传》。
④ 《元氏长庆集》卷四八。
⑤ 《全唐文》卷六四。
⑥ 《旧唐书》卷一五《宪宗纪》。
⑦ 《旧唐书·吐蕃传下》。
⑧ 《新唐书》卷二一〇《田承嗣附缙传》。
⑨ 《旧唐书》卷一六《穆宗纪》。

攻的起因,主要是田缙侵刻党项,致使党项引其入寇。同年,唐朝为了安抚党项,遣李寮兼侍御史,充党项宣抚副使,安抚党项部众。①穆宗长庆元年(821年),唐又命夏州节度李祐统所部四千赴长泽(时还未为宥州治所),以防吐蕃、党项入寇。②

唐朝采取的措施,收效不大。长庆二年六月,盐州奏报:"吐蕃千余人入灵武界,遣兵逐便邀截。"又言:"擒得与党项送信吐蕃一百五十人。"③可见,吐蕃与党项仍有联合入寇之势。北界党项首先发难,进攻灵州,又及渭北,掠官马。夏州节度李佑遣兵击之,党项都督拓跋万诚请降。④同时。吐蕃亦发兵攻灵州,唐盐州刺史赵旰救之。⑤至长庆四年三月,李祐遂于卢子关(即卢关,一作芦关,在今陕西安塞北城儿河)北木瓜岭筑垒,以扼其冲。又于塞外筑五城:乌延、宥州、临塞、阴河、淘子(一作"陶子"),"尤居要害,蕃戎畏之"⑥。宥州,据《新唐书·地理志一》宥州条记,元和十五年徙治长泽,"为吐蕃所破","长庆四年,节度使李祐复奏置"。时间相合,地点亦大致相符,故此筑之宥州当为原治长泽之宥州。⑦

至此,党项的寇扰和反抗暂时受到遏制。文宗大和元年(827年)八月,灵州奏有"部落游奕使拓跋忠义收得部落五千余帐。于界首安置讫"⑧。

可是,到大和中,党项"浸强,数寇掠",唐禁兵械等入其部贸易。⑨大和五年(831年),党项于黑山(今内蒙古昆都仑山)劫掠归回漠北的回鹘,杀差兵马使仆固全等七人。⑩大和末至开成年间,由于"藩镇统领无绪,恣其贪婪,不顾危亡,或强市其羊马,不酬其直,以是部落苦之,遂相率为盗,灵、盐之路小梗"⑪。大和末,河套西党项掀起反唐斗争,时任天德军防御使的刘沔率军镇压,因此而升任为振武节度。⑫开成初,任盐州刺史的王宰"失羌人之和","好以法临党项,羌人不安"⑬。开成二年(837年)七月,党项寇振武⑭;三年,党项又大扰河西(河套以西),振武节

---

① 《册府元龟》卷九八〇《外臣部·通好》条。
② 《册府元龟》卷三九〇《将帅部·警备》条。
③ 《旧唐书·吐蕃传下》。
④ 《册府元龟》卷九七七《外臣部·降附》条。
⑤ 《新唐书》卷八《穆宗纪》。
⑥ 《旧唐书》卷一七《敬宗纪上》。
⑦ 上引韩荫晟:《党项与西夏资料汇编》上卷第二册,第767页,认为李祐筑宥州,非六胡州改置之宥州。
⑧ 《册府元龟》卷九七七《外臣部·降附》条。
⑨ 《新唐书·党项传》。
⑩ 《册府元龟》卷九九五《外臣部·交侵》条。
⑪ 《旧唐书·党项传》。
⑫ 《旧唐书》卷一六一《刘沔传》。
⑬ 《新唐书》卷一四八《田弘正附子牟传》;《册府元龟》卷六七一。
⑭ 《新唐书》卷八《文宗纪》。

度使刘沔率吐谷浑、沙陀、契苾三部万人,到银、夏州讨击,"俘获万计"①。

由于内徙党项的反抗和寇掠此起彼伏,会昌元年(841年)唐武宗即位后,频命使安抚党项,"兼命宪臣为使,分三印以统之。在邠、宁、(鄜)、延者,以待御史、内供奉崔君会主之;在盐、夏、长泽者,以待御史、内供奉李鄠主之;在灵武、麟、胜者,以待御史、内供奉郑贺主之,仍各赐绯鱼以重其事"。但是,唐朝的"安抚"并未奏效,"寻皆罢之"②。

就在会昌元年,在振武、天德军、丰州一带发生了一次重大事件:开成末(840年),漠北的回鹘汗国为黠戛斯所灭,可汗被杀,余众拥乌介特勤为可汗。乌介挟原与可汗和亲的唐太和公主,率残部南进至振武、天德军一带。部众饥,而且为当地党项、吐谷浑部所劫掠,乌介因而请求唐朝借振武城与公主居住,并求供给。唐天德军使田牟上书,请乘此率党项、吐谷浑、沙陀等出兵驱逐回鹘。唐宰相李德裕上书,反对立即用武力驱逐回鹘的做法,以回鹘于唐有功,主张应"严防侵轶,待犯国家城镇,然后以武力驱除"③,并以粮济之,徐观其变。武宗采纳李德裕的建议,致书乌介,拒绝借城要求,发粟三万斛以赈济。会昌二年,回鹘众饥,入振武杷头峰(在振武东)北,突入河东云(治今山西大同)、朔(今山西朔县)等州,劫掠党项、吐谷浑等部。其时,回鹘乌介可汗为首的统治集团内部发生内讧,大特勤嗢没斯杀宰相赤心,降唐,武宗赐其名为李思忠。在这种情况下,唐朝调集各路大军,又以李思忠为河西党项都将、回鹘西南面招讨使,率契苾、沙陀等军至振武。会昌三年(843年),刘沔遣麟州刺史石雄等率沙陀、党项、契苾三千骑袭回鹘牙帐,夺回太和公主,大破乌介等于杀胡山(即黑山,今内蒙古昆都仑山)。乌介可汗奔室韦黑车子部,后为其下所杀。④回鹘残众降幽州前后三万余人,皆散隶诸道。⑤这一事件始告平息。

会昌初年击灭回鹘乌介残部的事件,对党项诸部有较大的影响。首先,唐朝多次调发党项诸部与回鹘作战,加重了他们的负担,加之率领党项诸部的边将的暴虐,更增加了党项诸部的不满。其次,唐北边因回鹘事件,"塞上纷扰"⑥,使党项的反抗斗争更为炽烈。会昌三年十月,有党项进攻盐州;十一月,又攻邠宁。时宰相李德裕奏称:

---

① 《旧唐书·刘沔传》。
② 《旧唐书·党项传》;《唐会要》卷九八党项羌条。
③ 《李卫公会昌一品集》卷一三《论田牟请许党项雠复回鹘嗢没斯部落事状》。
④ 《旧唐书》卷一七四《李德裕传》。
⑤ 《资治通鉴》卷二四七唐会昌三年十一月暴。
⑥ 见《册府元龟》卷九九六《外臣部·责让》条。

党项愈炽,不可为区处。闻党项分隶诸镇①,剽掠于此,则亡逃归彼。节度使各利其驼马,不为擒送,以此无由禁戢。臣屡奏不若使一镇统之,陛下以为一镇专领党项,权太重。臣今请以皇子兼统诸道,择中朝廉干之臣为之副,居于夏州,理其辞讼,庶为得宜。

武宗纳德裕之请,以兖王李岐为灵、夏等六道元帅兼安抚党项大使,又以御史中丞李回为安抚党项副使,"令赍诏往安抚党项及六镇(盐州、夏州、灵武、泾原及振武、邠宁)百姓"②。

会昌四年,唐又以刘濛为"宣慰灵、夏以北党项使"③。同年九月,唐武宗改任皇子李愕为夏州刺史,朔方军节度大使,以安抚党项④。由于这一任命,我们估计前年唐朝虽任兖王岐为六道元帅、安抚党项大使,但岐可能未成行,故次年改任李愕出任。十月,武宗颁发《赐党项敕书》,内中也不得不承认党项"反叛",是因"边将不守朝章,失于绥辑,因缘征敛,害及无辜"而引起的。书中说:"念尔远人,莫知控告,特命朕之爱子实总元戎,所冀群帅听命,而不敢自专,诸部怀冤,而有所披诉。"若"擅兴甲兵,恣行攻劫","朕便欲诏命诸镇,同力剿除,深虑玉石难分,善恶同毙"。⑤

唐朝的这次"安抚"仍未奏效。会昌五年(845年),党项诸部的反抗斗争更为激烈,他们先后攻陷了邠、宁、盐三州界城堡,屯于叱利寨(今宁夏安远东)⑥。次年(846年)正月十一日,宰相李德裕上书,仍主张以招抚为主,请求"差给舍一人,令边镇出兵护送,且至叱利镇城下,密召酋长,喻以国恩,问其屯兵事由,有何冤屈……其首谋逆叛及打破邠、宁、盐州界城堡罪人,并须分别送出,仍须自本族酋长,不特是族内平人。善恶既分,边境宁静,即且为容忍。待之如初"⑦。在当时形势下,李德裕的想法是不合时宜的。过了十余日,他在另一份《论盐州屯集党项状》中则一改上述的主张,请求对"久为劫盗"的党项,"须示严刑";"及其屯集未散,速令攻讨;如已退散,则须乘此兵力,驱出南山。其打破城堡及于叱利镇屯集者,即且驱出,令于平夏放牧,不得更过山险"⑧。

---

① 《资治通鉴》卷二四七胡注:"绥、银、灵、盐、夏、邠、宁、延、麟、胜、庆等州皆有党项,诸镇分领之。"
② 均见《资治通鉴》卷二四七,唐会昌三年十一月条。
③ 《新唐书》卷一四九《刘晏附孙濛传》。
④ 《旧唐书》卷一八《武宗纪上》。
⑤ 《李卫公会昌一品集》卷六;《册府元龟》卷九九六《外臣部·责让》条。
⑥ 《资治通鉴》卷二四八,唐会昌五年十二月条。
⑦ 《李卫公会昌一品集》卷一六《请先降使至党项屯集处状》。
⑧ 《李卫公会昌一品集》卷一六《论盐州屯集党项状》。

同年二月,唐朝君臣决意遣兵镇压党项的反抗。武宗下诏:"新攻党项,事不获已,其妇人并幼小未任兵仗者,交兵日不得滥有杀伤。"①同时,又以夏州节度使米暨充东北道招讨党项使,以邠宁节度使高承恭充西南面招讨使②。

史籍对于会昌六年初唐各镇大军"攻讨"党项的情况没有记载,可能是因同年三月武宗之死,各镇、使并没有出兵,或小有战斗,而未能改变当时党项屯集叱利寨的局面,故史未载。武宗死后,宣宗即位,于次年(847年)改元大中。此时,原吐蕃据有的河陇地区的形势发生了根本变化,使内徙党项的反抗斗争更为复杂。

原来早在会昌二年,吐蕃赞普朗达玛(即《新唐书·吐蕃传》之"达磨")灭佛,为一僧人所刺杀,统一的吐蕃政权瓦解。于是,吐蕃驻守河陇的节度使之间便展开了混战。其中原吐蕃洛门川(今甘肃陇西东南)讨击使论恐热首先举兵,自称国相,击溃了新立赞普乞力胡国相尚思罗等。以后,论恐热又与吐蕃鄯州节度使尚婢婢展开了混战。唐宣宗大中元年,邻近唐西北诸州的论恐热,乘武宗之丧,于五月引诱党项及回鹘残部寇掠盐、庆等州。陇右吐蕃将领与党项的联合,使原党项反抗唐朝统治阶级的斗争更为复杂。唐朝急令河东节度使王宰统代北诸军,以沙陀朱邪赤心部为先锋,从麟州渡过黄河,与论恐热战于盐州,结果论恐热败走。③大中二年,论恐热又为尚婢婢所败;三年(849年)正月,论恐热即以秦、原、安乐三州及石门等七关(均在原州境)降唐。④唐朝收复了陇右三州七关,基本上解除了吐蕃与党项合势的危险。

尽管如此,自会昌元年以来党项的反抗斗争并未止息,相反是越演越烈。《新唐书·方镇表一》记,大中三年"邠宁节度以南山、平夏部落叛,徙治宁州……"内云之"南山、平夏"即是上述党项南山部和平夏部,而"南山"部一名,由此始见。唐邠宁节度使原治所在邠州,因党项的反抗,而不得不改治于宁州(今甘肃宁县)。而唐朝自会昌二年以来,几乎是连岁发兵"征讨"党项,兵员及粮饷成了大问题。这可从诗人杜牧上当时宰相周墀书中窥其大略,书云:"昨者诛讨党羌,征关东兵用于西方,是不知天道也;边地无积粟,师无见粮,不先屯田,随日随饷,是不知地利也。"⑤大中四年(850年)九月,右补阙孔温裕竟因连年击党项无功,"戍馈不已",上疏切谏;宣宗怒,贬其为柳州司马。⑥又原唐振武、天德二军及营田水运官

---

① 《册府元龟》卷四二《帝王部·仁慈》条。
② 《旧唐书·武宗纪上》。
③ 《资治通鉴》卷二四八唐大中元年五月条;《新唐书》卷二一八《沙陀传》。
④ 《旧唐书》卷一八《宣宗纪下》。
⑤ 《樊川文集》卷一二《上周相公书》。
⑥ 《资治通鉴》卷二四九,唐大中四年九月条。

健,所需食盐,由丰州的胡落池供给,自大中四年党项反抗斗争的扩大,馈运不通,于是供军使请权市河东白池盐供食。①

同年十一月,党项又攻邠宁。②唐朝统治者在这种形势下,决定加强对党项的围剿,以翰林学士刘瑑为京西招讨党项行营宣慰使③;十二月,又以凤翔节度使李安业(《资治通鉴》作"李业")、河东节度使李拭并兼招讨党项使④。大中五年初,唐朝统治者又针对党项不断反抗的原因,即边将的暴虐,于武力"讨伐"的同时,议择儒臣治边;于是授李福为夏绥节度使,宣宗临轩谕遣⑤。三月,唐朝为了统一各路招讨、宣抚党项使的行动,接受了崔铉派一大臣镇抚的建议,以宰相白敏中为司空,招讨南山、平夏行营兵马都统。⑥白敏中请用裴度讨淮西故事,自选廷臣为将佐,宣宗许之。敏中启行后,宣宗出近苑,"或以竹一个植舍外,见才尺许,远且百步,帝属二矢曰:'党羌穷寇,仍岁暴吾鄙,今天我约,射竹中则彼当自亡,不中,我且索天下兵翦之,终不以此贼遗子孙。'左右注目,帝一发竹分,矢彻诸外,左右呼万岁"⑦。从史籍所载此传闻,可知党项的反抗,对唐朝来说的确是一件大事。

同年四月,正当白敏中一行抵达宁州时,唐定远城使史元大破党项九千余帐于三交谷(在夏州境)⑧,平夏部降附,而南山部仍然坚持斗争。接着,宣宗颁《平党项德音》诏,宣称:"今则军功已成,制置将就,息戈解甲,固在及时,舍罪缓刑,所宜布泽。"诏书首先叙述了南山党项的情况,并宣布了对其政策:

> 南山党项为恶多年,化谕不悛,颇为边患……今闻残寇无所依归,皆是王人,岂忘恻悯!其南山党项已出山者,或闻逼于饥乏,犹行劫夺,平夏不容,无处居住。今委李福且先遣蕃官,安存招诱,令就夏、银界内,指一空闲田地居住,所有从前挂涉恶迹者,今一切不问。唯再犯疆界,却入山林,或不从指挥,即招募平夏党项精锐者讨逐,议不容舍。如能革心向化,愿同平夏,即须输诚献款,迹效分明,抚驭之间,便同赤子。如有屈事,即任于本镇投状论理,仍各令本镇遣了事军将安存。

---

① 《旧唐书》卷四八《食货志》。
② 《新唐书》卷八《宣宗纪》。
③ 《资治通鉴》卷二四九,唐大中四年十一月条。
④ 《新唐书·宣宗纪》。
⑤ 《资治通鉴》卷二四九,唐大中五年正月条。
⑥ 《新唐书》卷八《宣宗纪》;同书卷六三《宰相表三》记以白敏中为"特进,守司空兼门下侍郎、同平章事、招讨南山、平夏党项行营兵马都统制置使,并南北路供军使,兼邠、宁、庆等州节度使"。
⑦ 《新唐书·党项传》。此事又见《唐语林》卷四《崇爽》条。
⑧ 按《资治通鉴·地理令释》卷十一,谓三交谷在陕西榆林怀远县北。

对于已降附的平夏党项,诏书则说:

> 平夏党项素闻为善,自旬月以来,发使抚安,尤见忠顺,一如指挥,便不猖狂,各守生业。自兹必永戴恩信,长被华风。或闻从前帅臣多怀贪克,部落好马悉被诛求,无故杀伤,致令怨恨。从今已后,必当精选清廉将帅,抚驭羌戎,明下诏条,渐令知悉。

这里,唐朝统治者再次承认党项的"扰乱",主要是由于帅臣、边将的贪克、暴虐而引起的。为了安抚平夏等部党项,唐朝统治者表示要"精选清廉将帅,抚驭羌戎",以安党项之心。与此相应的是,诏中还警告以后的帅臣、边将:"自此之后,边上逐界皆已有制置把捉,如或更有羌寇侵盗,即是将帅依前贪求,当先加罪于本界边将,然后翦逐寇贼。"

诏中还明确提出,要鼓励与党项诸部的通商贸易,"委边镇宜切招引商旅,尽使如归。除禁断兵器外,任以他物与部落往来博易"。这一规定无疑改变了过去禁断商人以丝织品或其他生活用品等与党项贸易的敕令,有利于促进党项与内地汉族的经济交往。此外,诏中对将吏有功者甄奖,死伤者优恤,减免灵、夏、邠、宁四道百姓租税等。①

同年七月,白敏中奏称南山党项亦降附。六日,宣宗颁《洗雪南山平夏德音》敕,文开首云:"平夏、南山虽云有异,源流风俗本实不殊……是以去年洗雪平夏,驱逐南山,及闻穷困无归,复有怀来之意,遂令白敏中、李安业分统诸军,先示招携,仍加训练。但知非则赦免,不得已诛锄。"这段文字,是宣宗有意歪曲事实,因为去年(大中四年,850年)平夏、南山党项的反抗斗争正处于高潮,所谓"洗雪平夏,驱逐南山,及闻穷困无归"。只是在大中五年(851年)白敏中出镇之后,同年七月南山党项才最后归降。这正如敕文中所说:"近得敏中状申。南山尽愿归降,沥恳输诚,惟思展效。请般运粮料,乞要保护封疆。比者,或有剽劫,必推南山,南山或有寇攘,亦指平夏,既相非斥,互说短长,终难辩明,祗益仇怨。今则并从洗雪,成许自新。"从这段敕文,亦可了解南山、平夏两大部党项之间曾存在着矛盾。这一矛盾为唐朝统治阶级所利用,故平夏先降,南山无以自存,不得不亦降附唐朝。敕文最后提出了一些善后的措施:"惟盐州深居沙塞,土乏农桑。军士运粮,须通商旅,沿途堡栅,事须修营。委令李安业依朝廷制置,差兵建筑防守,尤恐部落心怀疑虑,委令

---

① 见《文苑英华》卷四三九《德音六》。

李安业驻军塞门(在今安塞塞木城址)①。"长达数年之久的南山党项、平夏党项反唐斗争始告平息。

此后,宣宗较为注意选拔边镇节度,并继续做了一些安抚党项的工作。大中六年(852年),党项复"扰边",六月,宣宗以毕諴任邠宁节度使;十月,即"招谕党项皆降"。毕諴在邠宁节度使任内,"招募军士,广置屯田,岁收谷三十万石,省度支钱数百万"②。宣宗还以名臣裴识为泾原节度使,李福为夏州节度使,裴识上任后,"治堡障,整戎器,开屯田"③,境内安谧。

同年,唐河东节度使李业重蹈过去边镇侵掠党项的覆辙,"纵吏民侵掠杂虏(包括太原、代北的党项),又妄杀降者,由是北边扰动"。宣宗立即调离李业,以太子少师卢钧为河东节度使。卢钧遣副使韦宙"遍诣塞下,悉召酋长,谕以祸福,禁唐民毋得入虏境侵掠,犯者必死,杂虏由是遂安"④。

大中八年(854年)宣宗又选派司农卿郑助为"夏、绥、银、宥等州节度营田观察处置押蕃落安抚平夏党项等使"⑤。九年,泾州党项"复叛",宣宗又以卢简求为泾州刺史,泾、原、渭、武节度押蕃落等使,"简求为政,长权变……居边善绥御,人皆安之"⑥。十年,唐朝正式以夏州节度使增领抚平党项等使⑦。

总之,自大中五年后,党项诸部虽有一些反抗,但由于宣宗选任的边镇节度处理得当,故未酿成大的动乱。这种环境为党项诸部的发展和勃兴提供了有利的条件。

---

① 《文苑英华》卷四三九《德音六》。
② 《旧唐书》卷一七七《毕諴传》。
③ 《新唐书》卷一七三《裴度附子识传》。
④ 《资治通鉴》卷二四九,唐大中六年闰六月条。
⑤ 《旧唐书·宣宗纪下》。
⑥ 《旧唐书》卷一六三《卢简辞附简求传》;《新唐书》卷一七七《卢简辞附简求传》。
⑦ 《新唐书·方镇表一》。

第五章　唐末党项拓跋部的崛起及其割据势力的形成

一、党项拓跋部的崛起——定难军节度使的建立

唐宣宗卒于大中十三年(859年),其子李漼即位,是为懿宗,次年改元咸通。从懿宗咸通元年至唐僖宗中和元年(881年),前后二十一年间,史籍对党项的记载很少。推其原因,可能是咸通以来,唐藩镇割据,国内阶级矛盾激化,农民反抗连续不断,唐朝已处于风雨飘摇之中。这种情况正如《资治通鉴》卷二五二乾符元年条所说:"自懿宗以来,奢侈日甚,用兵不息,赋敛愈急。关东连年水旱,州县不以实闻,上下相蒙,百姓流殍,无所控诉,相聚为盗,所在蜂起。"加之这一时期党项各部也再未掀起大的动乱,故史籍对其记载不多。

在这二十多年间,史籍仅简约地记载了秦州和振武、天德一带党项的"反叛",于平夏、南山等部记载更为少见。咸通初,秦州长武城(今陕西长武)附近的党项曾起来"反叛",时任神策都虞候的高骈正率神禁军戍长武,伺隙出击党项,无不捷,因而迁秦州刺史。①至僖宗乾符元年(874年)十二月,史称"党项、回鹘寇边(天德军)"②,显然这是居天德、振武一带的党项与残留的回鹘一起采取的行动。乾符五年,盘踞在振武、代北一带的沙陀李国昌(即朱邪赤心,因助唐镇压庞勋起事,赐姓名为李国昌)曾出兵向党项进攻,吐谷浑酋长赫连铎乘机袭击占据振武,国昌率残部至云州(今山西大同)与其子李克用会合。③

除上述关于党项的记载外,我们还可从一些零星的资料推测,原在吐蕃统治下的陇右、河西等地的党项羌十分活跃。自唐大中五年(851年)沙州张议潮驱逐吐蕃,以河陇十一州地图降唐,唐置归义军于沙州,以议潮为防御使(后为节度

---

① 《旧唐书》卷一八二《高骈传》。
② 《旧唐书》卷一九《僖宗纪下》。
③ 《新五代史》卷四《庄宗纪》;《新唐书》卷二一八《沙陀传》。参见拙作《八世纪中至十一世纪初吐谷浑族在河东地区的分布及活动》,载《晋秦豫访古》,太原:山西人民出版社,1986年。

使)。至唐咸通二年(861年),张议潮收复凉州。至此,河陇之地复归唐朝统治。可是,事实上唐朝只有通过张议潮及其后人才能控制河西,而张氏势力也只能统治河西的瓜、沙两州而已。据敦煌遗书《张氏勋德记残卷》(伯希和编号2762)记:"河西创复,犹杂蕃(吐蕃)、浑(吐谷浑),言音不同,羌、龙(焉耆部人)、嗢末(吐蕃奴部)雷威慑伏。训以华风,成会驯良,轨俗一变。"① 这不过是为张氏歌功颂德之词,但其中的"羌",主要应指党项羌人,说明此时河陇仍有一些党项部落。又敦煌一份咸通九年(868年)刻本《金刚般若波罗蜜经》贴里写道:"河西诸州,蕃、浑、嗢末、羌、龙狡杂,极难调伏。"② 到咸通十三年(872年),唐归义军节度使张议潮卒,其兄子张淮深继任归义军节度使。"是后中原多故,朝命不及,回鹘陷甘州(治今甘肃张掖),自余诸州隶归义者多为羌、胡所据。"③ 即是说,唐归义军节度使只能控制瓜、沙二州,其余河西诸州多为回鹘、龙、吐谷浑、党项羌等所据,各族为争夺诸州展开了混战。然而,关于党项羌的活动却基本不见记载。

《资治通鉴》卷二七八后唐长兴四年(933年)二月,引凉州大将拓跋承谦语:"……自黄巢之乱,凉州为党项所隔……"又敦煌遗书中和四年(884年)十一月一日《肃州防戍都营田使□□县丞张胜君等状》(斯坦因编号2589)记,从祁州(治今河北无极)经河东、渭北至灵州,再由灵州至河西的通道,因战乱,"兼有党项抄劫□,全过不得……"故由祁州经灵州入凉州道路不通,只得改走河州(今甘肃临夏)路。④ 由此可知,自唐乾符年间王仙芝、黄巢起义爆发后,河东及平夏、南山等党项诸部势力增长,唐朝已经逐渐失去了对他们的控制。

又《新唐书·党项传》亦记:"始,天宝末,平夏部有战功,擢容州刺史、天柱军使。其裔孙拓跋思恭,咸通末窃据宥州,称刺史。"此可能是在唐中和元年之前,有关党项平夏部情况唯一的一条记载。而史载平夏部拓跋思恭的活动,实始于中和元年。由于思恭与党项拓跋部的崛起有直接的关系,因此首先搞清其世系就十分必要了。清代学者吴广成撰《西夏书事》认为,思恭始祖即唐初党项羌大酋拓跋赤辞,赤辞孙系拓跋守寂,贞元中有银州刺史拓跋乾晖,"思恭,乾晖裔孙也"。以后国内治西夏史者,多依《西夏书事》的说法,并做了一些补充,如下:

拓跋赤辞—思泰(赤辞子)—守寂(思泰子)—某—乾晖(守寂孙)—某—思恭(乾晖裔孙)

---

① 见《敦煌石室遗书》(第一集)。
② 转见万斯同辑译:《唐代文献丛考》,第91页。
③ 《资治通鉴》卷二五二,唐咸通十三年八月条。
④ 转见[日]前田正名:《河西の歴史地理学的研究》,吉川弘文馆昭和三十九年(1964年),第347—348页。

如前所述,思泰是否即赤辞子(或即赤辞从子思头),从年代上看,难以成立。据上述《拓跋守寂墓志》,守寂远祖系隋代吐谷浑名王拓跋木弥。木弥与唐初赤辞的关系不明。而关于拓跋思恭,史称其从咸通末据有宥州,为宥州刺史,或称其为"夏州将"①,或"夏州偏将"②,而其世系则不得而知。然而,据榆林出土唐《白敬立墓志》(敬立卒于唐景福二年)记,思恭起兵时为"宥州刺史"③,则《新唐书》卷二二一《党项传》所记"宥州刺史"为确。至于思恭世系,据近年出土于内蒙古乌审旗南纳林河排子湾的《李彝谨墓志》(后周广顺二年,952年立石)记:彝谨"曾祖讳重建,皇任大都督府安平下番落使。祖妣破丑氏,累赠梁国太夫人。祖讳思□,皇任京城四面都统教练使,累赠太师。祖母梁氏,封魏国太夫人。烈考讳仁福,皇任定难军节度使,累赠韩王……公即韩王第二子也"④。彝谨祖思□,国内学者一般从官爵名及字辈排列分析,认为即是拓跋思恭。也有学者以为非是思恭,存疑。思恭父名重建(时已赠姓"李"),是否为文献及过去学者所说思恭为乾晖裔孙,则不明。

又上述榆林出土的《白敬立墓志》还记载了拓跋思恭在中和元年(881年)起兵助唐攻京师长安黄巢起义军之前的一些情况:

（敬立)祖父字文亮。充兴宁府都督⑤。娶婆王氏,生公(即白敬立)。公以祖父箕裘继常,为故夏州节度使、朔方王(即思恭,"朔方王"号为其后子孙所追封)信用于门下。王(思恭)始为教练使,公常居左右前后,凡边朔战伐、军机沉密,多与公谋。时有征防卒结变于外,突骑得入屠灭权位,其首乱者逼节使,请署为马步都虞候。半年之□,凌慢愈甚。时朔方王集部下,伺隙尽擒诛之。公兄弟皆与其事。洎乾符年,大寇(指黄巢)陷长安,僖宗卜省于巴蜀,王自宥州刺史率使府将校,统全师问安赴难,及于畿内。⑥

据此,知思恭原为夏州节度使帐下的"教练使",时在夏州曾发生了一次征防士兵的变乱,其首领逼节度使署其为马步都虞候,变乱延续了半年之久。后思恭

---

① 《旧唐书》卷一九《僖宗纪下》。
② 《新五代史》卷四〇《李仁福传》。
③ 康兰英主编:《榆林碑石》,第243页。
④ 邓辉、白庆元:《内蒙古乌审旗发现的五代至北宋夏州拓跋氏李氏家族墓铭考释》,载《唐研究》(第八卷),第384页。
⑤ "兴宁府"疑即党项羁縻府之一的"清宁都督府"。
⑥ 康兰英主编:《榆林碑石》,第75页《白敬立墓志》图片及第242—243页墓志录文。

唐白敬立墓志铭(陕西靖边县红墩乡华家洼林坊出土)

率部下擒杀反乱者,平息变乱。大约因此思恭升任为宥州刺史。至于《志》文所云"洎乾符年"后事,史籍记载则更为详确。

在唐乾符年间(874—879年),黄巢义军转战各地,势如破竹。到广明元年(880年)十二月,义军终于攻下京师长安,唐僖宗仓皇出走至凤翔、兴元(今陕西南郑),准备逃亡到成都。中和元年(881年)正月,僖宗下诏征集各路兵马,其中就有"夏州将李思恭"(此为以后史官所记,应为"宥州刺史拓跋思恭")[①]。三月,思恭即"纠合夷、夏兵,与鄜延节度使李孝昌会合于鄜州,同盟起兵"。四月,僖宗因思恭

---

① 《旧唐书》卷一九下《僖宗纪》。

出兵,故以其为"左武卫将军,权知夏、绥、银节度使事"①。因原夏、绥、银节度使诸葛爽于去年降黄巢,中和元年正月诸葛爽虽复归唐,但封河阳节度使,故夏州节度使一职空额,僖宗权以思恭领之。时僖宗以凤翔节度使郑畋为京西诸道行营都统,畋乃与泾原节度使程宗楚、秦州经略使仇公遇、鄜延节度使李孝恭、(权知)夏州节度使拓跋思恭约盟,"传檄天下"②。思恭遂率军屯于武功,并同李孝昌与黄巢军大战于土(王)桥,不利。③七月,李孝昌与思恭又壁于东渭桥,黄巢遣大将朱温拒之。④据《资治通鉴》卷二五四记,此年八月,"以权知夏、绥节度使拓跋思恭为节度使"。至此,党项拓跋氏正式取得了"夏州节度使"之名号。九月,孝昌、思恭与朱温、尚让激战于东渭桥,为朱温等击败⑤。此役思恭弟思忠战死,《宋史·夏国传上》记此事说,思忠"尝从兄思恭讨黄巢,拒贼于渭桥,表有铁鹤,射之没羽,贼骇之,遂先士卒,战没,僖宗赠宥州刺史,祠于渭阳"。同年十一月,黄巢将孟楷、朱温袭思恭、孝昌二军于富平,"二军败,奔还本道"⑥。十二月,唐朝赠夏州节度号为"定难军节度"⑦。

中和二年正月,僖宗又以思恭为京城南面都统⑧,孝昌为北面都统,王处存为东面都统,并以王铎兼中书令,充诸道行营都都统,四面合围京师。⑨三月,唐赐鄜坊(渭北)节度号"保大军节度",增领翟州(治今陕西洛川东南),以延州置保塞军节度。⑩五月,诸镇军四集,保大、定难两军营于兴平,"徙壁东渭桥,收水北垒"⑪。为了保存实力,定难军节度拓跋思恭等观望不进,以待时机。僖宗为进一步笼络思恭,使其卖力进击,遂于七月进思恭为京城四面都统。⑫唐朝以一个原党项部酋为京城四面都统,在当时确是一件大事,说明唐朝统治者对思恭镇压黄巢起义军寄予厚望。《太平广记》卷一七五记载了一个才思敏捷的神童——十四岁的李琪

---

① 《资治通鉴》卷二五四,唐中和元年二月、四月条。按,《旧唐书·僖宗纪》于中和元年一月记思恭即为"夏州节度使",《资治通鉴》记思恭由权知夏州节度使至正式为节度使甚详,当有所据,从之。
② 此事《新唐书》卷一八五《郑畋传》等系于中和元年,《僖宗纪》系于元年三月,估计当在三月底至四月思恭权知夏州之后。
③ 《资治通鉴》卷二五四,唐中和元年四月条。
④ 《旧五代史》卷一《梁太祖纪》。
⑤ 《新唐书》卷九《僖宗纪》。
⑥ 《资治通鉴》卷二五四唐中和元年十一月条。
⑦ 同上卷二五四,唐中和元年十二月条。按《新唐书·方镇表一》系夏州赠名定难于中和二年,从《资治通鉴》。
⑧ 《新唐书·僖宗纪》等。
⑨ 《新唐书·僖宗纪》等。
⑩ 《新唐书·方镇表一》。
⑪ 《新唐书》卷二二五《黄巢传下》等。
⑫ 同上所引;按《新唐书·僖宗纪》系此事于八月。

第五章　唐末党项拓跋部的崛起及其割据势力的形成　>> 065

一则轶事。文云:李琪进谒中书令、诸道行营都都统王铎。为试其才思,铎立命用皇帝诏夏州拓跋思恭为收复都统(即四面都统)一事,作诗一首。李琪即秉笔立制,诗云:

> 飞骑经巴栈,洪恩及夏台;
> 将从天上去,人自日边来。
> 此处金门远,何时玉辇回?
> 蚤平关右贼,莫待诏书催。

此诗的确表达了唐朝君臣对党项拓跋思恭寄予的厚望。

同年八月,黄巢部将朱温降唐,唐以其为华州刺史、潼关防御、镇国军等使。至此,黄巢势力大为削弱。中和三年初,唐朝再次重用代北沙陀部酋、雁门节度使李克用,以其为京城东北面行营都统。克用率河东诸军向东进攻,四月与东面诸军进围长安,黄巢收残众由蓝田败走,京师长安复为唐朝所得。在收复京师的战争中,李克用及东面诸镇军起了主要的作用。那么,唐朝原寄以厚望的夏州节度使拓跋思恭的情况如何呢？据吴广成《西夏书事》卷一记:

> 中和三年夏四月,定难军节度使拓跋思恭从雁门节度使李克用复长安。思恭奉诏从克用讨贼,连败贼将尚让、黄揆兵,进军渭南,与克用将杨守宗、河中将白志迁等击贼,一日三捷,贼众奔溃,诸军自光泰门入京城。黄巢焚宫阙遁。

按,此段记载不知何据。《旧唐书·僖宗纪》中和三年四月,引天下行营兵马都监杨复光所上告捷表章中,对李克用及诸路军攻入长安有详细记述,但却无思恭之名,仅在最后提到"伏自收平京国。三面皆立大功",其西北面则包括保大、定难诸军。同年五月,在以功对各镇敕封的名单中,西面仅有"……邠宁节度使朱玫就加同平章事,进封吴兴县侯,食邑一千户。鄜坊节度使……东方逵就加同平章事",而独无夏绥节度使拓跋思恭之名。他书亦不载思恭在收复京师及对他敕封的情况,由此,不得不令人怀疑《西夏书事》的记载是否确实。

崔致远《桂苑笔耕集》卷一《贺杀戮黄巢徒伴表》中说:"臣得进奏院状报,北路军前定难军节度使拓跋思恭、保大军节度使东方逵等奏,宜君县南,杀戮逆贼黄巢徒伴二万余人,生擒三千人并贼将者。又凤翔节度使李昌言奏,探知京中贼徒溃散……"按此,则思恭是从北路进围京师,仅杀戮起义军"徒伴"二万余人而已。又《新五代史》卷四〇《李仁福传》还记:"黄巢陷京师,王重荣、李克用等会诸镇兵讨贼,思敬(即思恭)与破巢,复京师,然皆未尝有所可称,故思敬之世次、功过不显而无传。"此说可信。如此,则《西夏书事》所谓思恭曾转战到渭南,与克用等一起从光泰门入京师等等,不可信据。

尽管如此,思恭对于唐之复取京师,围剿黄巢军,仍然起到了一定的作用。天复元年(901年)唐昭宗在《改元天复赦》中,追叙功臣时说:"西面行营诸军都统、鄜夏节度使李思恭(即拓跋思恭),扬威北鄙,决胜东桥,佐郑畋匡复之谋,倅岐阳统制之命,提戈奋勇,运策摧凶,终成逐雀之功,显就回鸾之计。"①文中虽多虚夸之词,但也反映了一部分事实,故唐朝镇压黄巢起义军后,对思恭的封赏自然是少不了的。然而,两《唐书·僖宗纪》《资治通鉴》等史籍却只字未提,颇令人费解。仅《新唐书·党项传》中有一段记载:"贼平,兼太子太傅,封夏国公,赐姓李。"黄巢起义军最后被镇压,是在唐中和四年(884年)七月。则思恭封夏国公,赐姓李,或即此时。

综观原党项平夏部酋、宥州刺史拓跋思恭,在助唐镇压黄巢起义军的过程中,实际上并未出多大的力。他仅在中和元年与朱温等激战于东渭桥,其弟思忠战死于此役;故上引昭宗《改元天复赦》中有"决战东桥"之句,其余多为浮夸之词。中和二年,唐朝统治者对思恭寄以很大期望,加官晋爵,然而,他仍逗留不进,观望等待。直到克用等攻入长安后,他才在宜君县南向起义军进攻,其所杀人数可能也是冒功虚报之辞。

这一切表明,居于夏州的党项拓跋氏集团,乘黄巢起义军倾覆唐朝的机会,借唐朝统治者之手,得以割据夏、绥等州,成为名副其实的唐末藩镇之一。其实,思恭的所作所为与当时拥兵自重的诸藩镇并没有什么本质上的不同,以后的事实更加证明了这一点。

二、藩镇交争中的定难军节度

唐朝虽然最后镇压了以黄巢为首的农民起义,但其本身已更加衰弱。在围剿起义军的过程中,诸藩镇的势力大为扩张,他们相互火并,争夺地盘,唐朝已完全失去了对他们的控制。僖宗光启元年(885年),唐朝廷重返京师长安后,"号令所

---

①见《唐大诏令集》卷五。

行,惟河西、山南、剑南、岭南数十州而已"①。时僖宗亲信的宦官田令孜,因朝廷用度不足,藩镇各专租税,欲从河中节度使王重荣手中夺回安邑、解县两池盐利,自兼两池榷盐使。这自然引起王重荣的不满,上章论诉不已,田令孜遂徙重荣为泰宁节度使,以泰宁节度使齐克让为义武节度使,以义武节度使王处存为河中节度使。王重荣不肯赴兖州(治今山东兖州)上任,田令孜遂结邠宁节度使朱玫、凤翔节度使李昌符以抗之。九月,"令孜遣邠宁节度使朱玫会合鄜、延、灵、夏之师讨河中"②,屯军沙苑(今陕西大荔境内)。王重荣求救于河东节度使李克用。结果李克用败朱玫等于沙苑,朱玫等还镇,李克用入京师长安,田令孜挟僖宗奔凤翔。史籍均未明载夏州节度使拓跋思恭(李思恭)出军屯沙苑之事,仅两《唐书·僖宗纪》《资治通鉴》卷二五六等提到"朱玫会合鄜、延、灵、夏之师讨河中",其中"夏",当为夏州节度使所遣之军;思恭是否亲自率军,或仅遣一军,因史籍阙载,不得而知。

光启二年(886年)初,邠宁节度使朱玫等追僖宗、令孜等于宝鸡,僖宗等逃至兴元。朱玫等遂拥立嗣襄王李煴为帝,年号建贞。于是,僖宗诏各镇军讨朱玫,其中也包括定难军节度使李思恭。《新唐书·党项传》记此事说:"嗣襄王之乱,诏思恭讨贼,兵不出。"又《新五代史·李仁福传》亦记:"朱玫之乱,思敬(即思恭)与鄜州李思孝皆以兵屯渭桥。"如后者记载属实,则思恭并非未出兵,而是出兵屯于东渭桥。同年十二月,朱玫为其将王行瑜所杀,王重荣又执杀襄王,乱平。

值得注意的是,上引《新五代史·李仁福传》中的"鄜州李思孝",思孝即思恭弟,云其在鄜州,说明夏州节度思恭已于光启二年乘襄王之乱取鄜州,以弟思孝守之。而《西夏书事》卷一记:"文德元年(888年)李思恭取鄜、延,以弟思孝知留后。中和中,改鄜延节度为保大军,以东方逵领节度使。逵病去,思恭遣弟、行军司马思孝袭取之,自称留后。后思恭为请于朝,授鄜坊丹翟(瞿)等州观察使,使检校司徒、同中书门下平章事。"据此,知光启二年思恭或已取鄜州、延州;文德元年,才正式请于朝,以思孝为鄜坊丹翟等州观察使。

然而,《西夏书事》所记不见于史籍,故又颇令人生疑。近见上引《白敬立墓志》始释然,志文记:

> 后,王(思恭)受命复平伪朝(指嗣襄王),而先定奸臣于鄜畤。公(敬立)总衙队之师,为虎贲之卫,鄜、延逆师树垒于延州东横川,聚三万众,马万匹,号

---

① 《资治通鉴》卷二五六,唐光启元年二月条。
② 《旧唐书·僖宗纪》;《新唐书》卷二二四下《朱玫传》。

滩寨。公轻骑夜驰,星恒未尽及寨门,摧垒直入,斩级获马,其数万纪(计),延州不宿而下……更二岁,复下鄜畤,王乃首举公为鄜州招葺使……无何,延州余孽为变,鄜人从风,兴异志。公获其衷告,遂间道得归。又从王载(再)收鄜、延。举不期月,鄜、延复下,破贼垒三十余所,诛恶党一二千人……王益嘉之,表荐公加右仆射。不经年,又荐为延州防御使……及王薨,公悲感哀愤,如丧其考。

内"王受命复平伪朝",即思恭奉诏讨朱玫所立嗣襄王煴,时在光启二年;而思恭却攻"鄜畤"(即鄜州,治今陕西富县)①,白敬立率军从夏州南下,先攻下延州(治今陕西延安);"更二岁,复下鄜畤",即于光启二年十月嗣襄王称帝后两年(文德元年),占领鄜州。此与上引《西夏书事》所记相合。但"不经年",鄜、延复叛,"举不期月",又重据鄜、延。白敬立因功任延州防御使,因此墓志之记载,证实了中和二年至文德元年,思恭乘朱玫之乱夺取鄜、延,后以弟思孝任鄜坊节度使(又称保大节度使)的事实。

昭宗大顺元年(890年)爆发了唐朝中央集诸镇讨河东李克用的战争。五月,唐宰相张濬"帅诸军五十二都及邠、宁、鄜、夏杂虏合五万人发京师",后"会宣武、镇国、静难、凤翔、保大、定难诸军于晋州(治今山西临汾)"②。内"保大、定难"二军,应即思恭、思孝二军。由于这次战争,诸镇各欲保存实力,毫无斗志,故至十月克用攻晋州时,"静难、凤翔之兵不战而走。河东兵乘胜逐北。抵晋州西门,张濬出战,又败,官军死者近三千人。静难、凤翔、保大、定难之军先渡河西归"③,最后张濬也弃城遁走。李思恭、思孝所领之定难、保大两军,在这场战争中,与诸镇一样,采取了保存实力的方针,未战先走,使唐朝欲制服河东节度使李克用的希望成为泡影。就在张濬率师抵晋州时,河东节度使李克用曾遣韩归范至京师,附表论诉。内云:"若以攻云中为臣罪,则拓跋思恭之取鄜、延,朱全忠(即朱温)侵徐、郓,何独不讨?"④由此也可证,思恭之取鄜、延,至少是在大顺元年之前,而张濬所领之"定难、保大"两军当是思恭、思孝所率或所遣之军。

《新唐书·党项传》记:"嗣襄王煴之乱,诏思恭讨贼,兵不出,卒。"似乎思恭卒于天启二年,而《西夏书事》卷一记思恭卒于唐乾宁二年(895年)。按,《西夏书事》

---

① 《元和郡县图志》卷三,鄜州条记:"……因秦文公梦黄蛇自天降属于地,遂于鄜衍立鄜畤为名。"故知鄜畤即指鄜州而言。
② 《资治通鉴》卷二五八,唐大顺元年五月、十月条;《旧唐书》卷一七九《张濬传》。
③ 《资治通鉴》卷二五八,唐大顺元年五月、十月条;《旧唐书》卷一七九《张濬传》。
④ 《资治通鉴》卷二五八,唐大顺元年十月条。

所据当为《新五代史·李仁福传》,传云:"思敬卒,乾宁二年,以其弟思谏为节度使。"因此,过去有关的论著大都记思恭卒于乾宁二年。其实,以上两说均误。据上引《白敬立墓志》所记,文德元年,思恭取鄜、延时还健在,《志》文后又记:"及王薨,悲戚哀愤,如丧其考……公(敬立)常云:'有王有我,今王先去世,所恨者不得灰其身,报于王之生前。今唯誓生前而答于门下,减未及愿'。公自有疾,解印归乡井,伏枕绵年,汤灸不瘳,竟以景福二年十一月十九日,薨于夏州之故里,享年卅二。"①据此,知敬立于王(思恭)卒后,有疾"伏枕绵年",即约一年,其卒于景福二年十一月,则思恭卒于景福元年(892年)。而代思恭为定难军节度使的是其弟思谏,初为留后,至乾宁二年始正式被任命。②

就在乾宁二年五月,静难军节度(即邠宁节度)使王行瑜、凤翔节度使李茂贞等率军入京师,滥杀朝臣,威迫昭宗;而河东节度使李克用等诸镇则联合起兵伐行瑜、茂贞。八月,克用遣李存信、李存审会保大节度使李思孝攻王行瑜于黎园寨(在今陕西云阳),擒行瑜将王令陶等。昭宗遂以李克用为邠宁四面行营都招讨使,保大节度使李思孝为北面招讨使,定难节度使李思谏为东面招讨使……③同年底,克用率军攻下邠州,王行瑜逃亡庆州,为部下所杀。在这次战争中,保大、定难两军仍然采取了观望不进、保存实力的方针。

至乾宁三年(896年)三月,保大节度使李思孝上表请致仕,荐弟思敬④代;唐朝即以思孝为太师,思敬为保大留后。⑤思孝为何荐弟代镇保大军?因史籍阙载,原因不明。同年九月,唐朝"又以前定难节度使李思谏为静难节度使兼副都统,以保大留后李思敬为节度使"⑥,即思敬于此时正式被唐任命为保大军节度。令人费解的是,在李思谏名之前冠以"前定难节度使",又任其为"静难节度使"(即邠宁节度)。又《资治通鉴》卷二六一唐乾宁四年正月记:"以副都统李思谏为宁塞节度使(即保塞节度)。"⑦据此,莫非李思谏已于乾宁三年左右未任定难军节度使一职,而改任静难、宁塞节度使?这一疑问,早已为学者们所注意。吴廷燮《唐方镇年表》卷一夏绥条引《全唐文》卷八四〇韩仪《授李成庆夏州节度使制》及《资治通鉴》卷二六二唐光化三年(900年)四月记,"加定难军节度使李承庆(应即李成庆)同平

---

① 上引康兰英主编:《榆林碑石》,第243页。
② 《新五代史》卷四〇《李仁福传》;《新唐书·党项传》。
③ 《资治通鉴》卷二六〇,唐乾宁二年七月条。
④ 此思敬为思孝弟,非思恭,《新五代史·李仁福传》等将思恭、思敬名混而为一,误。考证见《通鉴考异》等。
⑤ 见《资治通鉴》卷二六〇唐乾宁三年九月条。
⑥ 见《资治通鉴》卷二六〇唐乾宁三年九月条。
⑦ 据《新唐书·方镇表一》,保塞节度之改名为宁塞节度是在光化元年正月,《资治通鉴》此记"宁塞节度使",当误。

章事"等,认为乾宁三年至天祐三年唐亡,李成庆为夏州节度使。"成庆当为思恭之子,故曰'诸父每举'"(《授李成庆夏州节度使制》)。

从上引《资治通鉴》三条资料及《全唐文》中《授李成庆夏州节度使制》等史料看,李思谏任定难军节度使后,又有一夏州节度使(定难军节度)李成庆存在,这是不可否认的事实,故吴廷燮《唐方镇年表》有以上之论说。但是,也有许多研究者不同意吴氏之说,如吴广成《西夏书事》卷一乾宁四年后附言云:"司马氏《资治通鉴》乾宁四年四月,加定难军节度使李承庆同平章事(按,吴氏误,《资治通鉴》系此事于光化三年四月);新、旧《唐书·党项传》思谏一生未尝离定难,何以节度忽易承庆。此或坊本有误,故从附书。"冈崎精郎《党项古代史研究》中,亦不同意吴廷燮的意见。他认为,《全唐文》中《授李成庆夏州节度使制》并未注明年月,是否颁于乾宁三年极为可疑;《西夏书事》卷一记思恭只有一子仁祐早夭,不见还有名成庆的儿子,而且成庆与仁祐名字排行异,以成庆为思恭子不确;再《新唐书·党项传》记思恭后思谏一直为夏州节度使,故吴氏之说难以置信。①

如果我们先摆脱吴广成《西夏书事》有关记载的影响,再仔细研究一下现存的唐宋史籍,则可发现吴廷燮之说确有事实根据,可以成立。关键在于对《授李成庆夏州节度使制》的理解和考证。为了说明问题,现将此《制》重要部分摘引如下:

> 门下:……某官继美勋门,生知戎略,识度早闻其善将,风棱寻号于老成;朔漠之气严,天资毅勇,崆峒之人武,神授端庄。以忠孝为身经,守谦直为家法,诸父每举,宿将知归……以尔成庆,代有殊烈。禄山滔天之日,文已载于司勋②;朱泚盗国之时,绩复书于盟府③。洎黄巢犯阙,先臣进士兄弟、宗族携率征讨,首谋大计,果成元功……今则近辅元渠,久未诸翦,朕之郁慎,格于皇天。尔其思曾、高戡祸之勋,缵父、叔定顷之烈,尽驱锐旅,速殄袄巢,克副家声,以康国步……

从制文看,成庆应为思恭子、思谏侄,因文有"诸父(包括叔)每举",后又有"缵父、叔定顷之烈",父、叔当指思恭、思孝或思谏。而《制》文内"今则近辅元渠,

---

① 见冈崎精郎:《党项古代史研究》,第88—89页。
② 按此应指思恭祖于天宝末,以功"擢容州刺史天柱军使"事。
③ 按:朱泚之乱发生在唐德宗建中四年(783年),史籍未明载有夏州党项助唐平乱,仅《旧唐书》卷一四四《戴休颜传》记:"奉天之难,倍道以所部蕃汉三千号泣赴难。"时休颜任盐州刺史,所率蕃汉军中,当有党项部人。

久未诛翦"一句,"近辅元渠"当指凤翔节度使李茂贞等,因其镇凤翔与京师最近,且其于乾宁二年率军入京师,昭宗出走。参以《通鉴》乾宁三年称思谏为"前定难军节度使",乾宁二年为"定难军节度使",则此《制》当颁于乾宁三年。

乾宁三年后,《资治通鉴》等史籍均再未记思谏为定难军节度使,而是先后改任静难和宁塞节度使,兼副都统。那么,时任定难军节度使又是何人?除李成庆外,别无他属。这在《资治通鉴》等史籍中记载甚明。直至梁开平二年(908年)十一月,才见《资治通鉴》卷二六七记"定难军节度使李思谏卒",说明在开平二年前,思谏又代成庆为定难军节度使矣。①为什么定难军节度使的人选会发生上述的变动呢?这可能是思恭卒时,为保存夏州实力暂由其弟思谏继任节度使,过了一年思恭子成庆势力增长,思谏即主动将节度使一职让与成庆。后成庆卒,思谏复任节度使。由于成庆任节度使时间不长,思谏前后均任此职,故《新唐书·党项传》略去成庆,而直书思谏继思恭为定难军节度使。

这里还有一个疑问,即《西夏书事》卷一记思恭有一子仁祐,早夭;思谏卒后,其子彝昌继立;彝昌卒,仁福立。此说有误,因仁福子名彝超,故一般研究者均认为,因仁福诸子皆连"彝"字,则于彝昌必父行也。②如此,则仁福与仁祐恰好同辈,其下一辈皆名"彝某",李成庆既是思恭子,应与仁祐、仁福同辈,也应名为"仁某"。这样,似乎上引《西夏书事》所论是正确的,历史上就根本无李成庆其人。其实不然,首先,《西夏书事》所记思恭子仁祐早夭一事,至今我们还未查到唐宋史籍的记载。其次,李成庆也可能为思恭子,其名又作"李承庆",故颇疑成庆(承庆)原名李仁庆,成庆为其字,以字行。这正与拓跋守寂,名寂,字守寂,以字行相类。③

与思恭同辈的夏州拓跋氏家族,还见于陕西榆林市榆阳区红石桥乡拱盖梁村出土的《李仁宝墓志》(后晋开运三年二月立石)。《志》云:李仁宝之"曾祖副叶,皇任宁州、丹州等刺史、金紫光禄大夫、检校司空,兼御史大夫、上柱国拓跋副叶。祖重遂,皇任银州防御度支营田等使、金紫光禄大夫、检校太保兼御史大夫、上柱国拓跋副叶。考思浴(沿),皇任定难军左都押衙、银青光禄大夫、检校工部尚书兼御史大夫李思浴"④。显然,仁宝曾祖拓跋副叶,也系思恭祖父或叔祖;仁宝祖李重遂与思恭父李重建为兄弟也;仁宝父思浴与思恭同辈,为叔伯兄弟;仁宝与仁福同辈。从思浴的任职看,其为定难军节度左都押衙,符合其身份,惜墓志未记其事

---

① 《唐方镇年表》卷一,云思谏复代成庆为定难军节度是在唐灭亡之天祐三年,不知何据。
② 见《资治通鉴》卷二六七胡注。
③ 康兰英主编:《榆林碑石》,第224—225页,录《拓跋守寂墓志》。
④ 上引康兰英主编:《榆林碑石》,第251—252页,录《李仁宝墓志》。内"思浴"之"浴"未识出,对照墓志拓本图片,此字两次出现,两者相校,此字应为"浴"(同"沿"字)。

迹。又与《李仁宝墓志》同地出土之李仁宝夫人《破丑氏夫人墓志》，《志》文云其为"永定破丑氏"。永定，当为党项羁縻州之一，即所谓的"永定等十二州"，永泰元年二月改置"宜芳等十五州"①。破丑氏，即雪山党项，原居雪山，后内迁至陇右庆州一带。《志》文记破丑氏（即李仁宝妻）有"男彝瑎、彝震、彝嗣、彝雍、彝玉、彝憨、彝璘"②。

关于党项拓跋氏所领之定难军、保大军以后的命运，诸书记载更为简约，扑朔迷离，难以厘清。我们只能根据一些片断的记载，做简单的勾画。

至唐昭宗时，唐朝已为藩镇所侵逼，处于朝不保夕的境地，对其威胁最大的是京师长安以西的凤翔节度使李茂贞及以东的宣武、宣义、天平三镇节度使朱全忠。据《新五代史》卷四〇《李茂贞传》记："初，茂贞破杨守亮取兴元，而邠、宁、鄜、坊皆附之，有地二十州。"按，茂贞破杨守亮是在唐景福元年（892年），鄜州为保大军之地，即是说此时茂贞势大，保大节度使李思孝不得已依附茂贞，但名义上仍为唐臣。乾宁三年李思孝表请致仕，以弟思敬自代，也许此事与茂贞之逼有关。《旧五代史》卷一三二《高万兴传》记："河西自王行瑜败后，郡邑皆为李茂贞之所强据……"同书《李茂勋传》亦云："茂勋，茂贞之从弟也。唐末，为凤翔都将，茂贞表为鄜州节度使。"按乾宁二年（895年）邠宁节度使王行瑜败亡后，李茂贞势力更为增强，乾宁四年（897年），茂贞表其养子李继徽为静难军节度（邠宁节度使）③。静难与保大相邻，已附于茂贞的保大节度使李思敬遂基本上为茂贞所控制。唐光化元年（898年），茂贞表原武定节度使（治洋州，今陕西西乡）李继徽为山南西道节度使（治兴元），武定节度使一职空额，茂贞遂逼保大节度使李思敬迁任武定节度使。大约亦在此时，茂贞从弟茂勋方得任鄜州节度使（即保大军节度使）。

到唐天复二年（902年）九月，朱全忠围李茂贞于凤翔，而割据于西川（今四川）的王建乘机遣军攻茂贞控制下的兴元，时"武定节度使拓跋思敬（李思敬）以其地降于建"④。此后，史籍再没有关于这一支以党项拓跋氏为首的割据势力的记载，显然后来为王建所并。

关于定难军节度使李成庆、宁塞节度使李思谏两支以党项为首的割据势力，我们知道的情况也不多。《新五代史》卷四〇《高万兴传》记："唐末，河西属李茂贞，茂贞将胡敬璋为延州刺史……"此事当在王行瑜败亡后之乾宁二年⑤。如前述，唐

---

① 《新唐书》卷四三《地理志三》。
② 康兰英主编：《榆林碑石》，第247页，录《破丑氏夫人墓志》。
③ 见《资治通鉴》卷二六一唐乾宁四年七月条。
④ 《新五代史》卷六三《王建传》；《新唐书》卷一〇《昭宗纪》。
⑤ 《旧五代史·高万兴传》记："河西自王行瑜败后……以其将胡敬璋为节度使……"

朝曾于乾宁四年以李思谏为宁塞节度使,宁塞节度治延州,时延州早为茂贞将胡敬璋所据,故思谏之为宁塞节度使估计只是名义上的,并没有赴任。因夏州在延州北,一直没有为茂贞所据有,但李成庆、李思谏惧茂贞之势,也不敢出任宁塞节度使。

又《新唐书》卷一〇《昭宗纪》乾宁四年九月,记以"静难军节度使李思谏为凤翔四面行营副都统,以讨李茂贞"。思谏之任静难节度是在乾宁三年,四年七月茂贞曾表继徽为静难节度使;九月,昭宗为讨茂贞又复以思谏为静难军节度使、凤翔四面行营副都统。但事实上,与思谏之任宁塞节度使一样,思谏所任之静难军节度使只是名义上的。宁塞、静难两地当时均为茂贞所据,唐朝为抗茂贞,故加思谏静难、宁塞节度使之衔,其实思谏未成实有也。

至天复二年(902年),朱全忠攻围凤翔,定难军节度及关西诸镇大都降于朱全忠。《旧五代史·李茂贞传》记:"(天复)三年,茂贞山南诸州尽为王建所陷(其中包括思敬所在的洋州),泾、原、秦、陇、邠、鄜、延、夏皆降于汴(朱全忠)。"其中"夏",当指夏州,即定难军节度。三年(903年),茂贞力屈求和,送昭宗还京,复关西诸镇,但夏州仍附属于朱全忠。

天祐三年(906年),李茂贞欲与朱全忠争夺唐政权,联合西川王建,准备进攻雍、华。时茂贞养子继徽(原名杨宗本)为静难军节度使,其先曾于天复元年全忠围邠州时降附全忠。其妻美,全忠以之为质河中,宠之,后又放归。继徽怒,又复附于茂贞。天祐三年九月,继徽率凤翔、保塞、彰义、保义(应为"保大")之兵,首先攻在关西附于朱全忠的夏州(即定难军节度)。夏州李成庆告急于朱全忠,全忠遣匡国节度使刘知俊等救之。继徽率六镇之兵五万与知俊激战于美原,结果继徽大败,退回邠州。①十一月,刘知俊又乘胜攻下鄜、延等五州,全忠即以康怀贞为保义节度,加知俊同平章事。②自此,李茂贞的势力一蹶不振。

天祐四年(907年),朱全忠取代唐朝政权,建立梁,史称后梁,唐朝灭亡。中国历史进入到"五代十国"的分裂割据时期。

从唐末党项拓跋部的崛起及定难军节度的建立,我们不难了解内徙党项平夏部拓跋氏是怎样在唐末藩镇割据和农民起义的情况下崛起的。平夏部首领拓跋思恭,原不过是一个偏僻小州——宥州的刺史,他趁黄巢起义军进入长安后,打着"勤王""剿贼"的旗号,得到了夏州节度使的要职,定难军节度的美名,"名正言顺"

---

① 《资治通鉴》卷二六五,唐天祐三年九月、十月、十一月条及《资治通鉴考异》。
② 《资治通鉴》卷二六五,唐天祐三年九月、十月、十一月条及《资治通鉴考异》。

地据有夏、绥、银、宥等四州①,封太子太傅、夏国公、同平章事,成为唐一藩镇。然而,思恭处处观望不前,保存实力,并乘机扩展自己的实力。天启二年后,思恭又夺取鄜、延二州②,表以其弟思孝为保大节度使。思恭死后,其弟思谏、子成庆相继为定难军节度使。乾宁三至四年,思谏又名义上任静难、宁塞两节度使。此时,党项拓跋氏一族达到了极盛的阶段,名兼四镇(定难、保大、静难、宁塞),实领有夏、绥、银、宥、鄜五州。

尽管如此,党项拓跋氏一族所实领的二镇五州,土地贫瘠,人口较少,汉夷杂处,其人力、物力和财力远不及关中及中原、河东诸镇。随着唐朝中央的衰弱和藩镇的交争,党项拓跋氏领有的定难、保大两镇不仅没有力量问鼎中原,与其余诸镇争夺唐朝统治权,就是竭力保存原有的领地亦不可得。当时诸镇中最强者为京西的李茂贞、河东的李克用和河中的朱全忠。其中李茂贞与定难、保大邻近,而最终迫调保大节度使李思敬于洋州,使之离开了自己的根据地,最后为西川的王建所并。定难军节度李成庆及其叔思谏不得不依附朱全忠,才得以保存下来。《西夏书事》卷一谓,定难军节度李氏附全忠之举,是"李氏变节之始"。这是封建的正统思想在作怪,自不可取;然而,正因为如此,党项拓跋氏才保住了割据夏州的势力,进入到五代十国分裂割据的新时期。

唐末党项拓跋氏的崛起,成为割据夏州的一大势力。这就使拓跋氏从整个党项族中游离出来,成为统治上层。其所统治的夏州、宥州、银州、绥州地区,包括了汉、回鹘、西域胡及党项等族。这一点具有十分重要的意义:一方面以党项拓跋氏为中心的割据势力,逐渐成为分散于各地的党项诸部的中心;另一方面却又使党项拓跋氏一族高踞于党项诸部之上,迅速匕汉化,与其余党项诸部走上了不同的发展道路。这就是五代至宋的史籍中,将党项拓跋氏及其所建之西夏与党项诸部分开立传的主要原因。

---

① 据《新唐书·方镇表一》,盐州原隶夏州节度,后罢领盐州。
② 据《新唐书·方镇表一》,中和二年延州置保塞军节度,不属保大军节度。

第六章　五代时期的党项

一、五代时党项概说

唐朝灭亡后，中国历史进入了"五代十国"的分裂割据时代。当时，北方主要存在三个大的割据政权，即据有今河南、陕西、河北、山东及湖北大部的后梁；保有今陕西西部、甘肃庆阳等地的岐王李茂贞；占有今山西及内蒙古大部的晋王李存勖（李克用子）。唐末以来的内徙党项诸部，也主要分属以上三个政权。后梁是当时占地最广、势力最大的政权，党项绝大部分为其所统治，其中包括割据于夏州的定难军节度使党项拓跋氏。而拓跋氏之附于后梁，只是名义上的，它实际上也可算作五代时一个较为弱小的割据势力。此外，后梁所辖之鄜、延、邠及灵、盐等州，均有许多党项部落散居其间。其次是晋王所据的代北云州、天德、振武及胜、府（治今陕西府谷）、麟等州有众多的党项部落。岐王所有的庆、宁等州也居有一些党项部落，唐代所谓的"东山部落"即在其境内。

除上述三个割据政权统治的地区外，陇右、河西当时处于分裂割据之中，其中陇右的党项部落也不少。这正如《旧五代史》卷一三八《吐蕃传》所说："至五代时，吐蕃（主要指河陇地区的吐蕃）已微弱，回鹘、党项诸羌夷分侵其地，而不有其人民。值中国衰乱，不能抚有，惟甘、凉、瓜、沙四州常自通于中国。"

以上大致是进入五代时期后，党项的分布及政治上与内地割据政权的隶属关系。关于此，《新五代史·党项传》也有一段概括的说明："部有大姓而无君长，不相统一，散处邠宁、鄜延、灵武、河西，东至麟、府之间。自同光（后唐年号）以后，大姓之强者各自来朝贡。"综观五代时的党项，虽然仍处于"不相统一"的状况，但以"大姓之强者"为中心逐渐形成了几个大的割据势力或集团。如自唐末以来盘踞于夏、绥、银、宥四州的定难军节度党项拓跋氏，五代初兴起于府、麟二州的党项折氏以及居于庆、灵二州间的"西路党项"诸部。关于这三部分党项，我们将在后面专题论述。现将五代时有关党项共同性的问题及除以上三部党项之外的党项情况,先做一概栝的叙述。

1. 五代时党项的社会状况及其与邻近政权的关系

五代时党项各部的社会状况与唐末大致相同,即各部或族仍然不相统一,有大姓而无君长。而其大姓,据《新五代史·党项传》记,有"细封氏、费听氏、折氏、野利氏、拓跋氏最强"。此五大姓,与《新唐书·党项传》所记八个大姓相较,少了往利、颇超、房当、米擒四个,多了一个折氏,拓跋氏仍为强族。根据史籍,五代时党项诸部的大姓或族的名称繁多:如在灵、庆之间的西路党项中有野利、大虫两族(在方渠,今甘肃环县)[①]、阿埋、韦悉、褒勒、强赖、埋厮、骨尾、屈悉保三族、白马、卢(一作虑)家六族、客户三族、牛儿族[②];庆州北有野鸡族、树黟族[③];马岭(今甘肃庆阳北马岭)有杀牛族、喜玉(一作喜王或喜万玉)、折思三族、拨相公族[④];庆州还有拓跋彦超、石存、也(乜)廆褒三族[⑤];泾州有野离族(应即野利族)[⑥]、野龙十九族[⑦];环州(治方渠)还有皋家族等。[⑧]延州有司家族[⑨]。府州有尼也六族、折家族(即折氏)、薄备家族[⑩];府州北河沿套一带还有山前、山后、逸利、越利族等[⑪]。

以上这些所谓"大姓""族",实际上应是部落或部落联盟的组织,其组成虽仍以血缘关系的氏族为基础,但是以地域关系结合而成的情况更为增多。上述的许多"族"又可分为几族,或有所谓"客户三族"的存在。各族的名称,有以大姓首领姓氏为号者,如折家族、野利族、薄备家族等,而绝大多数族的名称已非如此,有的是以部族居地为"族名",如上述的白马族,应即以庆州北白马川命名,沿河套的山前、山后族也是以居地命名的;还有的族名与首领姓名完全不同,如府州的尼也族大首领却是姓拓跋的拓跋山,庆州北野鸡族第七门族首领叫李万全;其余诸家族名称,如野鸡、野龙、牛儿、杀牛等族,可能又与该家族的习俗有关。这些事实都说明:五代时党项诸部内血缘关系进一步遭到破坏,以地域关系而结合的部落日益增多。

这些"族"的内部,首领也有自立官号的情况,如庆、灵间党项族内有所谓"李

---

① 见《旧五代史》卷四〇《明宗纪》。
② 《册府元龟》卷九八七《外臣部·征讨六》;《五代会要》卷二九《党项羌传》。
③ 《新五代史·党项传》;《五代会要·党项羌传》。
④ 《册府元龟》卷九八七《外臣部·征讨六》。
⑤ 《资治通鉴》卷二八五,后晋开运三年四月条;《宋史》卷二五四《药元福传》等。
⑥ 《册府元龟》卷九八七《外臣部·征讨六》。
⑦ 《册府元龟》卷九九九《外臣部·互市》。
⑧ 《册府元龟》卷一七〇《帝王部·来远》。
⑨ 《新五代史》卷四七《刘景岩传》。
⑩ 《五代会要·党项羌传》。
⑪ 《旧五代史》卷九八《安重荣传》。

八萨王、都统悉那、埋摩,侍御乞埋"①:"野离王子罗虾独"、尼也族"泥香王子"②等。内"王""王子""都统""侍御"等均为仿唐朝官号,应为其部落自拟的封号,非如定难军节度使李氏、府州刺史折氏的官号为内地其他王朝所封。这些党项大姓或族虽然仿照内地政权,设置官职、封号,但仍然改变不了其部内的社会组织,这些官号只不过是大小不等的党项部落首领的称号而已。

五代时党项诸部的经济,仍同于唐末,主要以畜牧为主,盛产羊、马、牛、骆驼,但比之唐末又有了很大的发展。他们的居地,大都集中在渭北水草丰美的山谷、河畔或草原上,适宜畜牧业的发展。党项畜牧经济的发展,首先可以从他们向内地政权进贡、贸易的物品几乎全是马匹、羊、骆驼等牲畜可以得到证明。其次,内地各政权进攻党项诸部,俘获的主要也是羊马,比如后唐明宗天成三年(928年),新上任之朔方、河西节度使(治灵武)康福,行至方渠北青刚峡时,"破野利、大虫两族三百余帐于方渠,获牛羊三万计"③。后唐长兴三年(932年),灵武节度使康福等击西路党项,"获驼马牛羊数千计"④。又延州的党项司家族"畜牧近郊,尤富强"⑤,庆州的野鸡族"多羊马"⑥。就是定难军节度所在的夏州,也是"惟产羊马,贸易百货,悉仰中国"⑦。

从一些零星资料推测,五代时党项诸部仍处于原始社会末期,但其内部私有制有所发展,奴隶使用和买卖开始盛行起来。《新五代史·党项传》就明确记载:"其在灵、庆之间者,数犯边为盗。自河西回鹘朝贡中国,道其部落,辄邀劫之,执其使者。卖之他族,以易牛马。"后唐长兴三年,邠州节度使药彦稠率兵"制置盐州(治今陕西定边),蕃戎(主要是党项)逃遁,获陷蕃士庶千余人,遣还乡里"⑧。此"陷蕃士庶千余人",当为党项等掠夺的汉族士庶,仅盐州一地党项所奴役的汉族就达千人,可以想见,党项掠夺人口,或以为奴,或卖之他族,以易羊马,是颇为盛行的。

如前所述,五代时党项(除河陇党项外)在政治上是臣属于北方各割据政权的。可是,实际上他们有很大的自主权,内地政权政令实难在他们当中发生效力。因此,一般来说,党项诸部与邻近各割据政权的关系,从政治上讲,有臣属关系,

---

① 《五代会要·党项羌传》。
② 见上引《册府元龟》卷九八七《外臣部·征讨六》。
③ 《旧五代史》卷四〇《唐明宗纪》。
④ 《册府元龟》卷三九八《将帅部·冥助》。
⑤ 《新五代史·刘景岩传》。
⑥ 《册府元龟》卷一六七《帝王部·招怀五》。
⑦ 《资治通鉴》卷二九二,后周显德二年正月条。
⑧ 《旧五代史》卷六六《药彦稠传》。

有的受邻近政权敕封,大部分则属各政权地方或边镇管辖。党项大姓之强者,以"朝贡"的形式表示政治上的臣属关系。当然,这种"朝贡"更多的是贸易关系。邻近政权往往也敕封党项首领以官职,关于此,史籍记载颇多。如对夏州党项李氏、府州折氏就是如此。对其余党项大姓首领也是如此,如后唐长兴元年(930年),唐明宗曾"以党项薄备家族都督薄备撒罗检校尚书"[①];后周广顺二年(952年),周太祖以"环州党项皋家族首领越厮、七移并授怀化将军";广顺三年,又敕"延州党项首领吴帖(或作怙)磨五十二人并授怀化郎将"等[②]。

五代时党项与邻近政权的关系,主要还是表现在党项诸部通过"朝贡"等方式与邻近政权或人民进行广泛的贸易之上。

后梁龙德三年(923年),河东的晋王李存勖称帝,改国号唐(后唐),年号同光。同年十月,后唐灭后梁,进一步统一了黄河流域。于是,原后梁、岐王等统治的党项诸部(包括定难军节度李氏)均为后唐所统治。从此,史籍所载党项大姓强者的朝贡,不绝于书,试见下表:

后唐时党项朝贡表

时间(公元)	年　号	朝贡部落及贡物	资料出处
924年	庄宗同光二年二月	党项遣使朝贡。	《册府元龟》卷九七二
	同年十月	党项进白驴。	《旧五代史·后唐庄宗纪六》等
	同年十二月	党项薄备香来贡良马,其妻韩氏进驼马。	《册府元龟》卷九七二
925年	庄宗同光三年正月	河西郡落折骄儿贡驼马。	《册府元龟》卷九七二
	同年二月	河西郡族折文通贡驼马。党项折愿庆贡方物。	同上

① 《册府元龟》卷九七六《外臣部·褒异三》。
② 《册府元龟》卷一七〇《帝王部·来远》。

续表

时间(公元)	年　号	朝贡部落及贡物	资料出处
926年	庄宗同光四年正月	达怛都督折文通（应为党项折文通）贡驼马。	同上
927年	明宗天成二年九月	党项使如连山来，共进马四十匹。	同上;《新五代史·唐明宗纪》
928年	明宗天成三年十一月	党项、吐蕃相次朝贡。	《册府元龟》卷九七二
929年	明宗天成四年八月	党项折遇明等来贡方物。	同上
	同年九月	党项折文通进马。	同上
	同年十月	党项首领来有行进马四十匹。夏州进白鹰。	同上;《旧五代史·唐明宗纪》
930年	明宗长兴元年正月	党项首领来万德朝贡，授万德怀化司戈。	《五代会要·党项羌传》
931年	明宗长兴二年正月	党项使折七移来贡驼马。	《新五代史·唐明宗纪》
	同年十一月	党项、达怛阿属朱并来朝贡。	《册府元龟》卷九七二
	同年十二月	党项首领来进所夺契丹旗并马。	同上
933年	明宗长兴四年十月	夏州李彝超进马五十匹。	《册府元龟》卷一六九
935年	末帝清泰二年四月	新州党项拓跋黑连入朝贡奉，从之。	《册府元龟》卷九七二

自后唐之后,北方历后晋、后汉、后周诸朝。史籍就很少记载党项入贡之事。只有后周太祖时,有府州党项尼也族泥香王子、拓跋山等来朝贡①;广顺三年(953年)十一月,有党项使(在延州)吴怙磨等来②。考其原因,一方面可能是史籍阙载;另一方面或因后晋、后汉、后周的统治者吸取了后唐的教训,只于沿边设互市易马,而限制"朝贡",故党项诸部朝贡稀少。

后唐政权前后共存十五年,而上表所列见于史籍的党项朝贡达十七次,说明党项朝贡是十分频繁的。他们朝贡的物品主要是马、驼,后唐朝廷照例不但给还马值,酬赏增倍,而且"馆谷锡赉",别赐绵彩,所费甚巨。此中"弊病",如《册府元龟》卷六二一所说:"帝(明宗)自临驭,欲来远人,党项之众竞赴都下。尝(赏)赐酒食于禁庭,醉则连袂歌土风以出。凡将到马,无驽良并云上进,国家虽约其价以给之,并计其馆谷锡赉,每岁不下五六十万贯,侍臣以为蠹中华无出于此。"③时散骑常侍萧希甫也上奏:"诸蕃贡马稍多,酬赏价倍,戎夷无厌,竞思兴贩。请却于边上置互市。只许首领入贡。"因此,在明宗开成四年四月,后唐诏令:"沿边置场买马,不许蕃部直至阙下。"④

可是,唐明宗本人对党项等蕃部贡马,却另有看法。同年九月,明宗在中兴殿,有蕃部进马,枢密使安重海上奏说:"吐浑、党项近日相次进马,皆给还马直;对见之时,别赐锦彩,计其所费,不啻倍价,渐成损耗,不如止绝。"明宗回答说:"尝苦马不足,差纲远市,今蕃官自来,何费之有?外蕃锡赐,中国尝道,诚知损费,理不可止。"自此,四月不许蕃部贡马至阙下的禁令,无形中废止,"自是蕃部羊马不绝于路"⑤。

党项等蕃部不断贡马,对后唐造成的恶果,明宗到晚年才有所省悟。长兴四年(934年),明宗问枢密使范延光内外见管马数,延光答:"天下尝支草粟者近五万匹。见今西北诸蕃部(包括党项)卖马者往来如市,其邮传之费,中估之价,曰(日)四五千贯(《五代会要》作'日以四十五贯',误)。以臣计之,国力十耗其七,马无所使,财赋坐销,朝廷将不济。"⑥听了这番话,明宗才有所省悟,遂于十月,"敕沿边藩镇,或有蕃部卖马,可择其良壮给券,具数以闻"⑦。从上表看,长兴四年后,

---

① 《五代会要·党项羌传》。
② 《新五代史》卷一一《周太祖纪》。
③ 见《册府元龟》卷九九九《外臣部·互市》。
④ 见《册府元龟》卷九九九《外臣部·互市》。
⑤ 以上均见《册府元龟》卷一七〇《帝王部·来远》。
⑥ 《册府元龟》卷六二一《卿监部·监牧》。
⑦ 《五代会要》卷一二《马》条。

史籍所载党项贡马大为减少。

党项等蕃部之所以要如此频繁地向内地政权贡羊马和进行贸易,其原因自然还是因其主要以畜牧经济为主,迫切需要与内地以农业为主的汉族贸易,用羊马等牲畜换取所需的粮食、丝帛等。这正如上述夏州党项的情况:"惟产羊马,贸易百货,悉仰中国(指内地)。"而"朝贡"这种带有贸易性质的交易,对党项又特别有利,因而他们也就乐意为之。后唐长兴四年后,党项贡马虽然受到限制,明显减少,但沿边党项与边镇人民的互市贸易仍然是十分频繁的。晋天福年间,冯晖任灵武节度使时,"诸部族(包括党项)争以羊马为市易",年得马五千匹。①党项诸部与内地这种紧密的经济联系,对双方均有好处,特别是党项诸部从中获得了很大的利益,大大促进了其畜牧经济的迅速发展。

2.契丹对北边党项的征服和统治

契丹族原是我国古代北方东胡的一支。唐末,漠北回鹘汗国衰亡后,契丹遂逐渐雄踞于漠北。后梁贞明二年(916年),契丹王耶律阿保机称帝,改元神册。此时,契丹的势力已扩展到河套以北党项居住的地区。《辽史》卷一《太祖纪》神册元年七月记,"亲征突厥、吐浑、党项、小蕃、沙陀诸部,皆平之。俘其酋长及其户万五千六百,铠甲、兵仗、器服九十余万,宝货、驼马、牛羊不可胜算"。同书卷七一《后妃·太祖淳钦皇后述律氏传》亦记:"行兵御众,后尝与谋。太祖尝渡碛击党项……"由此可知,辽太祖耶律阿保机正式称帝前后,契丹已经常"渡碛"击党项。契丹时政治中心在西楼(即后之上京,今内蒙古昭乌达盟巴林右旗南波罗城),阿保机"亲征"党项所渡之"碛",当指今河北、山西以北,内蒙古境内之沙碛,即是说契丹所征之党项,是在河套北唐天德、振武一带的党项部落。而这一带的党项部落唐末时是属河东晋王李存勖统治的。

由于契丹的兴起,晋王无力维护其对河套以北地区的统治,故大约在神册元年(916年)前后,契丹多次向这一带进攻,逐渐占领这一地区。神册三年(918年)二月,有党项向契丹遣使朝贡。②估计在此前后,有一些居于代北的党项已归附于契丹。次年八月,因"党项诸部叛",阿保机亲自率军出征;③神册五年(920年),又征党项,俘获二千六百口;十月,攻下天德军,拔十二栅,徙其民。④从此,河套以北地区基本上为契丹所领有。但是,契丹(后改称"辽")对河套北的党项诸部的统治

---

① 《旧五代史》卷一二五《冯晖传》。
② 《辽史》卷一《太祖纪》;同书卷七〇《属国表》。
③ 《辽史》卷一《太祖纪》;同书卷七〇《属国表》。
④ 《辽史》卷二《太祖纪》;同书卷三四《兵卫志》;同书卷四一《地理志》,天德年条。

是不巩固的。因此,以后多见史籍载契丹"征党项"。如神册六年(921年),契丹将龙军、安搏曾征党项①;天赞三年(924年)六月,阿保机又大举征党项、吐谷浑等部②;四年(925年),契丹大元帅尧骨(即耶律德光)又略党项,并献俘③,并"定河壖党项"④。直至辽太宗耶律德光天显八年(933年),会同元年(938年)、三年、四年、五年,契丹仍在"伐党项"⑤。以上契丹对党项的"征伐",主要是掠夺或镇压反叛的党项部众,也有继续南下征服河套南北沿岸党项的目的。天赞四年(925年),契丹"定河壖党项",河壖即河边地,即征服了黄河河套边的党项部落。

其间,史籍也多有党项诸部向契丹朝贡的记载;如天显八年四月、十二月党项来贡⑥;九年(934年)正月,党项来贡驼鹿⑦;十年(935年)三月,又有党项来贡等⑧。契丹统治下的党项诸部有时也被征调参加战争,如天显元年因党项、沙陀、回鹘等"从征有功",得到太宗的赏赐⑨。因此之故,辽太宗即位时,其臣耶律羽之上表说:"……突厥、党项、室韦夹辅吾右,可以坐制南邦,混一天下……"⑩太宗嘉纳之。

总之,大约在辽太祖及太宗即位初,河套南北沿岸一带的北边党项诸部大部分均为契丹所征服,成为其统治下的属部。但是,也有个别的党项部众却一直臣属于内地的后唐政权,与契丹为敌,这就是府州一带的党项折氏。后唐长兴二年(931年),臣属于后唐的府州防御使折从阮攻占了契丹的胜州,并攻朔州(治今山西朔县)⑪;十二月,折氏向后唐进所夺得契丹旗与马匹⑫。

可是,这种情况并没有维持多久。后唐清泰二年(935年),河东节度使石敬瑭在契丹支持下,夺取后唐政权,次年建后晋。为答谢契丹的支持,敬瑭割北边燕、云十六州(今山西、河北北部)与契丹。府州虽不在此十六州之内,但契丹也乘机占领,从此府州党项也归契丹所统治。晋天福六年(941年),后晋镇州节度使(镇今河北正定)安重荣欲壮大自己的势力,密与契丹境内的吐谷浑、党项联络,利用

---

① 《辽史》卷七七《耶律安搏传》。
② 《辽史·太祖纪下》。
③ 同上所引;《辽史》卷三《太宗纪》。
④ 《辽史·太宗纪》。
⑤ 同上所引;同书《属国表》;同书卷六九《部族表》。
⑥ 《辽史·太宗纪》;同书《属国表》。
⑦ 《辽史·太宗纪》;同书《属国表》。
⑧ 《辽史·太宗纪》;同书《属国表》。
⑨ 《辽史·属国表》。
⑩ 《辽史》卷七五《耶律觌烈附羽之传》。
⑪ 《册府元龟》卷四三五《将帅部·献捷》。
⑫ 《册府元龟》卷九七二《外臣部·朝贡五》。

他们对契丹统治者压迫、剥削的不满,策动他们投归后晋。因此,重荣上表说:"……又准沿河党项及山前、山后、逸利、越利诸族部落等首领,并差人各将契丹所授官告、职牒、旗号来送纳,例皆号泣告劳,称被契丹凌虐,愤惋不已。情愿点集甲马,会合杀戮……"①石敬瑭听从泰宁节度使桑维翰的劝告,最后决定不从安重荣之请。②年底,重荣反后晋,被擒杀。史籍虽未载契丹所属党项部落投归后晋,但从此时契丹多次"伐党项"的记载来看③,可能也发生了一些党项部落反叛契丹的事件。

直到后晋开运元年(944年),因契丹欲尽徙河西(山陕黄河以西,包括府州)之民以实辽东,府州人大恐,刺史折从远于是与契丹决裂,保险守据,并降后晋,率兵攻契丹。④至此之后,府州党项折氏一直臣属于后晋、后汉和后周等内地政权,与契丹为敌。尽管如此,在夏州、胜州、府州之北的党项诸部以后均为契丹所统治。

契丹怎样统治党项诸部呢?契丹对被征服的各族,一般是按其居地的大小、人口的多寡,分置属国或属部,所谓"辽制,属国、属部官,大者拟王封,小者准部使。命其酋长与契丹人区别而用,恩威兼制,得柔远之道"⑤。这些属国、属部"朝贡无常。有事则遣使征兵,或下诏专征;不从者讨之。助军众寡,各从其便,无常额"⑥。而党项就是辽统治下的属国、属部之一。从上述契丹对党项统治情况来看,亦基本符合契丹对属国、属部的政策。据《辽史》卷四六《百官志》记载,契丹党项的属国有"党项国大王府",属部有"党项部""隗衍党项部""山南党项部"等。

3.陇右、河西的党项诸部

公元九世纪四十年代吐蕃政权瓦解后,河陇地区党项诸部的情况,前已叙及。进入五代后,吐蕃微弱,回鹘、党项等分侵河陇。其中党项据有何地,其分布与活动情况如何?我们所知甚少。《新五代史·吐蕃传》记凉州使者拓跋承谦(一作承海)语云:"唐亡,天下乱,凉州以东为突厥、党项所隔……"由此知凉州以东有较多的党项部落,故才能阻断内地至河西凉州的交通。

又《新五代史》卷七四《四夷附录·于阗传》记,晋天福三年(938年),后晋遣张匡邺、高居诲出使于阗。七年(942年)居诲返回后,曾记其往复所见山川诸国,内

---

① 《旧五代史》卷九八《安重荣传》。
② 同上所引;《旧五代史》卷八九《桑维翰传》等。
③ 见前述辽会同元年、三年、四年、五年,契丹伐党项事。
④ 《资治通鉴》卷二八四,后晋开运元年六月条。有关折氏与契丹的征战,详见后述。
⑤ 《辽史·百官志》。
⑥ 《辽史·兵卫志下》。

云:"自灵州过黄河,行三十里,始涉沙入党项界,曰细腰沙、神点沙。至三公沙,宿月支都督帐。自此沙行四百余里,至黑堡沙,沙尤广,遂登沙岭。沙岭,党项牙也,其酉曰捻崖天子。渡白亭河至凉州。"这段记载则更为明确地指出,五代时凉州以东居有许多党项部落。从灵州过黄河向西三十里,则到今内蒙古阿拉善旗腾格里沙碛,这就是《高居诲行记》所云之"涉沙入党项界"之沙碛,所谓"细腰沙""神点沙""三公沙""黑堡沙""沙岭",当均在今腾格里沙漠之内。沙岭可能已近凉州,系当时党项牙帐,其酉所称之"捻崖天子",当为自号。从沙岭过白亭河(今甘肃白塔河)即达凉州。关于这部分党项的活动,史籍阙载,这一情况也正如《新五代史·党项传》所说:"其它诸族,散处沿边界上者甚众。然其无国地、君长,莫得而记次云。"

在凉州及其西的河西地区,可能也有一些党项部众。《新五代史·吐蕃传》记后唐长兴四年(933年),凉州留后孙超曾遣大将拓跋承谦使后唐;此拓跋承谦,很可能即是党项拓跋部人。至于凉州以西,五代时主要是回鹘、吐蕃、吐谷浑及仲云(小月氏遗种)活动其间,党项的记载基本不见于史籍。

二、夏州节度使李氏割据势力的发展

从唐末以来割据于夏州的党项李氏(拓跋氏),是五代时党项诸部中势力最大的一支。如前所述,在唐朝灭亡前夕,夏州节度使李氏曾遭受挫折,依附于梁王朱全忠,其盛时实际领有的二镇(定难、保大)五州,只余下一镇四州(夏、绥、银、宥)。节度使李成庆也大约在唐灭亡时死去,其叔李思谏复任此职。

朱全忠建后梁政权后,曾授夏州节度使李思谏为"检校太尉、兼侍中"①。《五代会要》卷一帝号所载梁太祖(朱全忠)使相二十七人中也有思谏。梁开平二年(908年),李思谏病卒,三军推其孙彝昌为留后②,不久后梁即以彝昌为定难军节度使,正授旄钺。彝昌继立不久,夏州便发生了内乱。开平三年(909年)三月,夏州都指挥使高宗益起兵,袭杀彝昌。③接着,夏州将吏又杀宗益,推迎戍兵在外的夏州蕃部都指挥使李仁福为帅。四月,梁即以仁福为定难军节度使、检校司空。高宗益,从姓名上看,似为汉族;其任"夏州都指挥使",可能即统汉族士卒。李仁福,诸

---

① 《旧五代史·李仁福传》。
② 《旧五代史》卷一三二《李仁福传》记,此年思谏卒,"三军立其子彝昌为留后"(《新五代史》卷四〇《李仁福传》记载相同);而《宋史》卷四八五《夏国传上》却记为"思谏卒,思恭孙彝昌嗣"。从彝昌字辈看,应为思恭孙子辈,且应为思谏孙,因思谏传袭给其孙彝昌(年幼),故接着发生了政变。
③ 按新、旧《五代史.李仁福传》,《册府元龟》卷四三六等均记宗益杀彝昌在开平三年,而《通鉴》卷二六七系此事于开平四年三月,不知何据?从《册府元龟》等。

书记其为党项拓跋氏族人,或云"不知其于思谏为亲疏也"①,或曰"彝昌族父"②;其任"蕃部指挥使"(《通鉴》作"蕃、汉都指挥使"),可能主要统率"蕃"(即党项)兵。如前所述,国内一些学者据内蒙古乌审旗出土的《李彝谨墓志》记,李仁福为思恭子,云其为彝昌族父确。由此,可知高宗益之杀彝昌,乃是夏州汉族上层与党项上层争夺权力之争。结果,党项上层杀宗益,推党项拓跋思恭子仁福为帅,重新掌握了大权,并得到了后梁的承认。

夏州的内乱,立即引起了邻近岐王李茂贞及其所属的邠宁节度使杨崇本(即李继徽)、后梁降将刘知俊等觊觎夏州之心。同年七月,李茂贞欲遣刘知俊等攻灵、夏,并约河东的晋王李存勖遣军攻后梁北边诸州。③当时,在后梁的西边是李茂贞的势力,只有夏州李氏和灵州的韩逊是附属于后梁的,故岐王等一直想攻占后梁西边的灵、夏。十月,岐王先遣刘知俊攻围灵州,欲以此地安置知俊。后梁遣镇国节度使康怀贞攻岐王所属之邠、宁,以救灵州,先后克宁、衍(在今甘肃泾川南)二州,拔庆州南城。刘知俊解灵州围,回军攻康怀贞,败之。岐王遂以知俊为彰义节度使,镇泾州④。

开平四年七月,岐王李茂贞、邠宁节度使杨崇本和彰义节度使刘知俊,以及晋王李存勖所遣振武节度使周德威等,合兵五万,围夏州,大有"俯拾夏台"之势。李仁福婴城固守,并告急于后梁。时后梁供奉官张汉玫、国礼使杜廷隐正在夏州,他们也率州民,昼夜戮力固守夏州。⑤梁太祖初惧晋王攻其怀州(治今河南沁阳),不敢贸然出兵救夏州,后闻晋王军在绥、银沙碛攻围夏州,遂遣夹马指挥使李遇、刘绾自鄜、延趋银、夏,邀晋军归路。⑥李仁福等坚守了一个多月,至九月,后梁李遇等援军到达后,晋军及岐、邠宁等军退走,夏州围解。夏州党项李氏经受住了第一次冲击,得以保存下来。至后梁末帝乾化三年(913年)三月,梁"以夏州节度使、检校太尉、同平章事李仁福为检校太师,进封陇西王"⑦。这是夏州党项李氏封王之始。

晋王李存勖灭后梁,建唐(后唐)政权,年号同光。夏州节度使李仁福至是转投

---

① 《旧五代史·李仁福传》。
② 《资治通鉴》卷二六七,后梁开平三年七月条。
③ 《资治通鉴》卷二六七,后梁开平三年七月条。
④ 《资治通鉴》卷二六七,后梁开平三年十一月条。
⑤ 《旧代五史》卷五《梁太祖纪》等。
⑥ 《资治通鉴》卷二六七,后梁开平四年八月条;《旧五代史·梁太祖纪》等。
⑦ 《旧五代史》卷八《梁末帝纪》。

附于后唐①。同光二年(924年)四月,庄宗"以夏州节度使李仁福依前检校太师、兼中书令、夏州节度使,封朔方王"②。这是后唐为了笼络仁福,尽释前怨,所采取的措施。

至后唐天成元年(926年)二月,夏州节度使李仁福所属之绥、银二州发生了一起军队的变乱,剽掠州城,后唐延州节度使曾向后唐朝廷报告此事。③《西夏书事》卷一对此有详细记述:"绥、银为夏州巡属,两州兵以细故相仇杀,主者究诘之,遂哄而起,纵掠二州城市。银州防御使李仁颜与绥州刺史李彝敏讨定之。仁颜,仁福族弟;彝敏,仁福族子也。"④同年六月,唐明宗又加朔方王李仁福"食邑一千户"。次年九月,又加仁福食邑。⑤

夏州李氏与后唐的关系,亦如其与后梁的关系,保持着相对的自立;他除了接受后唐的敕封外,"每年应圣节及正、至等节贡奉,或恩命改转,或讨伐胜捷,各进献马"⑥。史载夏州曾向后唐明宗进白鹰,明宗害怕枢密使安重诲谏止,至近郊试白鹰,戒左右勿令重诲知。⑦总之,夏州李氏虽名义上臣附于后唐,但实际上可看作是五代时割据于北方的一大势力。

夏州李氏与后唐的这种关系,到长兴四年(933年)之后发生了一些微妙的变化。此年二月,夏州节度使李仁福卒,三军推其子彝超为留后。《旧五代史·李仁福传》说:"彝超,仁福次子也。历本州左都押牙、防遏使。"⑧据内蒙古乌审旗出土的李仁福妻《渎氏墓志》记:仁福有五子,即长彝殷、次彝谨、三彝颪、四彝超、五彝温⑨,故知彝超非仁福次子,而为第四子。此年三月,彝超遣押衙贾师温入朝,矫仁福上奏:"臣疾已甚,已委彝超权知军州事,乞降真命。"⑩后唐朝廷虽然一直对夏州李氏采取优容和笼络的政策,但实际上是想扫除这一割据势力,只不过是没有机会而已。当后唐延州节度使安从进奏报夏州李仁福死,子彝超自为留后之后,后唐君臣上下以为扫除夏州李氏割据势力的机会到来了。同时,北方的契丹势力不断

---

① 按,《西夏书事》卷一记:同光二年,"仁福闻庄宗灭梁,自以向拒晋师,中怀恐惧,首遣宥州刺史李仁裕奉表入贡,庄宗诏晋仁福爵。仁裕,仁福从兄也"。
② 《旧五代史》卷三一《唐庄宗纪》。
③ 《资治通鉴》卷二七四,后唐天成元年二月条。
④ 按《西夏书事》此段记述,不知何据,唐、宋史籍未见记载。
⑤ 《旧五代史》卷三六《明宗纪》。
⑥ 《五代会要》卷五引任圜奏。
⑦ 《旧五代史》卷四〇《唐明宗纪》;《新五代史》卷二四《安重诲传》。
⑧ 《旧五代史·李仁福传》。
⑨ 见邓辉、白庆元:《内蒙古乌审旗发现的五代至北宋夏州拓跋氏李氏家族墓志铭考释》,载《唐研究》(第八卷),北京:北京大学出版社,2002年,第381页。
⑩ 《册府元龟》卷四三九《将帅部·要君》;《旧五代史·李仁福传》。

南下侵扰后唐北边诸州,而后唐一些藩镇也有阴结契丹者;恰好当时边将皆言仁福在世时潜通契丹,后唐朝廷惧夏州与契丹联结,并吞河南(河套南)、关中。基于以上两个原因,后唐朝廷最后采取"迁镇"的办法,即以彝超改镇延州,为延州留后,其叔思瑶为夏州行军司马,弟彝殷(彝超长兄)为节度副使,又以原延州节度使安从进为夏州留后,从而将党项李氏的势力逐出夏州。①

后唐统治者知道,党项李氏割据夏州近五六十年,是不会轻易就范的,因此,又诏命邠州节度使药彦稠、宫苑使安重益等率军援送安从进至夏州赴镇。在明宗所颁诏书中,一方面对夏州李氏加以"慰抚",说"应夏、银、绥、宥等州管内,罪无轻重,常赦所不原者,并公私债负、残欠税物,一切并放。兼自刺史、指挥使、押衙已下,皆勒依旧,各与改转官资";另一方面又陈说利害,加以"威胁",说:"彼或要覆族之殃,则王都、李宾足为鉴戒;彼或要全身之福,则允韬、从俨可作规绳。朕设两途,尔宜自择。"②内提到的王都、李宾(《通鉴》作李匡宾)均是开成三四年据守一方,不听后唐调遣,为后唐所灭的藩镇;李从俨(原镇岐陇)、高允韬(原镇鄜延)则是"举族归朝",听从后唐调遣之藩镇。

明宗的诏令,显然是要去掉长期盘踞于夏州的党项李氏的割据势力,因此对李氏来说,自然是一个生死的关头。长兴四年四月,李彝超上言:"奉诏除延州留后,已受恩命讫,三军百姓拥隔,未遂赴任。"③即是说,夏州李氏以三军百姓挽留为借口,不执行迁镇的诏令。明宗遣阁门使苏继颜赍诏促彝超赴任,继颜与夏州押衙贾师温同行,行至卢关(即卢子关),为党项所阻,继颜返回。④

此时,后唐隰州刺史(治今山西隰县)刘遂凝驰驿入朝,向明宗献策:"臣所部与绥、银二州接境,二州汉户约五千。自闻国家攻讨夏州,皆藏窜山险。请除二州刺史,各与二三百人为衙队,令其到郡招抚,则不战而下两州矣。"绥、银二州为夏州所属,遂凝所献之策即是欲乘此机会派遣绥、银二州新刺史及少量军队,用招抚的办法,先夺取绥、银二州。明宗问左右臣下,枢密使范延光说:"绥、银民户,朝廷尝加抚育,缘与部落杂处,其心翻复多端。昨闻安从进初至卢关,蕃酋望风归附,寻加存抚,各令放归。及上马登山,未行百步,反袭从进,骑从士十余人,几至不济。奈何以刺史衙队一二百人制彼狡虏……况国家之患正在夏州,夏州即平,绥、银自然景附。如夏州未拔,王师自当退舍,何以能守绥、银?遂凝之说非也。"

---

① 见《册府元龟》卷四三九《将帅部·要君》;《旧五代史》卷四四《唐明宗纪》。
② 《旧五代史·李仁福传》。
③ 《旧五代史·明宗纪传》。
④ 《册府元龟》卷六六四《奉使部·辱命》。

遂凝也自知所献之策不妥,无言可对,良久,他又献策说:"臣闻李仁福有二子,彝超乃次子也。长子彝殷为夏州留后,彝超征诏赴阙,则诸蕃归心矣。臣请以百骑自入夏州。"结果此策也为延光等所否定①。以上事,不过是夏州与后唐大战前一个小小的插曲。但从遂凝、延光的话中,可以了解夏州所属绥、银二州有"汉户五千"等情况,亦可知延州节度使安从进一行赴任至卢关时,遭到党项等蕃部的袭击等。

与此同时,延州方面向后唐朝廷奏报:"蕃部劫掠饷运及攻城之具,守卢关兵士退守金明(今陕西安塞南)。"②夏州李彝超自拒绝迁镇后,亦积极行动起来,遣其兄阿啰王守青岭门(今陕西靖边西)③,又集境内党项诸胡以自救。④

同年五月,安从进等率大军抵夏州,夏州城内举烽火,党项等杂虏数千骑赶来支援。安从进遣先锋使宋温击走之⑤。是月,明宗又追封已故的李仁福为"虢王"⑥,欲以此"恩赐"与"武力"并行,瓦解夏州。

七月,安从进、药彦稠等向夏州城发动了进攻。此城即十六国时夏之统万城,为赫连勃勃所筑。史称勃勃筑此城时,"蒸土筑城,锥入一寸,即杀作者而并筑之"⑦,故此城"坚如铁石,剑凿不能入"。"又党项万余骑徜徉四野,抄掠粮饷,官军无所刍牧。山路险狭,关中民输斗粟束藁费钱数万缗,民间困竭不能供"⑧。这一切对后唐军队来说都是极为不利的因素。加之彝超兄弟登城谓安从进等说:"孤弱小镇,不劳王师攻取,虚烦国家饷运,得之不武,为仆闻天子,乞容改图。"⑨从进、彦稠等攻围百余日不克,明宗知夏州难以攻下,只得命从进等引兵还。夏州党项李氏的割据势力终于顶住了来自后唐的冲击,第二次渡过了难关,得以保存下来。

夏州李氏胜利的原因,除城池坚固、后唐转输困难等因素外,还应注意到夏州李氏自唐末以来基本上没有卷入各藩镇之间的战争;地虽贫瘠,但几十年的休养生息,境内牧畜业有所发展,具备了一定的实力。特别值得提出的是,夏州李氏已经团结了所属四州各部党项,已成为党项诸部的中心。因而,当后唐军队攻围

---

① 均见《册府元龟》卷九九四《外臣部·备御七》。
② 《旧五代史·唐明宗纪》。
③ 按,《资治通鉴》卷二七八胡注:"青岭门盖汉上郡桥山之山城门也,东北过奢延泽至夏州。"考其方位,应在今陕西靖边县西。
④ 《资治通鉴》卷二七八,后唐长兴四年四月、五月条。
⑤ 《资治通鉴》卷二七八,后唐长兴四年四月、五月条。
⑥ 《旧五代史·唐明宗纪》。
⑦ 《晋书》卷一三〇《赫连勃勃载记》。
⑧ 《资治通鉴》卷二七八,后唐长兴四年七月条;参见《旧五代史·唐明宗纪》。
⑨ 《旧五代史》卷一三《李彝超传》;参见《资治通鉴》卷二七八,后唐长兴四年七月条。

唐夏州城(统万城)遗址东城马面(陕西靖边县白城子,周伟洲摄)

夏州之时,有约五万骑的党项徜徉四周,抄掠粮饷,逼使后唐大军不得不无功而返。

后唐之欲迫夏州李氏迁镇延州,是其早有图谋扫除夏州李氏割据势力的行动,所谓"李仁福通契丹"之说,不过是较为次要的因素。夏州之战后,有知仁福阴事者,才说了真话:"仁福畏朝廷除移,扬言结契丹为援,契丹实不与之通也,致朝廷误兴是役,无功而还。"①

同年八月,夏州李彝超自署其长兄彝殷为绥州刺史,上表后唐朝廷,乞正授。明宗因除移夏州的失败,只得仍以笼络夏州李氏为上策,同意这一任命。彝超又遣使上表谢罪,并请"昭雪"。在这种形势下,明宗借此于十月下诏:

> 权知夏州事、起复云麾将军、简较(检校)司空兼御史大夫、上柱国李彝超,可依前起复简较司空、使持节都督夏州诸军事、夏州刺史兼御史大夫,充定南军(定难军)节度,夏、银、绥、宥等州押蕃落等使②。

---

① 《资治通鉴》卷二七八,后唐长兴四年七月条。
② 《册府元龟》卷一七八《帝王部·姑息三》。

是月,彝超向后唐进马五十匹①,表示仍然臣属于后唐,一切如旧。

夏州之战的结果和影响,事实上决不仅是夏州党项李氏的割据势力得以保存,与后唐的关系一切照旧,而且是表明夏州李氏割据势力得到了进一步的发展,与后唐的关系发生了微妙的变化。这一变化,正如《资治通鉴》撰者所说:"自是夏州轻朝廷,每有叛臣,必阴与之连,以邀赂遗。"②也就是说,夏州之战前,割据夏州的党项李氏依附于内地政权,是主动寻求靠山,以免为其他藩镇所并,自夏州之战后,它就逐渐扩大自主权,并阴与内地政权对抗,向自立发展的道路上前进了一大步。

到后唐末帝清泰二年二月,夏州李彝超病重,上言以其长兄夏州行军司马彝殷为本州节度使。三月,后唐即正式以彝殷(宋时避讳,改为彝兴)为定难军节度使。③后晋建立后,高祖于天福二年(937年)大封赐诸镇时,对夏州节度使李彝殷也"并加食邑实封"④。

后晋天福八年(943年)八月,夏州党项李氏一族发生了一起争夺权力的内乱。此事的起因是夏州牙内指挥使拓跋崇斌与绥州刺史李彝敏、弟李彝俊(皆彝殷族弟)等相结,阴谋发动变乱,杀彝殷而夺取节度使大权。然而,事未发就为彝殷察觉,彝殷抢先下手,收斩拓跋崇斌等五人。彝敏见事败露,率军抵夏州城,为彝殷击溃。彝敏见大势已去,携弟彝俊等五人及亲眷二百七十口南投后晋延州。后晋朝廷得报后,即诏令将彝敏等送还夏州处斩。⑤夏州党项上层这场争夺权力的内争很快就平息下去。在夏州上层内争时,后晋统治者为何不乘机插手,支持彝敏等,以分化、削弱夏州的割据势力呢?从当时的形势看,后晋高祖石敬瑭因契丹的威逼而病卒,少帝刚即位,与契丹的关系正处于紧张的状态之中。后晋君臣上下全力准备对付契丹的南下,不仅无暇顾及夏州,而且还希冀夏州在对抗契丹的战争中助上一臂之力。因此,后晋送还彝敏等于夏州处斩,正是为了争取夏州共抗契丹。

后晋开运元年(即天福九年,944年)正月,契丹果然遣大军南下,一路连克州郡。二月,夏州节度使李彝殷奉诏出兵,与银州刺史李彝沼合蕃、汉兵四万,北抵麟州,渡过黄河,攻入契丹境内,起到了牵制契丹南下兵力的作用。因此,少帝以彝殷为契丹西南面招讨使。⑥此役,最后以契丹撤回本土而告终。

但是过了二年(即开运三年),契丹大举南下,灭后晋。原后晋河东节度使刘知

---

① 《册府元龟》卷一六九《帝王部·纳贡献》。
② 《资治通鉴》卷二七八,后唐长兴四年七月条。
③ 《旧五代史》卷四七《唐末帝纪》。
④ 《旧五代史》卷七六《晋高祖纪》。
⑤ 《旧五代史》卷八二《晋少帝纪》。
⑥ 《旧五代史·晋少帝纪》。

远于开运四年(947年)称帝,是为后汉。后汉乾祐元年(948年)汉隐帝继位后,于三月以"夏州节度使、检校太师、同平章事李彝殷,并加兼侍中"①。此时,后汉少主新立,镇国节度使(镇河中)兼中书令李守贞与原永兴节度使(镇陕西商县)赵思绾、凤翔节度使王景崇联合反叛,永贞自称秦王。而夏州节度使李彝殷亦发兵屯境上,奏称:"去三载前,羌族液母杀绥州刺史李仁裕叛去,请讨之。"后汉以"今岁不利先举兵"为由,谕止之。②李彝殷所谓讨三年前叛去的羌液母,不过是一种借口,其实他发兵境上是与李守贞的反乱有关。因彝殷早与守贞有来往,守贞起兵时,曾求援于彝殷,故其发兵屯于延、丹境上,以观事态的发展。同年十月,守贞为后汉诸镇兵围于河中,彝殷方退回夏州。此事为延州节度使高允权所侦知,允权素与彝殷有隙,遂上书说:"夏州李彝殷先出兵临州境,欲应接李守贞,今却抽退。"③彝殷亦上章自诉。后汉朝廷因守贞势力还未曾消灭,不愿再激起夏、延诸镇的反乱,故赐诏和解夏、延两镇。

乾祐二年(949年)正月,后汉平定守贞等三镇的反乱仍在进行之中,夏州节度使李彝殷献马于后汉,并要求隶静州为属郡,许之。④按此静州非宋代时西夏治保静县之静州,据《资治通鉴》卷二八八胡注此静州云:"唐置静边州都督于银州界,以处党项降者。"则此静州当原为银州所析出者,地在今陕西横山县无定河北。这样,夏州节度由领属四州,扩展到五州。《资治通鉴》卷二八八在记述了上述史实后,评论道:"彝殷以中原多故,有轻傲之志,每藩镇有叛者,常阴助之,邀其重赂。朝廷知其事,亦以恩泽羁縻之。"同年九月,后汉终于平定了李守贞等三镇的反乱,隐帝大封功臣,其中以"夏州李彝殷并加兼中书令"⑤。这恐怕就是朝廷"亦以恩泽羁縻之"吧。

后汉乾祐四年(951年),后汉枢密使、侍中郭威夺汉政权,建周(后周),年号广顺。原后汉河东节度使刘崇在契丹的支持下,在晋阳称帝,史称"北汉",领有并、汾、忻、代等十二州之地。当郭威称帝即位后,继承了后汉对夏州割据势力的羁縻、笼络政策,于正月进李彝殷为"陇西郡王"⑥。而夏州李彝殷于同年五月又"遣使奉表于北汉"⑦。即是说,夏州李氏既接受北周的封号,臣附于周,又暗中奉表于北

---

① 《旧五代史》卷一〇一《汉隐帝纪》。
② 《资治通鉴》卷二八八后汉乾祐元年三月条。
③ 《旧五代史·汉隐帝纪》。
④ 《旧五代史·汉隐帝纪》。
⑤ 《旧五代史·汉隐帝纪》。
⑥ 《旧五代史》卷一一〇《周太祖纪一》。
⑦ 《资治通鉴》卷二九〇,后周广顺元年五月条。

汉,脚踩两只船。可是,北汉毕竟地狭人寡,不足与后周抗衡,故李彝殷实际上是仍沿过去的惯例,是北周统御之下的一藩镇。广顺三年(953年),属北汉的麟州刺史杨仲训(又作"重训"或"崇勋")为蕃部所围,求救于夏、府二州,并表示愿意归附后周。夏州节度使李彝殷奏报后周朝廷,朝廷赐敕书云:"……并门(指北汉)逆命,边郡无归,值妖孽之胁从,致朝贡之阻绝。今则蕃部兵民助我讨违,汝等哀告蕃邻,欲谋归向……宜示抚安,用奖忠顺……其官员将校职掌,一切依归。仍分析名衔申奏,当议等第加恩,兼之酬赏。"①因此之故,在次年(后周显德元年,954年)正月,北周对夏州彝殷又加封赏,进为"西平王",七月,又"加守太保"②。显德六年(959年)八月,又加李彝殷"守太傅"③。次年(960年),北宋代周,中国历史进入到宋、辽对峙的新的历史时期,夏州党项李氏割据势力日益强盛,最终于北宋明道元年(1032年)建立西夏政权。

总观五代时期的夏州党项李氏割据势力,虽然遭到两次大的冲击,但仍然得以存在于夏、绥、银、宥、静等州之地,其族子弟均兼任州刺史等要职,长期以来,真可谓盘根错节,树大根深,且日益发展、壮大。它名义上先后依附于内地梁、唐、晋、汉、周五个政权,接受其封号,定期朝贡,而实际上保持着相对的自立,特别是在后唐长兴四年用武力挫败了后唐朝廷"除移"阴谋之后,开始参与了内地各割据势力的争斗,成为一股不可忽视的力量。

最后,将唐末至五代时夏州党项拓跋氏世系列表附后:

---

① 《册府元龟》卷一六七《帝王部·招怀五》。
② 《旧五代史》卷一一三《周太祖纪四》。
③ 《旧五代史》卷一二〇《周恭帝纪》。

唐末五代夏州党项李氏系表

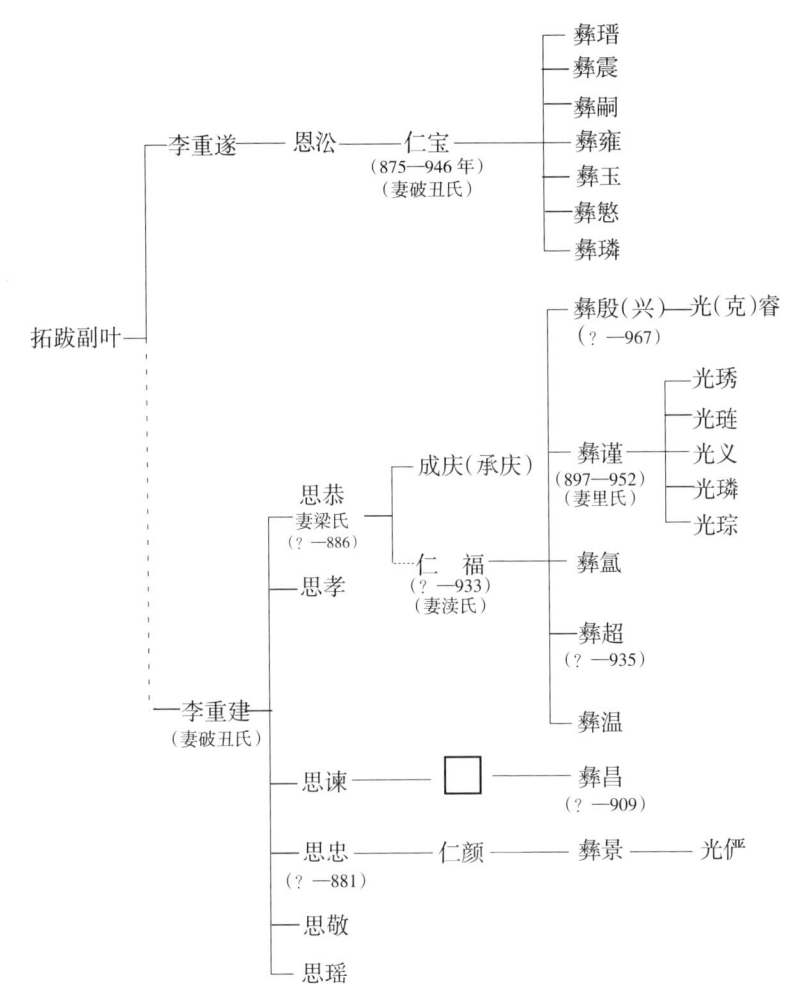

```
                          ┌─ 彝瑝
                          ├─ 彝震
                          ├─ 彝嗣
         ┌─李重遂─恩淴──仁宝──┼─ 彝雍
         │           (875—946年)├─ 彝玉
         │           (妻破丑氏) ├─ 彝懋
         │                      └─ 彝璘
         │
         │                              ┌─彝殷(兴)─光(克)睿
         │                              │           (? —967)
         │                              │
         │              ┌─成庆(承庆)    │        ┌─光琇
         │              │               │        ├─光琏
         │     思恭─────┤               ├─彝谨──┤─光义
         │     妻梁氏   │               │(897—952)├─光璘
         │     (? —886) │               │(妻里氏) └─光琮
拓跋副叶──┤              │               │
         │              └─仁福──────────┼─彝氲
         │     思孝     (? —933)         │
         │              (妻渎氏)         ├─彝超
         │                               │(? —935)
         │                               │
         │                               └─彝温
         │
         └─李重建─┬─思谏──────□────彝昌
           (妻破丑氏)              (? —909)
                   │
                   ├─思忠──仁颜──彝景──光俨
                   │ (? —881)
                   │
                   ├─思敬
                   │
                   └─思瑶
```

三、西路党项和中西交通

所谓"西路党项"（《五代会要·党项羌传》），即指居于灵、庆二州之间的党项诸部，也就是唐代所称为"东山部落"者。唐末，灵州为原灵州列校韩逊所据，逊自称朔方节度使；而庆州，在唐末则是岐王李茂贞的势力范围。当后梁正式建立，拉开了五代十国历史帷幕之后，西路党项诸部是分别处于韩逊和李茂贞的直接统治之下。梁开平三年（909年），李茂贞曾欲安置后梁降将刘知俊，遣知俊攻灵州，后梁军队来救，知俊击败之，遂镇泾川，灵州韩逊得以保全。韩逊卒于梁贞明初（约915年），其子韩洙继任为灵武节度使，后梁、后唐累加其官爵。直到后唐天成四年（929年），韩洙卒，后唐明宗以其弟韩澄为朔方军节度观察留后。时灵州有列校李宾（即李匡宾)聚众作乱，"依凭党项"①，据保静县（治今宁夏银川南），韩澄不能平。在这种形势下，韩澄于同年十月遣使赍绢表乞朝廷命帅，后唐明宗即以原磁州刺史康福充朔方、河西等军节度，灵、威（治方渠，今甘肃环县）、雄、警、凉等州观察处置、度支、温池（一作"盐池"）榷税等使②。

康福，原为中亚胡人，故其"善胡语"，明宗常召其入内殿，以蕃语论事。这就惹恼了权臣枢密使安重诲，康福惧，求外任。恰好此时灵州韩澄请求朝廷派遣主帅，重诲以灵州深入胡境，为帅者多遇害，故奏请康福出任。康福见明宗涕泣辞行，明宗不忍，命重诲为康福改换它镇，重诲答称："福为刺史，无功效而建节旄，其敢有所择邪！"明宗无法，于是遣将军牛知柔、河中都指挥使卫审蛟等率兵万人，卫送康福上任。

同年十一月，康福一行从庆州北上至威州方渠时，遭到党项等蕃部的袭击，康福击走之。由方渠北上至青冈峡，然后经过旱海（戈壁）到灵州，此乃灵、庆之间的主要道路，也是当时中西方陆路交通所经的干道之一。当康福北行到青冈峡时，见山谷中有蕃部野利、大虫二族数千帐③，纵兵击之，获牛羊三万，由是声威大震，遂进至灵州。④至此，灵武节度所领之地，直接归后唐所管辖。同年，后唐又以符彦卿为庆州刺史，诏其在方渠北乌仑山口筑堡，"以招党项"⑤。康福上任后第二年（长兴元年），就收复保静县，斩杀李匡宾。

后唐虽以康福为朔方、河西二镇节度使，其实，自唐末以来河西走廊之地并不属于北方内地政权所管辖。这一情况，正如《旧五代史》卷一三八《吐蕃传》所说："自梁太祖时，常以灵武节度使兼领河西节度而观察甘、肃、威等州，然虽有其名，而凉州自立守将。"五代时，凉州地区是汉、吐蕃、党项、嗢末等杂居之地，以原汉族戍卒为中心，形成割据一方的势力。凉州以西，以甘州（今甘肃张掖）为中心，是回鹘的势力范围，史称之为"甘州回鹘"。甘州以西，瓜、沙二州为原唐末张议潮的后代所控制，梁开平年间（907—911年）张议潮后代张承奉（张奉）曾自号"金山白衣天子"，建号西汉金山国。⑥至公元914至920年间，张承奉死后，瓜、沙等州由

---

① 《旧五代史·李仁福传》引明宗诏。
② 《新五代史》卷四六《康福传》；《资治通鉴》卷二七六，后唐天成四年十月条。
③ 按，新、旧《五代史·康福传》，《资治通鉴》卷二七六等皆云康福至青冈峡见"吐蕃野利、大虫二族帐"，"野利"名为党项大姓，非吐蕃。
④ 以上均见新、旧《五代史·康福传》，《旧五代史·唐明宗纪》。
⑤ 《宋史》卷二五一《符彦卿传》。
⑥ 见新、旧《五代史·吐蕃传》等。

曹议金所统治,后唐庄宗以议金为"归义军节度使,瓜、沙等州观察处置等使"①。瓜、沙以西,以今新疆吐鲁番为中心的是西州回鹘的割据势力,在今新疆南部还有于阗等割据势力。以上这些割据势力,在五代时均与内地政权保持着密切的政治和经济上的联系。他们经常派遣使者向内地政权朝贡,并接受封号。这种朝贡,同样带有贸易的性质。下面根据史籍所载,将其朝贡的情况列表如下:

西北诸族及割据政权向后唐朝贡表

名　　称	朝贡时间及次数	朝贡物品	资料出处
甘州回鹘及其他回鹘部	后梁开平三年五月,乾化元年十一月②;后唐同光二年四月、十一月、四年正月,天成三年二月、闰八月、十二月。长兴元年五月、十二月,二年十二月,三年正月、三月,四年七月,应顺元年正月,清泰二年七月;后晋天福三年三月、九月、十月,四年三月,五年正月,七年二月,开运二年二月、三年二月;后汉乾祐元年五月,二年六月;后周广顺元年二月,二年三月,三年正月,显德元年二月、五月,二年,三年二月,五年,六年二月。	白碙、斜褐、马、玉鞦辔、碙砂、羚羊角、波斯宝緤、玉团、玉带、玉团狮子、玉鞍、红盐、白盐、大琥珀、胡桐泪、香药、宝玉、独峰驼、腽肭脐、金刚钻、白貂皮、騊駼之革、玉狻、狐、犛牛尾等。	《册府元龟》卷九七二;《旧五代史》卷一三八《回鹘传》;《新五代史》卷七四《回鹘传》;《太平寰宇记》卷一五三。
凉州(西凉州)	后唐天成四年九月,长兴二年十月、十二月,三年正月,长兴四年,清泰二年七月;后汉隐帝时;后周广顺二年。	马匹、方物	《册府元龟》卷九七二;《旧五代史·吐蕃传》。
瓜、沙二州曹氏	后唐同光二年四月,长兴元年九月,三年五月,应顺元年正月,清泰二年七月;后晋天福七年。	碙砂、羚羊角、波斯锦、安西白碙、金星矾、大鹏砂、毦褐、玉团等。	《册府元龟》卷九七二;《旧五代史·吐蕃传》。

---

① 见新、旧《五代史·吐蕃传》等。
② 《旧五代史》卷六《太祖纪》云,乾化元年十二月帝御朝元殿见回鹘、吐蕃二国大使,回鹘使名周易言。《册府元龟》卷九七二记此事于乾化元年十二月,又记乾化二年十一月有回鹘使周易言来朝贡,显然有误。故只列乾化元年十一月回鹘使周易言一次。

续表

名　称	朝贡时间及次数	朝贡物品	资料出处
吐蕃诸部（包括嗢末）	后梁开平二年正月，乾化元年正月；后唐天成二年十二月，三年闰八月、九月、十一月，长兴元年四月、九月，三年正月、二月、八月，四年十一月；后晋天福四年十月。	牦牛、玉、马匹等	同上
于阗	后晋天福三年九月，天福七年；后汉乾祐元年五月。	白玉团、白氎布、红盐、郁金、玉㺨、玉千斤、玉印。	《册府元龟》卷九七二；《新五代史·于阗传》。
西州回鹘	后周广顺元年二月。	玉团、琥珀、珊瑚、白玉杯、香药、玉带铰具等。	《册府元龟》卷九

　　从表中可以看出，五代时河西、西域的各割据势力，与内地政权关系最为密切，朝贡次数最多的是甘州回鹘（包括其他回鹘部），共三十五次；其次是吐蕃诸部（包括嗢末），共十四次；凉州共八次；瓜、沙二州的曹议金共六次；最少的于阗，共三次，西州回鹘共一次。他们朝贡的物品，除了当地的特产，如良马、骆驼、牦牛尾、野马之外，还有一些从中亚，甚至西亚、欧洲来的特产，如白氎（即棉布）、波斯锦、波斯宝缏、金刚钻、珊瑚、香药、各种玉器等。而内地政权对他们的贡使，往往大加封赐，授予领军将军同正、银青光禄大夫、归德将军、归化司义、司阶、怀化司戈、怀化将军等名誉官职；回赐大量的缯帛、锦袍、银带、锦彩、器皿、银、绢等。① 同时，内地政权还对河西、西域各割据势力的首领，加以册封，赐予名号，如拜凉州首领孙超为节度使，瓜、沙曹议金为归义军节度使，以甘州回鹘仁美为英义可汗，册于阗国王李圣天为大宝于阗国王等。②

　　最使我们感兴趣的是，河西、西域的割据势力朝贡的物品中为什么有许多中亚、西亚地区的特产？显然，这是中亚、西亚的商人经传统的丝绸之路贩运到西域、

---

① 请参见《册府元龟》卷九七六《外臣部·褒异三》。
② 参见《新五代史》卷七四《四夷附录三》内吐蕃、回鹘、于阗等传。

河西,再由西域、河西诸割据势力以朝贡的形式运到了内地。也就是说,尽管五代时中国处于割据分裂的局面,但中西方的交往仍没有中断,中西方陆路交通,即丝绸之路,仍没有阻塞。而西域、河西各割据的小政权无形中成了五代时中西陆路交往必经之地,成为中西方交往的桥梁和中转站。由西亚、中亚到西域、河西的交通道路,自然是沿汉唐以来著名的丝绸之路,由西域、河西到内地的道路,因内地的分裂割据而有所变化。这是我们所要探讨的问题,因为它与党项诸部有一定的关系。

根据大量的文献记载,五代时由西域进入河西,仍然从玉门关入沙州(敦煌),然后由肃州、甘州至凉州。这是汉唐时丝绸之路东段的主要干线,一般称之为"河西路"。由凉州向东经过今腾格里沙碛,过黄河,到灵州;然后从灵州南下,经土桥子或青冈峡至方渠,再至庆州。由庆州东至长安,经潼关到达东都开封(或洛阳)。

在凉州至庆州这段行程中,都要通过党项部落聚居之地。其中凉州至灵州一段,前述晋天福三年高居诲使于阗行纪中,已叙及。由灵州至庆州一段,也主要是经过党项部落居住地区,这些党项,即前述的所谓"西路党项"。五代以来,西路党项经常抢掠从河西来的回鹘贡使,"执其使者,卖之佗族,以易牛马"①。因此,五代时期中西陆路交通,往往因西路党项的抢掠,而受到一定的影响。内地政权为了维护交通的畅通,不惜动用武力,对西路党项进行"惩罚"。

后唐长兴二年底,当甘州回鹘贡使乌仑红一行从灵州至方渠时,被西路党项所掠杀。②三年正月,枢密使范延光请发兵讨击西路党项;明宗于是诏令邠州节度使药彦稠、灵武节度使康福率步骑七千讨击。③二月,康福奏称:"贺兰山下蕃部(主要是党项)数百帐,顺命者抚之;其背叛者,见除讨次,所获驼马牛羊数千计。"④此时,由邠州北上的药彦稠等在方渠一带诛西路党项阿埋三族、韦悉、褒勒、强赖、埋厮、骨尾、屈悉保等七族七百余人,阿埋等亡窜山谷。接着,又率兵自牛儿族入白鱼谷(在方渠北土桥子一带),追击党项白马、卢家(一作"虑家")六族、客户三族,获大首领连香、李八萨王,都统悉那、埋摩,侍御乞埋、嵬悉逋等六人及党众二千余人,获驼马牛羊数千计,并夺回党项所掠回鹘所进玉两团、赠秦王安从重的金装胡鞍等。⑤按照唐明宗的本意,只要西路党项诸部知罪,加以约束而绥抚之即

---

① 《新五代史·党项传》。
② 《册府元龟》卷三六〇《将帅部·立功十三》;《新五代史》卷二七《药彦稠传》等。
③ 《新五代史·党项传》;《五代会要·党项羌传》;《资治通鉴》卷二七七,后唐长兴三年正月条。
④ 《册府元龟》卷九八七《外臣部·征讨六》。
⑤ 《五代会要·党项羌传》;《新五代史·药彦稠传》。

可;然而,药彦稠等却贪得党项诸部的财物和牲畜,入白鱼谷滥杀党项部众,并掠其财物、牲畜,遣人报捷。明宗对其使者说:"吾诛党项,非有所利也。凡军中所获,悉与士卒分之。毋以进奉为名,重敛军士也。"后彦稠获党项所掠回鹘贡使贡物来献,明宗悉以赐彦稠。同年五月,康福等奏称党项盗者已伏诛,余皆降附。彦稠还会兵至盐州,蕃戎(主要是党项)逃遁,获陷蕃士庶千余人,遣还乡里。①

后唐对灵、庆之间西路党项的围剿,邻近诸部党项,特别是夏州党项李氏有何反映呢?《旧五代史·唐明宗纪》有一条记载,云长兴三年七月,"灵武奏夏州界党项七百骑侵扰当道,出师击破之,生擒五十骑,追至贺兰山下"。从夏州界党项七百骑侵扰灵州的时间和地点来分析,此次行动很可能是夏州党项李氏对西路党项的支援或接应,结果失败了。此事表明,夏州党项李氏与西路党项诸部还是有所联系的,但这种关系并不紧密。究其原因,主要是唐末五代时期,党项诸部不相统一,有大姓而无君长,还没有形成一个统一的中心。其次,也是由于党项诸部居地分散,分属各镇直接管理,夏州李氏也只能控制其所属四州的党项诸部,还不敢直接插手灵、庆地区西路党项的事务。

后唐长兴三年对西路党项的"惩罚",表面上是战功赫赫,史籍亦称"由是党项之患稍息"②,然而事实上收效不大,西路党项仍然抄掠往来贡使不已。后唐末帝清泰元年(934年)七月,因回鹘贡使多为"河西杂虏"(此河西为河套西;杂虏,主要指西路党项)剽掠,故后唐朝廷诏"邠州节度使康福遣将军牛知柔率禁兵援送至灵武。虏之为患者,随便讨之"③。在巴黎国立图书馆藏敦煌遗书中,有一份伯希和编号2992的卷子,正面为佛经,背面抄有三封信函。其中第二封信函内,就有关于此事的记述。此三封信函,法国汉学家J.R.哈密顿(Hamilton)教授在其1955年出版的《五代回鹘史料》(法文版)一书中④,曾加以诠释。下面我们在他研究的基础上,对一些有关问题做进一步探讨。现据哈密顿书后附原件照片及其录文,将第二封信函全文抄录如下:

> 道途阻僻,信使多乖,每于瞻企之余,莫尽笺毫之内。方深渴仰,猥辱缄封,备详词周奖之仁,深积感铭之恳。所示入守众贡人使,具委来情;况接疆场,莫不专切。今则前邠州康太傅及庆州符太保承奉圣旨,部领大军援送贡奉

---

① 《新五代史·党项传》。
② 《新五代史·党项传》。
③ 《册府元龟》卷九八七;《资治通鉴》卷二七九。
④ 此书已由耿昇同志译成汉文,书名《五代回鹘史料》,乌鲁木齐:新疆人民出版社,1982年。

使人及有天使去。

八月二十一日,得军前大(太)傅书牒云:与都监牛司空,已于八月十六日到方渠镇,与都监商量,定取丹慊①。近者,九月五日发离方渠,于六日平明至土桥子应接者。当道至八月二十二日,专差军将袁知敏却赍书牒往方渠镇,咨报军前太傅,已依此时日应副讫。见亦点龊(促)兵土(士),取九月三日发赴土桥子接迎。于九日到府次。伏况般次行止,已及方渠,兼得军前文书,合具子细,披启。今差都头白行丰与居密已下同行,持状谘闻。便请可汗斟酌差兵迎取。冀回人使备情仪,但缘走马径行,不果分外驰礼。虽有微信,别状披伸。幸望眷私尽业,照察谨状。

朔方军节度使、检校太傅兼御史大夫张

按,此信系抄件,哈密顿考证此信是朔方军节度使(即灵武节度使)张希崇致甘州回鹘可汗仁美书函。他据上引后唐末帝清泰元年七月诏邠州节度使康福及将军牛知柔(即信中之"牛司空")护送回鹘朝贡使,认为信函内"前邠州康太傅"即康福。康福在应顺元年(此年四月改元清泰)正月,充邠州节度使,检校太傅;五月,末帝即位后,以杨思权为邠州节度使,康福在七月自然应称"前邠州康太傅",此时还未赴任。直到清泰元年十二月,始"以前邠州节度使康福为秦州节度使"②。故哈密顿认为此信书于清泰元年十月左右。此说是。

信函中的"庆州苻太保",哈密顿说在任何地方都没有发现对"庆州苻"的记载。按《宋史·符彦卿传》云其在后唐天成四年(929年),"改庆州刺史,奉诏筑堡方渠北乌仑山口,以招党项。清泰初,改易州……"可能其在清泰元年七月还未赴任,故信中的"庆州苻太保"应即符彦卿。时仍在庆州刺史任内。

又信函中康福、牛知柔等护送的回鹘贡使及后唐使臣(天使)是哪一批呢?哈密顿引《册府元龟》卷九六五记:"末帝清泰元年七月癸丑,简较刑部尚书、瓜州刺史慕容归盈转简较尚书左仆射。时瓜、沙附回鹘来朝贡,令使归,故有斯命。"从而,认为信中所护送的供奉使人及天使,即此等人。但是,内云"时瓜、沙附回鹘来朝贡",又是何时何人呢?考《册府元龟》卷九七二记清泰元年正月,有"沙州、瓜州遣牙将各以方物朝贡。回鹘可汗仁美遣使献故可汗仁裕遗留贡物……"七月,后

---

① 研究者多认为此两字应释为"丹慊(慊)",牛司空等非走水路,仍沿环州方渠镇至灵州的大道,经"旱海"而至灵州。如罗丰《五代、宋初灵州与"丝绸之路"》一文(载《西北民族研究》1998年第1期),释为"丹慊",意为诚意;"定取丹慊",意为道路颇畅通。可信从。

② 均见《旧五代史》卷四五、四六《闵帝纪》《末帝纪》。

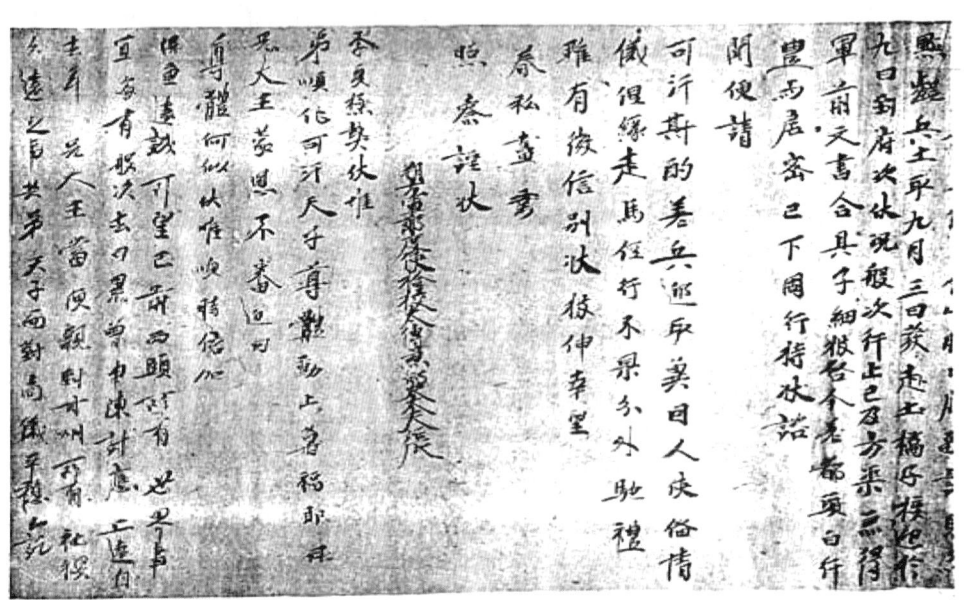

后唐朔方军节度使张希崇致甘州回鹘可汗书(抄件,敦煌遗书伯希和编号2992背面)

唐因瓜州来使贡,故颁赐封"瓜州刺史慕容归盈转简较尚书左仆射"。因此,可以断定,七月康福等护送的这批贡使,即为此年正月来朝贡的回鹘使臣及瓜、沙二州使者。

书函详细记述了康福、牛知柔等护送回鹘贡使以及张希崇派人接应的具体情况。张希崇,据史载,其于长兴二年十一月由汝州防御使转灵州两使留后①;四年五月正式被任命为灵武节度使(即朔方节度使)②;清泰中,始改任邠州节度使③。故清泰元年七月,张希崇是在灵武节度使任内。此时后唐诏康福、牛知柔护送回鹘贡使等一行。同年八月二十一日,希崇得到康福书,内云牛知柔已护送贡使等一行于八月十六日到达方渠镇,九月五日从方渠出发,六日平明可达土桥子,望灵州遣将迎护。希崇得康福信后,于八月二十二日专差军将袁知敏带书函至方渠,谘报康福,同意如期派人至土桥子应接。接着,希崇点促兵士于九月三日发赴土桥子。九月九日迎护贡使一行到达灵州。

张希崇在信函内,详细叙述了迎护贡使一行到灵州之后,又说差都头白行丰与居密(哈密顿认为是突厥语"Tämir"的对音,意为铁,回鹘人经常以此为名)持状到甘州,"便请可汗斟酌差兵迎取"。

张希崇致回鹘可汗信函抄件内容,可以补充和印证史籍所载五代时西路党项抄掠回鹘、瓜、沙等州贡使,阻碍当时中西陆路交通,以及内地政仪为保证交通畅通发兵迎护的史实。同时,信中还反映了五代中西陆路交通灵州至庆州一段具体路线和里程,即庆州至方渠,方渠到土桥子(约一日程),土桥子到灵州(约三日程)。

又《册府元龟》卷一七〇帝王部来远条还记:清泰二年"七月,诏邠、泾、鄘、耀四州出州兵,应接回鹘。时回鹘朝贡多为河西杂虏剽掠,故有是命。及回,又诏邠州节度使康福遣将军牛知柔率禁兵援送至灵武,虏之为患者,随便讨之"。乍看,此条所记与上引同书卷九八七记清泰元年七月条相似,仅多前"诏邠、泾、鄘、耀四州出州兵,应接回鹘"一句。两者所记是否指同一事,而只是年代有错乱呢?按,《册府元龟》卷九七二曾记:清泰二年"六月,诏邠、泾、鄘、耀四州兵,应接回鹘出州入贡。七月,回鹘可汗仁美遣都督陈福海而下七十八人,献马三百六十四、玉二十团、白氎、斜褐、犛牛尾、绿野马皮、野驼峰。沙州刺史曹义金、凉州留后李文谦各献马三匹,瓜州刺史慕容归盈献马五十匹"。以上所引《册府元龟》三条资料相互勘比,可以断定:后唐末帝清泰二年六至七月间,后唐朝廷确又下诏令邠、泾、鄘、耀四州出州兵,迎护入贡的甘州回鹘可汗仁美、沙州刺史曹义金、凉州留后李文谦、瓜州刺史慕容归盈使臣。至于上引《册府元龟》卷一七〇那条资料的后半部(即"时回鹘朝贡……"一段),则是撰者误将前一年康福、牛知柔护送回鹘贡使一段,置于此

---

① 《旧五代史》卷四二《明宗纪》。
② 《旧五代史》卷四四《明宗纪》。
③ 《旧五代史》卷八八《张希崇传》。按前述康福为前邠州节度使之改任为秦州节度使,是在清泰元年十二月,故其离任,希崇接任邠州节度使,当在十二月之后。

后。因为清泰元年十二月后,康福已改任秦州节度使,而非邠州节度使,何得于二年七月再护送回鹘贡使?

在灵、庆之间的西路党项,不仅经常劫掠来往于这条中西陆路交通道上的贡使,甚至对内地政权往来的戍兵也进行袭击,故史称灵武戍兵饷道,"常苦寇抄"①。清泰二年,后唐援送灵武军衣的副都部署潘环曾上言:"至马岭(即今甘肃庆阳与环县间的马岭),党项杀牛族结集,遂杀获首领阿磨而下五人,又获拨相公族人马,通路前进。"②

后唐自开成四年以康福为灵武节度使,始正式管辖到灵州所属党项诸部。史称康福"居灵武三岁,岁常丰稔,有马千驷,蕃夷畏服"③,后为安重诲所潜,于长兴三年七月改任泾州节度使④,应顺元年正月又充邠州节度使。继任灵武节度使的是张希崇,其在任内,"乃开屯田,教士耕种,军以足食,而省转馈",又"招辑夷落,自回鹘、瓜、沙皆遣使入贡"⑤。上引敦煌遗书伯希和编号2992卷子第二封信函,亦可窥见其治御边地的才干。直到后唐末帝清泰二至三年,希崇表请入朝,后又改任邠州节度使。

后晋建立后,于天福元年(936年)十二月,又复以张希崇为灵武节度使。天福三年左右,因警州(在灵武附近)"属羌(党项)、浑(吐谷浑)骚动",希崇表郭琼为部署,"将兵共讨平之"⑥。四年(939年)初,希崇卒于灵武,于时,灵武一带"蕃部(主要是党项)寇钞,无复畏惮",后晋即遣以"强暴之名,闻于遐徼"的冯晖任灵武节度使⑦。冯晖上任后,很快就解决了灵武存在的两大问题:一是灵武自后唐开成四年为内地政权直接管辖以来,"市马籴粟,招来部族,给赐军士,岁用度支钱六千万。自关以西,转输供给,民不堪役,而流亡甚众"。冯晖在安定境内秩序之后,"广屯田以省转饷,治仓库、亭馆千余区,多出俸钱,民不加赋,管内大治"。二是灵武境内蕃部众多,特别是青冈、土桥子之间的西路党项诸部,剽掠贡使、商旅,贡使、商旅行此必以兵护送,严重地阻碍了中西方陆路交通。冯晖采取对诸党项部"推以恩信"

---

① 《新五代史·张希崇传》。
② 《册府元龟》卷九八七《外臣部·征讨六》。
③ 《新五代史》卷四六《康福传》,参见《旧五代史》卷九一《康福传》。
④ 《旧五代史》卷四三《明宗纪》。
⑤ 《新五代史》卷四七《张希崇传》。
⑥ 《宋史》卷二六一《郭琼传》。
⑦ 均见《旧五代史》卷一二五《冯晖传》。又,1992年考古工作者在陕西彬县底店乡二桥村西南冯家沟坡地,发掘了冯晖墓,出土了一批文物及一合墓志。见咸阳市文物考古研究所编《五代冯晖墓》,重庆:重庆出版社,2001年。

的政策,"部族怀惠,止息侵夺"①,"自是人不带剑,道不拾遗,境无寇盗……"②他采取具体的办法是,乘党项诸部最强大的酋长拓跋彦超至灵州来谒,留之不遣,起第城中,赐予丰厚。彦超既留,于是党项诸族不敢抄暴于外,争以羊马为市易,"期年,有马五千匹"③。

后晋朝廷见冯晖"马多而得夷心",反而惧其后坐大为患,故于开运初(944年)将其调任邠州节度使,未上任,又除陕州节度使。继任为灵武节度使的是王令温,其在任内"不存抚羌、戎,以中国法绳之,羌胡怨怒"。原为冯晖留于灵州城内的党项大酋拓跋彦超和石存、也厮褒二族联合,攻围灵州,杀令温弟令周。令温上表告急。而此时冯晖已入为侍卫步兵都指挥使,领河阳节度使,他知朝廷原忌其强大,调离灵武,故后悔莫及,并希冀再次出镇灵武。为此,他厚赂权臣冯玉、李彦韬,适逢灵州令温告急,于是后晋遂于开运三年(946年)六月复以冯晖为朔方节度使,领关西兵赴任,击党项,又以威州(即方渠,天福四年升为威州)刺史药元福为行营马步军都指挥使。④

同年八月,冯晖等一行从威州,历青冈峡至灵州,经七百里"旱海"。⑤当他们刚过旱海抵辉德(在灵州南)时,糇粮已尽。党项大酋拓跋彦超等数万,"布三阵,扼要路,据水泉,以待晖军"。冯晖遂遣使贿彦超求和,彦超许之,但不退兵。药元福对晖说:"彼知我军饥渴,邀我于险,既许和解而日中未决,此岂可信哉?欲困我耳。迁延至暮,则吾党成禽也。"冯晖惊问:"奈何?"元福说:"彼虽众而精兵绝少,依西山为阵者是也,余不足患。元福请以麾下骑先击西山兵,公但严阵不动,俟敌少却,当举黄旗为号,旗举则合势进击,败之必也。"晖从其策,果然大败彦超,得以进入灵州。⑥由于放还了拓跋彦超,诸党项部与灵武关系不甚融洽,故冯晖复镇灵武,与前次情况就有所不同了。

冯晖自开运三年复镇灵武,直到后周广顺三年(953年)死于任上。其间,灵武节度使所领灵、庆之间西路党项诸部仍然时常劫掠贡使、商旅,阻碍中西交通的畅通。如后汉乾祐元年(948年)正月,有入贡的回鹘使臣诉称为党项所阻,请求朝廷

---

① 《新五代史》卷四九《冯晖传》。
② 《册府元龟》卷六七七《牧守部·能政》。
③ 《新五代史》卷四九《冯晖传》。
④ 《资治通鉴》卷二八五,后晋开运三年二月条;《旧五代史·冯晖传》等。
⑤ 按,《资治通鉴》卷二八五胡注云:"赵珣《聚米图经》曰:盐、夏、清远军(在青冈峡西)间,并系沙碛,俗谓之旱海。自环州(即威州)出青冈川,本灵州大路。自此过美利寨,渐入平夏,经旱海中,难得水泉。至耀德清边镇入灵州。"此为方渠至灵州的干道。
⑥ 《资治通鉴》卷二八五,后晋开运三年八月条;《宋史》卷二五四《药元福传》等。

发兵接应。后汉遣左卫大将军王景崇、将军齐藏珍领禁军数千赴之,并使之经略关西。①这种情况,断断续续一直到北宋时期。

到后周广顺二年(951年),还发生了一起庆州北西路党项诸部的"反叛"事件。这一事件的起因,主要不是庆州北党项劫掠贡使或商旅而引起的,相反,倒是与北周边镇对党项诸部的压迫和掠夺有关。原来,在庆州北十五里寡妇山一带,居有党项野鸡族。此族多羊马,较为富庶,时庆州刺史郭彦钦性贪鄙,多作法扰之,以求贿。更为恶劣的是,他擅自加籴盐钱,引起党项及汉族百姓的流怨。按,庆州北盐州有青、白二盐池,庆、盐等地党项(蕃)、汉等族人民多有以贩盐到内地,以求生。朝廷过去有定规:青盐一石,抽税钱八百文足陌、盐一斗;白盐一石,抽税钱五百文、盐五升。后来,青盐一石抽钱一千、盐一斗。而边镇往往"于蕃汉户市易粜籴,私有抽税"②。庆州刺史郭彦钦"擅加榷钱"③,即是私自增加或抽取蕃汉盐户的税钱,这自然引起了蕃汉人民的怨愤。在这种形势下,素以犷悍著称的党项野鸡族遂起反抗,"剽掠纲商(往沿边贩易者)"④。郭彦钦于是在广顺三年初上奏"野鸡族暴盗掠夺纲商"⑤,而邠州也奏称:"庆州界蕃部野鸡族掠夺商旅,侵扰州界。"后周朝廷遂诏宁州刺史张建武率兵准备进击,仍先遣使先行招抚,望其率化。⑥但党项部众苦彦钦恶政,不时报命。⑦

于是,后周即令邠州节度使折从阮及宁州刺史张建武、环州刺史皇甫进等攻讨党项野鸡等族。从阮先招谕庆州党项诸部,即有野鸡第七门族首领李万全及树黟等二十一族,接受敕书、领袍等,设誓降。⑧同年二月,张建武等则进兵追击野鸡族帐,杀数百人。时有喜万玉族、折思族、杀牛族,前二族皆"熟户蕃人"(即汉化较深之党项),后一族与野鸡族素有矛盾,闻后周军击野鸡族,遂相聚助军饷馈。后周军竟然利其财畜,劫掠三族。三族遂诱建武军于包山险要之地,围而攻之,建武军投崖死者数百。折从阮保兵自退。后周太祖大怒,敕郭彦钦归私第,建武左迁率府率,命前解州刺史郑元昭为庆州刺史,充青、白两池榷盐制置使。⑨同年三月,后周

---

① 《资治通鉴》卷二八七后汉乾祐元年正月条;《新五代史》卷五三《王景崇传》。
② 见《旧五代史》卷一四六《食货志》。
③ 《册府元龟》卷一六七。
④ 《资治通鉴》卷二九一,后周广顺二年十月条。
⑤ 《册府元龟》卷一六七。
⑥ 《旧五代史》卷一一二《周太祖纪》。
⑦ 《册府元龟》卷一六七;《资治通鉴》卷二九一,后周广顺三年正月条。
⑧ 《册府元龟》卷一六七;《资治通鉴》卷二九一,后周广顺三年正月条。
⑨ 《册府元龟》卷一六七;《资治通鉴》卷二九一,后周广顺三年四月条。

又下诏,对青、白盐税,"今后,每青盐一石,依旧抽税八百文,以八十五为陌,盐一斗;白盐一石,抽税钱五百,盐五升。此外更不得别有邀求","私有抽税,今后一切止绝"①。至此,庆州党项的"反叛"才逐渐平息下去。

综上所述,五代时灵、庆之间的西路党项诸部先后为后唐、后晋、后汉、后周等政权所统治。由于他们居地处于五代时中西陆路交通东线的一段(即庆州至灵州),时常劫掠往来的贡使和商旅,成为五代时中西交通上一大阻碍。五代时北方各政权为了维护中西交通的畅通,有时不惜派军队对西路党项进行"惩罚",而更多的时候,却是派遣军队迎护贡使和商旅。因此,处于分裂割据时期的五代,中西陆路交通基本上还是开通的。河西、西域,甚至中亚,欧洲的各种商品,仍然不断地运到中原内地;而中原内地的丝织品等特产,也通过贡使、商旅运到西域、中亚和欧洲。

关于五代时中西方贸易的具体情况,我们还可从五代时起中西方贸易桥梁作用的回鹘为例,稍加说明。自后唐以来,回鹘贡使不断到内地朝贡,他们每到京师,"常以马市中国,其所赍宝玉皆属县官,而民犯禁为市者辄罪之"②。即是说,回鹘贡使、商旅带来的宝玉等物(其中也包括中亚、欧洲的商品、特产),是由后唐官府所垄断,不准民间私自贸易,违者是要治罪的。这样一来,宝玉一类的商品价格高昂。这种情况一直继续到后周太祖之时,才有所改变。太祖命除去旧法,"每回鹘来者,听私下交易,官中不得禁诘,由是玉之价值十损七八"③。由此一例,亦可知五代时中西方的交往还是较为频繁的。

四、麟、府等地的党项折氏

五代时,在夏州西北的麟、府、胜等州还聚居着许多党项部落,其中势力最大的就是府州党项折氏。

关于党项折氏的族源,中国许多史籍及国内外的有关论著,大多云折氏是源于党项羌。④其实,折氏的族源非党项,而是源于鲜卑。⑤这一结论并非如那种主张

---

① 《旧五代史·食货志》。
② 《新五代史·回鹘传》。
③ 《旧五代史·回鹘传》。
④ 如新、旧《五代史·党项传》;邓名世:《古今姓氏书辨证》卷三八,韩荫晟:《党项与西夏资料汇编》,冈崎精郎:《唐代党项的发展》等。
⑤ 近来也有的研究者认为府州折氏源于鲜卑者,如汤开建:《关于西夏拓跋氏族源的几个问题》,载《中国史研究》1986年第4期。

党项拓跋氏源于鲜卑的推测一样,而是有较为确实的根据。《金石萃编》卷一一九有《刺史折嗣祚碑》,此碑文虽残阙过甚,但《全唐文》卷九九三录文则存字较多。碑约立于后唐同光改元之前①,嗣祚,即后唐府州刺史党项折从远(折从阮)父。碑文开首就说其系"大魏之后,宇文之别绪",显然折氏源出自代北鲜卑。1979年重新出土于陕西府谷的《折克行神道碑》内亦记:"公字遵道,出河西折掘姓。五世祖从阮,唐末为府州刺史……"②折掘,鲜卑姓氏。又《折渭州(可适)墓志铭》也说:"公讳可适,字遵正,其先与后魏道武俱起云中,世以材武长雄一方,遂为代北著姓。后徙河西,有号太山公者,因其所居,人争附之。"③其余有关府州折氏的记载,无不云其"世居云中"等。④以上文物及文献资料均为五代北宋时折氏兴起时所撰,当可凭信。

府州党项折氏,原与北魏拓跋氏同起于代北,系鲜卑折掘部。按鲜卑折掘部,亦作叠掘,折、叠一音之转。《晋书》卷一二五《乞伏乾归载记》记,在东晋隆安三年(399年),"鲜卑疊(叠)掘河内率户五千,自魏降乾归"。时北魏势力在代北,叠掘河内降西秦,系由河套至陇西,说明代北才是鲜卑叠掘的原居地,所谓折氏(折掘氏)"世居云中"即指此。魏晋十六国时,相继有一部分鲜卑折掘氏迁徙到今青海东北一带。《晋书》卷一二六《秃发乌孤载记》说:"乌孤讨乙弗、折掘二部,大破之,遣其将石亦干筑廉川堡(今青海乐都东连川)以都之。"同书卷九五《郭黁传》亦记:"……鲜卑折掘送马于(赵)凝(前凉西平太守)……"南凉秃发傉檀王后为折掘氏,其右卫将军折掘奇镇曾据石驴山(青海西宁北)叛。⑤上述这些记载,均说明折掘系鲜卑部落,原与北魏一起居于漠南、河套一带,魏晋以后,有一部分迁入河西,聚居于今青海湟水流域,先后为南凉、西秦和北魏所统治。⑥十六国以后,再不见史籍有关鲜卑折掘氏的记载。

那么府州折氏又是从何而来的呢?由于史籍记载阙如,我们推测有两种可能:一是十六国居湟水流域的鲜卑折掘氏,到唐安史之乱前后,吐蕃势力北上,四川西北、甘南、青海的党项纷纷内徙,鲜卑折掘氏也随之迁移,最后定居于麟、府一带,改姓折氏,因其与党项诸部长期杂居,共同生活,逐渐党项化,成为党项诸部之一。

---

① 见《金石萃编》卷一一九《考释》。
② 见戴应新:《宋"折克行神道碑"考释》附碑文,载《文博》1987年第2期。又,此碑文于《金石萃编》卷一四七亦有录文。
③ 《姑溪居士后集》卷二〇。
④ 如《旧五代史》卷一二五《折从阮传》。
⑤ 见《晋书·乞伏乾归载记》。
⑥ 见拙作《魏晋十六国时期鲜卑族向西北地区的迁徙及其分布》,载《民族研究》1983年第5期。

"自唐末世有麟、府之地。"①另一种可能,则如上引《折嗣祚碑》所说:折氏祖先"武德中,诏府谷镇遏使,不改善政……"即是说,府州折氏早在唐武德年间即居府谷。后党项内徙至此,与之杂处,逐渐党项化,为党项大姓之一。

以上两种推测,很难判断哪一种说法更接近于事实;或者两种可能均有,而党项折氏并非只有府州折从阮一族。无论怎样,府州党项折氏源于鲜卑折掘氏是可信的。

这里还必须说明的是,党项折氏之源于鲜卑,并不能证明党项拓跋氏亦源于鲜卑。因为党项内徙以后,居于河套南北,与漠北及当地诸族杂居错处,有的民族(如汉、突厥、西域胡及原鲜卑诸部)逐渐融入党项之中,府州折氏就是一个最好的例证。故折氏与党项拓跋氏的族源可以说是两回事,不能混而为一。

关于麟、府党项折氏的兴起,1976年出土于陕北府谷杨家沟瑜头折氏坟园的《折继闵神道碑》中,有一段最好的记述。此碑系北宋张叔夜所撰,内记:

> 臣谨按:折氏自唐末世有麟、府之地。初,宗本为唐振武军缘河五镇都知兵马使,其子嗣伦为麟州刺史,孙从阮,从阮子德扆,相继据府谷……

内云之嗣伦为从阮父,亦即上引《折嗣祚碑》中的嗣祚,这早为前人所指出。②又前引《折渭州墓志铭》记:"……后徙河西,有号太山公者,因其所居,人争附之。李克用为晋王,知太山公可付以事,收录帐下,凡力所不能制者,悉命统之。"宋乐史撰《太平寰宇记》卷三八府州条亦记:"府州,本河西蕃界府谷镇,土人折大山、折嗣伦代为镇将。"据以上记载,知折太(大)山应即嗣伦父折宗本,唐末曾任振武军缘河五镇都知兵马使。此大山(宗本)应为史籍所见党项折氏最早的祖先,亦是折氏兴起于麟、府之始。

太山子嗣伦(嗣祚),唐末晋王李克用曾任其为麟州刺史,"累赠太子太师"③,有子五人,其三即从远(后因避后汉高祖刘知远讳,改为从阮)④。天祐七年(910年),晋王李存勖领有河、朔之地,"以代北诸郡为边患,于是升镇为府谷县。八年(911年),麟州刺史折嗣伦子从阮招回鹘归国,诏以府谷县建府州,以扼蕃界,仍

---

① 戴应新:《北宋折继闵神道碑疏证》,载《中国考古学会第一次年会论文集》。
② 《金石萃编》卷一一九《考释》。
③ 《旧五代史·折从阮传》。
④ 见前引《刺史折嗣祚碑》。

授从阮为府州刺史"①。

府、麟二州之地自唐开元以来,就是内徙党项聚居之地;唐永泰初有宜定州刺

北宋折继闵神道碑(陕西府谷县西瑜头出土)

---

① 《太平寰宇记》卷三八《府州》条。又《旧五代史·折从阮传》云:"唐庄宗初有河朔之地,以代北诸部屡为边患,起从阮为河东牙将,领府州副使。同光中。授府州刺史。"

史折磨布落等迁绥、延。到后唐初,先后有河西(河套西)党项折骄儿、折文通、折遇明、折愿庆等向后唐朝贡。特别是长兴元年十二月,后唐明宗曾"以党项折家族五镇都知兵马使折文政(《五代会要》作'折之正')检校仆射"。所谓"五镇都知兵马使",应即"沿河五镇都知兵马使",即沿河套南边五镇(具体名不详),原属振武,唐末党项折宗本(太山公)曾任此职。折文政与宗本有什么亲属关系?不得而知,其为党项折氏家族中人是无疑的。

折宗本孙从阮,自后唐建立以来一直任府州刺史、府州防御史。长兴初,从阮曾攻占契丹所占之胜州,并向后唐告捷。[1]据《旧五代史·折从阮传》记:也就在此时,从阮曾入朝后唐,"明宗以从阮洞习边事,加检校工部尚书,复授府州刺史"。后晋建立后,府州折氏曾一度归契丹统治,后因不愿迁徙辽东,降后晋[2],时晋少帝开运元年。此年,契丹借口少帝新立没有亲呈,派大军南下,少帝遣使谕府州折从阮,使之攻契丹。从阮即率军深入契丹境内,连拔十余寨。少帝即以从阮为府州团练使、检校太保,又让其"兼领朔州刺史、安北都护、振武军节度使、契丹西南面行营马步都虞候"[3]。此为党项折氏节镇之始。其目的是促从阮从契丹手中取回朔州、振武等地。

开运二年(945年)正月,后晋振武节度使折从阮攻围胜州,并进攻朔州[4];二月,陷胜州[5]。开运四年(947年),后晋为契丹所灭,原后晋河东节度使刘知远在晋阳称帝,建后汉。折从阮遂率兵南下,投归后汉。汉高祖刘知远为了进一步拉拢从阮,以对付契丹,以从阮入朝之际,置永安军于府州,析振武之胜州并沿河五镇以隶之,以振武节度使、府州团练使折从阮为永安军节度使,行府州刺史、府、胜等州观察处置等使,仍赐功臣名号,并更其名为从阮(原名从远)。[6]

后汉乾祐元年(948年),隐帝加从阮"特进、检校太师"。次年三月,从阮举族入朝;四月,隐帝以从阮为武胜军节度使(镇邓州,今河南邓县),罢永安军。五月,以原府州蕃汉马步都指挥使折德扆(从阮子)为本州团练使。[7]后汉采取的这一措施,一方面是欲借助府州折氏的势力,分镇其他地区;另一方面也有削弱折氏势力的用意在内。

---

[1] 前已叙及,此处略之。
[2] 前已叙及,此处略之。
[3] 《旧五代史》卷一二五《折从阮传》。
[4] 《资治通鉴》卷二八四,后晋开运二年正月条。
[5] 《辽史》卷四《太宗纪》。
[6] 《旧五代史·折从阮传》;《旧五代史》卷九九《汉高祖纪》。
[7] 《旧五代史·折从阮传》。

后周建立后，沿后汉的笼络政策，加封邓州折从阮为"同平章事"。①时盘踞于晋阳及代北的北汉政权，因与麟、府二州邻近，故关系至为密切。《资治通鉴》卷二九一，后周广顺二年十二月条云："初，麟州土豪杨信自为刺史，受命于周。信卒，子重训嗣。"史称杨信一族为"土豪"，似为汉族。杨信有子名杨业②，即民间传说故事《杨家将》中的杨老令公，其妻佘太君，应即府州党项折德扆之女；折，后传讹为"佘"也。③杨业时，为北汉主刘崇所抚养，故麟州刺史一职由信另一子重训继任。后周时，重训降北汉，以其兄杨业在太原也。④广顺二年十二月，重训为蕃部所攻，求救于夏、府二州，欲归后周。⑤后又转投北汉，直到后周显德四年（957年）冬，重训才以麟州降附后周。⑥麟州之地也是党项聚居地区，折氏祖先最早也曾任麟州刺史。麟、府两地邻近，杨氏与折氏关系密切，世为姻亲；后周时，两者虽各投一主，但最后全部归附于后周。

府州折氏既然早已归附后周，自然与北汉政权是势不两立的。广顺二年初，北汉曾遣军攻围府州，德扆与巡简使李处稠等杀北汉军二千余人。接着，又出兵攻占北汉岢岚军（今山西岚县北），斩岢岚军使张德仁、十寨都指挥使苏审等，并遣军于岢岚军守御。⑦同年十一月，后周庆州北党项野鸡族掀起反抗刺史郭彦钦暴政的斗争。后周徙已调为陕州节度使的折从阮为邠州节度使，以围剿党项野鸡族。这次"讨伐"，前已详述，不赘。广顺三年十二月，府州防御使折德扆曾击退了北汉将乔赟的一次进攻。⑧

到后周显德元年（954年）五月，府州折德扆率州兵到京师朝见，世宗为进一步拉拢德扆，对付北汉，遂复置永安军于府州，以德扆为节度使。这样，折氏父子俱领节镇，"时人荣之"⑨。可是，这可惹恼了与府州邻近的夏州节度使李彝殷，彝殷自恃夏州自唐末以来即为节镇，世代相袭，而晚出的、小小的府州折氏如今也为节镇，因此，耻与之并列。显德二年初，彝殷拒绝府州使者过夏州境入朝于后周。事为周世宗所知，问计于宰臣，宰臣答称："夏州边镇，朝廷向来每加优借，府

---

① 《旧五代史·周太祖纪》。
② 见《宋史》卷二七二《杨业传》。
③ 《金石萃编》卷一四七《考释》。
④ 参见《余嘉锡论学杂著》内《杨家将故事考信录》，北京：中华书局，1963年，第444页。
⑤ 参见《余嘉锡论学杂著》内《杨家将故事考信录》，北京：中华书局，1963年，第444页。
⑥ 《资治通鉴》卷二九三，后周显德四年十月条。
⑦ 《册府元龟》卷三六〇《将帅部·立功十三》；《资治通鉴》卷二九〇，后周广顺二年二月条。
⑧ 《资治通鉴》卷二九一，后周广顺三年十二月条；《册府元龟》卷四二〇《将帅部掩袭》。
⑨ 《宋史》卷二五三《折德扆传》。

州褊小,得失不系重轻,且宜抚谕彝兴(即彝殷),庶全大体。"但是,周世宗却认为:"德扆数年以来,尽忠戮力以拒刘氏(北汉),奈何一旦弃之!且夏州唯产羊马,贸易百货,悉仰中国,我若绝之,彼何能为!"从世宗这番话中,知夏州地贫瘠,唯产羊马,很多日常生活用品都要仰仗内地。世宗看到了折氏的忠心,故宁绝夏州,也要扶府州。结果,世宗遣供奉官齐藏珍赍诏书责夏州,"彝兴惶恐谢罪"①。此年冬,任邠州节度使的折从阮年老,上章请代,赴京师途中病卒,年六十四岁,制赠中书令。②

显德三年左右,德扆率军攻下北汉河市镇(在胜州附近),杀北汉军五百余人。同年,入朝,以弟德愿权知州事,并请迁内地。周世宗以其素得蕃情,不许。四年(957年)五月,权知府州事折德愿又败后汉军于夹谷寨(一作"沙谷寨"),斩其将郝章、张钊。③

北宋建立后,府州折氏又附北宋。德扆卒于北宋乾德二年(964年),时年四十八。其子御勋知府州,世代相袭,一直到南宋建炎二年(1128年)折氏后代折可求以府州降金为止。

最后,将折氏世系列表如下:

唐五代党项折氏世系表

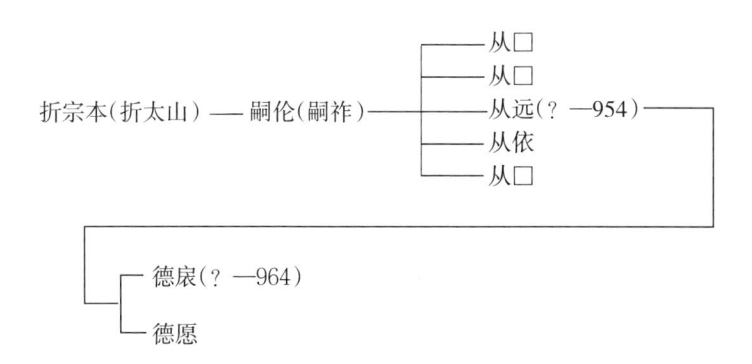

```
                            ┌── 从□
                            ├── 从□
折宗本(折太山) ── 嗣伦(嗣祚) ┼── 从远(?—954)
                            ├── 从依
                            └── 从□
                                   │
                                   ├── 德扆(?—964)
                                   └── 德愿
```

---

① 《资治通鉴》卷二九二后周显德二年正月条。
② 《宋史》卷二五三《折德扆传》。
③ 《宋史·折德扆传》;《册府元龟》卷四三五《将帅部·献捷二》。

下编

党项西夏论文

陕北出土三方唐五代党项拓跋氏墓志考释
——兼论党项拓跋氏之族源问题

由康兰英主编的《榆林碑石》一书，2003年10月由三秦出版社出版。此书精选了陕西榆林地区（包括一市十二个县区）现存及出土碑石、墓志700余件中的203种刊布，其中有关唐五代至宋初时居于当地的党项族墓志、碑铭甚多。本文则仅就第一次公布的三方党项拓跋氏墓志进行考释，从而就党项拓跋氏族源、迁徙、世系及有关历史地理诸问题，发表一些看法，以求证于方家。

一、拓跋守寂墓志

第一方墓志为《拓拔（跋）守寂墓志》[①]，唐开元二十五年（737年）八月十八日立石。1965年出土于横山县韩岔乡元岔洼村。"墓志青石质。盖呈盝顶式，边长90厘米，宽90厘米，厚10厘米。盖文篆书：'唐故拓拔（跋）府君墓志铭'九字，顶面周边刻宝相花，四杀刻四神流云纹。志石正方形，长90厘米，宽90厘米，厚10厘米。志文35行，满行36字，楷体中偶尔间以草体字。四侧刻十二生肖间宝相花纹。另志盖阴面刻志文13行，行13字，正书。"[②]以下参以墓志拓本图片及《榆林碑石》录文（第224—225页）分段重录（文内所加"│"号是指原碑文原件每行之末尾）并考释如下：

  大唐故特进、右监门卫大将军、兼静边州都督、西平郡开国公拓拔（跋）公墓志　并序
  朝散大夫、使持节、都督夏州诸军事、守夏州刺史、上柱国郑宏之撰
  公讳寂，字守寂，出自三苗，盖姜姓之别。以字为氏。因地纪号，世雄西平，遂

[①] 按：《榆林碑石》定名为《拓拔（跋）寂墓志》欠妥，因志文云"公讳寂，字守寂……以字为氏"；唐代文献也称其为"拓拔（跋）守寂"。
[②] 《榆林碑石》，第51页。

为郡人也。因连要服,」气蕴金行,俗尚酋豪,力恃刚悍,载炳前史,详于有隋。

此段对墓主拓跋守寂之族属、族源记叙甚明,志云其"出自三苗,盖姜(古与"羌"字通)姓之别""世雄西平"。《隋书》《北史》《通典》及两《唐书》的《党项传》中,多云其为"党项羌",记其为"三苗之后",或云汉西羌之别种(遗种)也。所谓"三苗之后",系因汉代史籍称西羌"出自三苗,羌姓之别也";又云西羌"性坚刚勇猛,得西方金行之气焉"①,故志云其"气蕴金行……力恃刚悍"。汉代西羌原居地在今青海湖东河曲一带;西平,汉魏以来之西平郡,治今青海西宁,故志有"世雄西平","遂为郡人"之说。因该地远离京畿之地,按古代"五服"之说,系连要服之荒服之地。关于西羌历史,自汉以来记载颇多,而党项之兴在北周末至隋代,即志所云党项羌(包括拓跋氏)"载炳前史,详于有隋"。

名王弥府君洎附,授大将军、宁府君矣。时」逢季代,政乱中原,王教不宣,方贡殆绝,天降宝命,允归圣唐。追仪凤年,公之」高祖立伽府君,委质为臣,率众内属。国家纳其即叙,待以殊荣,却魏绛之协和,美由余之」入侍。拜大将军、兼十八州部落使,徙居圊阴之地,则今静边府也。曾祖罗胃府君,不殒」其名,昭乎前烈,允宗守业,保族勤邦。拜右监门卫将军、押十八州部落使,仍充防河军大使。」祖后那府君,信以出言,功高由志。莫非嘉绩,褒德备洽于朝恩;抚有余人,建牧以崇其都」府。拜静边州都督,押淳、临等一十八州部落使、兼防河军大使,赠银州刺史。

志此段追叙守寂祖先事,多有与史籍记载相合及证补之处。守寂远祖"名王弥府君",应即《隋书》卷八三《吐谷浑传》所记,隋开皇八年(588年)吐谷浑"名王拓拔(跋)木弥请以千余家归化"中的"拓拔(跋)木弥"。时党项大部分为吐谷浑所统属,木弥为其"名王"之一,因吐谷浑可汗夸吕常以喜怒废杀太子,故国中乱,木弥即欲率部附隋。然而,隋文帝以"朕之抚育,俱以仁孝为本"为由,拒绝派兵马应接②。据墓志,知木弥降隋已成事实,且被封"大将军",与开皇四年(584年)诣旭州(治今甘肃临潭附近)降隋之党项拓跋宁丛封为大将军同③。拓跋氏,为党项八部中最强的一部,以姓氏为部;弥,当为木弥之省译,与党项自称或吐蕃对其称呼"弥药""木雅"(Minyg)有关。

---

① 《后汉书》卷八七《西羌传》。
② 《隋书》卷八三《吐谷浑传》。志文所云"宁府君",可能为部内对其之尊称,非唐官爵名。
③ 《隋书》卷八三《吐谷浑传》。

接着，墓志云"时逢季代，政乱中原……天降宝命，允归圣唐"一段，是说隋末天下大乱，群雄并起，边疆少数民族朝贡断绝，唐朝则应运而立。到唐高宗仪凤年间（676—679年），守寂高祖拓跋立伽"率众内属"，唐朝"待以殊荣"；志文接着以春秋时晋国魏绛和戎狄，及由余降秦国而开地千里之典故，褒扬立伽附唐之举。志所云"内属"，应非仅指降附而已，而是指其由原居地（今青海以东、甘南和四川西北）辗转内迁至关内道北部（今陕西北部）。诚如墓志所云：唐拜立伽为"大将军、兼十八州部落使，徙居囿阴之地，则今静边府也"。事实上，原居于今青海湖东南、甘南、四川西北等地的党项部落（包括拓跋部）早在唐初已纷纷附唐，唐设羁縻府州以统之。到贞观末年，由于吐蕃势力北上，党项为其所逼，纷纷开始内迁，高宗仪凤至永隆（680—681年）时，达到高潮①。从立伽"兼十八州部落使"职看，其率有十八个党项拓跋氏部落，且每一部已设一羁縻州。而守寂一族从守寂祖后那始任静边州都督府都督一职，且一直统"十八部落"，因此守寂一族的内迁与唐所设党项羁縻府静边州都督府有密切之关系。据《新唐书》卷四三下《地理志》记："静边州都督府"下注："贞观中置，初在陇右（属松州都督府），后侨治庆州（治今甘肃庆阳）之境"②。"领州二十五"。从志可知，唐仪凤时，因拓跋立伽"内属"，党项拓跋氏十八部落又从庆州一带内迁到"囿阴"，也即守寂去世时开元末之静边州都督府地。

"囿阴"，应如《榆林碑石》前言所说：古囿水，指今无定河，而非秃尾河；则囿阴系泛指今无定河南之地（水南为阴）。又《旧唐书》卷三八《地理志》银州条记："静边州都督府，旧治银川郡（即银州，天宝时改此名）界内，管小州十八。"关于唐银州治所，过去有多种说法，据《榆林碑石》载唐咸通九年（868年）《李公政墓志》，可断定在今横山县党岔乡一带，古城遗址已找到③。而此志云守寂葬于"银州儒林县新兴乡招贤里欢乐平之原"，儒林县为银州治所，守寂葬地在今横山县无定河南韩岔乡元岔洼村，此地与银州治所党岔紧相邻，相距30多公里，在其西南，应为儒林县西一个乡（新兴乡）。也即是说，唐代的囿阴在今无定河南，银州治所在横山党岔，而侨置于银州的党项拓跋氏十八部为主的静边州都督府治所，在今横山韩岔乡一带。因守寂志出土，补证和解决了上述历史地理方面的问题，也一大收获也。

又《新唐书·党项传》记：在唐永泰元年（765年），郭子仪以散处在盐（治今陕西定边）、庆等州的党项、吐谷浑易为吐蕃所胁迫，"表徙静边州都督、夏州乐容等

---

① 见拙著《唐代党项》，西安：三秦出版社，1988年，第27—28页。
② 《资治通鉴》卷二二〇，唐肃宗乾元元年（758年）胡三省注亦云："贞观以后，吐蕃浸盛，党项拓跋部畏逼，请内徙，诏庆州置静边军州处之。"
③ 见《榆林碑石》，第239—240页。

六府党项于银州之北、夏州之东……以离沮之"①。即是说,静边州都督府在永泰元年又由银州西之新兴乡北迁至银州之北。过去对上引《旧唐书·地理志》云银州静边州都督府"旧治银川郡界内,管小州十八"一句难以理解,据志即可释然。原来,在唐永泰元年前,静边州都督府治银州儒林县新兴乡(今韩岑乡),领守寂一族之党项拓跋氏十八个部落所置之州;此年后,府治迁于银州之北,且府属州已达"二十五州"(《新唐书·地理志》详列此二十五州名)。因此志之出土,党项拓跋氏部迁徙的时间及地点等历史大致有了一个清晰的线索。

墓志以下叙守寂曾祖罗胃、祖后那继承立伽之业。唐拜罗胃为"右监门卫将军、押十八州部落使,仍充防河军大使"。右监门卫将军,设置于龙朔二年(662年),二员,从三品,协掌宫城禁卫及门籍等事。罗胃任此职当为员外置,且为虚衔。押十八州部落使、防河军大使,均为唐朝专为管理少数民族所设官职名,所谓"防河军大使"中"河",应为今无定河。后那则唐"拜静边州都督,押淳、恤等一十八州部落使、兼防河军大使,赠银州刺史",此为守寂一族正式为静边州都督之始,内"淳、恤等一十八州部落使"内之"淳、恤"二州,均在《新唐书·地理志》所列静边州都督府所统"二十五州"名之内。所"赠银州刺史",当为后那卒后所追赠。以上两人均不见于史籍,可补史之阙。

> 考思泰府君,文|武通才,帅师为任,光有启土,莫之与京。拜左金吾卫大将军、兼静边州都督防御使、西平郡开|国公。会朔方不开,皇赫斯怒,周处则以身殉节,毕万乃其后克昌。赠特进、左羽林军大将|军。

守寂父思泰,据《册府元龟》卷九七四记:"九年六月丁酉,制曰:念功之典,书有明训,赠终之数,礼著彝式。党项大首长(《全唐文》卷一六作'大首领')、故右监门卫将军、员外置同正员、使持节、达、恤等一十二州诸军事、兼静边州都督,仍充防御部落使拓跋思泰(原作'拓跋思泰',据《全唐文》改),顷者,戎丑违命,爰从讨袭,躬亲矢石,奋其忠勇;方申剪蕺之勋,俄轸丧元之痛……可增特进、兼左金吾卫大将军。赐物五百段,米粟五百石。仍以其子守寂袭其官爵。"关于此制年代及史实,前人已有研究②。九年,指开元九年(721年),时六胡州爆发以康待宾为首的反唐战争,守寂父思泰率部众"讨袭",战死,故唐朝颁此制以予封赏,并以其子守寂袭官爵。此事与守寂志

---

① 《新唐书》卷二二一上《党项传》。
② 韩荫晟编:《党项与西夏资料汇编》(上卷,第 2 册),银川:宁夏人民出版社,1983 年,第 654—655 页;上引《唐代党项》,第 41—42 页。

记载相合,但制与墓志相校,仍有许多相异之处。

思泰原袭其父后那之官爵名似应以制所记为确,而守寂志所记"左金吾卫大将军……"等官爵,应如制所记,为其战死后所封赠。而制云思泰所领"达、恤一十二州诸军事"则误,应如墓志所记为"淳、恤等一十八州部落使"或"持节诸事"。达州,不在上引《新唐书·地理志》静边州都督府所属"二十五州"之内。墓志记思泰战死后,用西晋周处率军镇压关中以氐族齐万年为首之起事而战死、春秋时晋国毕万孙魏绛和戎立功而子孙昌盛之典故,来昭示思泰战死后其子孙将繁昌。唐朝追赠思泰之官爵似应以制文为确,但其中"开国公"爵号似也在此时追赠①。

公即西平公之元子也。丕承遗训,嗣有令绪,造次必形于孝悌,成功不倦于诗书。起家袭｜西平郡开国公,拜右监门卫大将军、使持节、淳、恤等一十八州诸军事、兼静边州都督,仍充防｜御部落使。寻加特进,幹父蛊也。性无伐善,乐在交贤,果于用兵,敏于从政,立礼成乐,殚见洽闻,｜固不学而生知,岂师逸而功倍。方将藩屏王室,缉熙帝载,此志不就,彼苍谓何?春秋卅,以开元｜廿四年十二月廿一日寝疾,薨于银州敕赐之第。诏赠使持节、都督灵州诸军｜事、灵州刺史;赙物一百五十段,米粟一百五十石,应缘丧葬所在官供,遵朝典也。粤明年八月｜十八日,护葬于银州儒林县新兴乡招贤里欢乐平之原,安吉兆也。

墓志此段为"西平公(思泰)之元子"守寂事绩,多为一般墓志之溢美之词。其官爵中"右监门卫大将军",已为正三品,其余与父同。又唐林宝撰《元和姓纂》卷一〇拓跋氏条,记有"开元后,右监门大将军、西平公,静边州都督拓跋守寂",与志相合。其卒于开元二十四年十二月二十一日,年30岁,次年葬于"银州儒林县新兴乡招贤里欢乐平之原"(今横山县韩岔乡元岔洼村);丧葬所用均按唐朝制度由官府供给。其后之追赠号,又见于《唐会要》卷一〇谥法下"勇",内有"赠灵州都督拓跋守寂",可补证墓志。

亲太原郡太夫人王氏,｜居妇则智,在母能贤,秉义申黄鹄之诗,均养布鸤鸠之德。礼存暮哭,表敬姜以无私;痛结夜□,｜知元伯之有待。弟游击将军、守右武卫翊府右郎将,员外置宿卫,赐紫金鱼袋、助知检校部落｜使守礼,为子以

---

① 见下引志文云其:"起家袭西平郡开国公"。

孝，为弟以恭，禀教义而修身，践忠信而为宝。岳典列侍，鸿雁断联翩之行；肱被⏐不同，鹡鸰绝急难之望。嗣子朝散大夫、守殿中省尚辇奉御，员外置同正员，使持节、淳、愢等一⏐十八州诸军事、兼静边州都督防御部落使，赐紫金鱼袋、西平郡开国公曰澄澜，年在童丱，貌⏐是诸孤，匪莪伊蒿，衔愢何怙。有异母女弟，未行他族，贞心如玉，秀色方春，临兄之丧，过制成毁，⏐前凶谅只，后祸仍臻，一夕之间，二旐齐举，友爱天至，感伤人伦。叔父朔方军节度副使、并防⏐河使、右领军卫大将军、兼将作大匠兴宗，材略纵横，器宇瓌硕，强学由其待问，制胜所以绥边。⏐入总工徒，出司戎旅，位将时并，名与功偕。及公之痛告驰闻，而叔以星言戾止，窥其阘户，气⏐尽良图。抚柩长号，庚衮切成人之念；披林罢啸，阮咸谢贤士之俦。悲夫! 兄之云亡，或征兰梦；妹⏐也何酷，凋兹蕣华。虽古之一似重忧，昌加于此，宏之以义则长为邪! 且邻他日推怀，相期有素。⏐

志记"亲太原郡太夫人王氏"，为守寂母，思泰妻，从姓氏看，似为汉族。《通典》卷三四《职官一六》记："三品以上母妻为郡夫人"，加太夫人则为母，思泰父子均官为三品，故王氏为"太原郡太夫人"，太原为所加之邑号。守寂弟名守礼，按汉族习俗为"守"字辈。其官爵"游击将军（武散官，五品下）、守右武卫翊府右郎将，员外置宿卫"；守，唐制指散位低而职事高曰守，右武卫翊府为唐禁军指挥机构，下属有中郎将、左右郎将等职，员外置宿卫，即官员定员（正员）外所设，仍参与宿卫。守寂嗣子名澄澜，不见史籍记载。过去有学者认为守寂子是《新唐书·党项传》记永泰元年"召静边州大首领、左羽林大将军拓拔（跋）朝光等五刺史入朝"中的"拓拔（跋）朝光"[1]，看来此说误也。澄澜除袭父守寂官爵外，有"散朝大夫（从散官，从五品下）、守殿中尚辇奉御（从五品上）"等官爵，守寂卒时，其年幼，故袭爵高而职低。

值得注意的是，志记守寂叔拓跋兴宗，《全唐文》卷三〇一收录其表文三件，仅记云："兴宗，玄宗时人。"韩荫晟编《党项与西夏资料汇编》上卷第一部分收录兴宗三表，仅能疑兴宗为党项族人[2]，得此志可解兴宗世系之谜。据志称，兴宗为守寂叔，思泰异母弟。《全唐文》所收其三表文，均为《请致仕侍亲表》，内云其母"谯郡太夫人曹氏，今八十有四"，"然曹氏有臣，更无他子，臣才齠龀，父已背亡"（第一表）；又云"以蕃夷之贱品，邈冠冕之清流，身带三印，爵封五等，入践命卿，

---

[1] 冈崎精郎：《タソグート古代史研究》，東洋史研究叢刊之二十七，東洋史研究會發行，1972年，第42—43頁；上引《唐代党项》从之，见该书第49页。

[2] 见该书第156—159页。

出为副将"(第二表);"而臣又不幸,愚子供奉官、右威卫郎将守义近亡"(第三表)等。三表均为恳请朝廷准允停官返故里,侍奉老母,语意恳切,孝道弥著。据韩荫晟考证,三表约书于天宝五六载(745—746),距守寂卒后约10年。志文所记兴宗官爵,与表文所叙大致相符。如表文所谓"身带三印",即志记的"朔方军节度副使、右领军卫大将军(正三品)、将作大匠(从三品)三印";"出为副将",指其任朔方军节度副使一职而言。唐朔方节度使治灵州(治今宁夏吴忠西),故兴宗再三提出返故里侍奉老母。兴宗早亡之子"守义",与守寂、守礼均为"守"字辈。从后那至守寂,其族常与汉族士族通婚,其汉化程度日益加深。

其余志文多为记载上述守寂母、弟、子、叔之品德,及因守寂亡后之哀痛之情。特别是守寂未出嫁之异母女弟(妹),甚至因哀伤过度而亡。

东道为主,尝接二疎之游;两候聆音,遽轸九原之叹。孰传不朽,是托斯文。铭曰:丨三苗之胤,惟姜有光。五代返本,复昌于唐。高门长戟,列土封疆。引续不替,嘉谟孔彰其一。世笃忠丨良,施于孙子。玉质豪族,金章贵仕。允武乃文,藏晖通理。如何不淑,宛其死矣其二。亲哀子夭,弟痛丨兄亡。妹也灭性,叔兮增伤。连枝溢尽,异史齐芳。有美不颂,其名孰扬其三。

洛阳县尉郑崿为之书

志文铭内,再次申述其族系"三苗之胤,惟姜(羌)有光",即源于西羌;所谓"五代返本,复昌于唐",经立伽至守寂恰好五代,故有此说。其余为一般墓志铭中常见之颂扬、溢美之词。

守寂墓志还有区别于唐代墓志特别之处,即墓主卒,墓志镌刻完后,朝廷又有追赠官爵之事,于是只好在刻好的志盖阴面又刻上阴文:

门下故特进、兼右监门卫大将军、丨员外置同正员、持节淳、恓等十八丨州诸军事、兼静边州都督、防御部丨落使,赠使持节、都督灵州诸军事、丨灵州刺史、上柱国、西平郡开国公丨拓跋守寂,业继英豪,志怀忠烈,绥丨其种落,扞我边垂,岁序滋深,勋庸丨益著。生而懋赏,既洽于荣章;没有追丨崇,更优于宠数。宜增上卿之位,以丨饰重泉之礼。可赠鸿胪卿,仍令夏州丨刺史郑宏之充使监护,主者施行。丨

开元廿五年八月一日

志石刊了,加赠鸿胪,故镌之于盖丨

夏州刺史郑宏之，即此志之撰文者，所谓"仍令"其充使监护，说明守寂丧葬"所在官供"，亦由郑宏之监护。加赠之"鸿胪卿"为九卿（上卿）之一，从三品，掌宾客凶仪及册诸蕃事。

最后，据此志及文献，将守寂一族世系列表如下：

党项拓跋守寂一族世系表

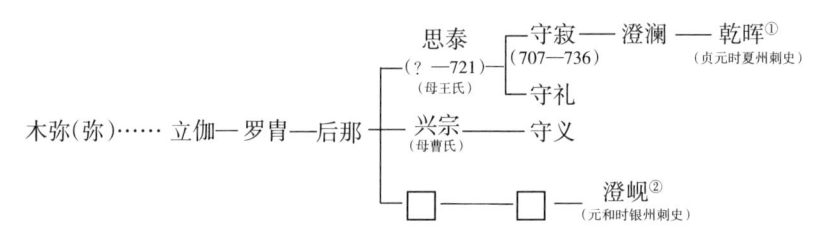

```
                        思泰 ─┬─ 守寂 ── 澄澜 ── 乾晖①
                      (?—721) │ (707—736)      (贞元时夏州刺史)
                       (母王氏)│
                              └─ 守礼
木弥(弥)……立伽─罗胄─后那─┤
                        兴宗 ──── 守义
                      (母曹氏)
                              ┌─ □ ── □ ── 澄岘②
                              └                (元和时银州刺史)
```

二、李仁宝墓志和破丑氏夫人墓志

第二方墓志为《李仁宝墓志》，后晋开运三年（946年）二月五日立石。出土时间不详，出土地为榆林市榆阳区红石桥乡拱盖梁村。"盖、志砂石质。盝形盖，边长各64厘米，厚13厘米。盖面楷书3行，行3字：'故陇西李公墓志之铭'。杀面阴刻八卦图。志石方形，边长各64厘米，厚11厘米。志文楷书30行，行36字。盖面有多道錾刻痕"③。

依上叙体例，录文并考释如下：

> 大晋绥州故刺史、金紫光禄大夫、检校太保、兼御使大夫、上柱国李公墓志｜铭并序
>
> 银州防御判官齐峤撰
>
> 公讳仁宝，字国珍，乃大魏道武皇帝之遐胤也。自｜仪凤之初，迁居于此，旅趋辇毂，便列鹓鸿，或执虎符，或持汉节者，继有人也。以唐中和之岁，｜国家多难，圣主省方。又闻骨肉之间，迥禀英雄之气，长驱骁锐，却复翠华。厥立奇功，｜果邀异宠，遽分茅土，遂赠姓焉。七八十年，四五朝矣。山河远大，门族辉

---

① 《新唐书》卷二一六下《吐蕃传》记贞元二年（786年），"吐蕃攻盐、夏，刺史杜彦光、拓跋乾晖不能守……"此拓跋乾晖，《元和姓纂》卷一○云其为守寂孙，时任银州刺史。贞元时任夏州刺史。
② 《元和姓纂》卷一○记有守寂侄澄岘，"今（元和时）任银州刺史，但不知为谁之子，故另列示之。
③ 《榆林碑石》，第81页。

后晋李仁宝墓志铭并盖(陕西榆林市榆阳区红石桥乡拱盖梁村出土)

华,莫可比乎,孰能加│也。曾祖副叶,皇任宁州、丹州等刺史,金紫光禄大夫、检校司空、兼御史大夫、上柱国拓跋副叶。│祖重遂,皇任银州防御度支营田等使、金紫光禄大夫、检校太保、兼御史大夫、上柱国│李重遂。考思浻①,皇任定难军左都押衙、银青光禄大夫、检校工部尚书、兼御史│大夫李思浻。

志云党项李仁宝一族,也即党项拓跋氏部落,"自仪凤之初,迁居于此",与上述拓跋守寂墓志所记相同,不申释。然而,此志云仁宝一族系"大魏道武皇帝(拓跋)之遐胤",即源于曾建北魏之拓跋氏鲜卑,与上述守寂墓志记载迥异。关于此,下面将专门讨论。志以下云"以唐中和之岁……遂赠姓焉"一段,系指中和年间(881—885年)黄巢起义军占领长安后,时任宥州刺史的党项拓跋思恭率军助唐,②因攻克长安有功,唐封之为夏州节度使(定难军节度使),赐姓李,为北方一藩镇。由唐,历经后梁、后唐,到仁宝时的后晋,共四朝,故志云"七八十年,四五朝矣"。

志称仁宝之曾祖名拓跋副叶,显系在唐中和年以前在世,即在赐姓之前;其官爵位很高,以当时而论似不可能,显系以后所追赠。其祖李重遂,已改姓为"李",即其在中和年赐姓后仍健在。按近年来在内蒙古乌审旗纳林河排子湾出土一批五代至宋初党项拓跋氏(李氏)的墓志,内有一方《李彝谨墓志》(后周广顺二年,即952年立石),内云其"曾祖讳重建,皇任大都督府安抚平下番落使。祖妣破丑氏,累赠梁国太夫人。祖讳思□,皇任京城四面都统教练使,累赠太师。祖母梁氏,封魏国太夫人。烈考讳仁福,皇任定难军节度使,累赠韩王……公即韩王第二子也"③。如按上述守寂墓志所述,党项拓跋氏至少在唐开元末守寂一族起,其子孙即以字辈排列。如此,则彝谨曾祖李重建,当与仁宝祖李重遂同辈;其祖思□,从官爵及字辈看,即拓跋思恭,与仁宝父思浻同辈;其父李仁福,新、旧《五代史》有传,与仁宝同辈。此两志不仅解决了长期困扰学界关于李仁福的世系(即是否为思恭子)问题④,而且使唐末至五代夏州党项拓跋氏世系逐渐明晰起来。

---

① 《榆林碑石》录文"?"字未识出,对照墓志拓本图片,此字出现两次,两者相校,此字应为"浻"(同"沿"字)。
② 史籍记思恭率军攻长安之前,有任"夏州将""夏州偏将"(《新五代史·李仁福传》等),或云"宥州刺史"(《资治通鉴》卷二五四)等多种说法。据《榆林碑石》收录的《白敬立墓志》(唐景福二年卒)记:"泊乾符年,大寇长安,僖宗卜省自巴蜀,王(思恭)自宥州刺史率使府校……"则思恭原为宥州刺史确。
③ 邓辉、白庆元:《内蒙古乌审旗发现的五代至北宋夏州拓跋氏部李氏家族墓志铭考释》,《唐研究》(第八卷),北京:北京大学出版社版,2002年,第384页。
④ 《旧五代史》卷一三二李仁福传)和《新五代史》卷四〇《李仁福传》均未记仁福与思恭是什么关系,后者甚至说:"李仁福,不知其世家";"不知其于思谏(思恭弟)为亲疏也"。《李彝谨墓志》则明言仁福为思恭子,解决了这一问题。但也有学者不同意此说。

公浑金重德,□大奇材,风神雅而绪柳一株,器度广而黄陂万|顷。体唯温克,性本善知,诉公之说直难同,治乱而经纶少比。天边一鹗,谁知骞|鷟之程;雪里孤松,可辨岁寒之操。郁为时彦,宛是人龙,高持谨愿|之风,显著忠贞之誉。故虢王睹其节,举以才能,遂署职于军门,颇|彰勤绩。俄分符于属郡,甚有嘉声。莫不洞晓鱼钤,深明葛阵,行驱隼璪,坐|镇雕府。张堪任蜀之年,尤同善政;侯霸临淮之日,可类清名。朝廷以久立边功,爰|加宠命,布龙纶于碧落,降钿轴于丹墀。累转官资,继颁爵秩,位崇保傅,权计惨舒。而又逢存亡进退之机,知崇辱成败之理,求归别墅①,获替府城。朝辞鹊印鱼符,暮|入云峰烟水,自怡情性,独纵优游。张平子月下秋吟,陶静节篱边醉卧,功成名遂,无|以比焉。方显绮季连衡,株松等寿②,岂意忽萦疾疹,便□膏肓,问神之心绪徒施,|洗胃之功夫漫误。重泉忽往,逝川不回,呜呼!皓月韬光,德星沉彩,即于开运二年十月|二十八日薨于坂井旧庄,其享也七十二矣。兰台之数,酒香空在;鼎钟之间,望犹新(下阙一字)。莫不内外悲伤,家帮痛惜,九族洒阑干之泪,六亲兴□郁之怀。诸夫人目断幽|津,遽失和鸣之响;儿女等愁生于白昼,莫闻庭训之言。结恋何穷,重泉永隔,即于|开运三年二月五日,祔葬于先祖陵阙之侧也。临云淡淡③,如资怆恨之容,春草萋萋,似动悲凉之色。今以唯亏梦笔,固昧知人,素无黄绢之辞,兼白眉之誉。遗遵|请志,聊敢涤濡。

"公"即墓主仁宝,以下即多为誉其才德之词。内云"故虢王者见其节概"的"虢王",即任定难军节度使之李仁福。《旧五代史》卷一三二《李仁福传》记仁福"自梁贞明、龙德及后唐同光中,累官至检校太师、兼中书令,封朔方王。长兴四年(933年)三月,卒于镇。其年追封虢王。"仁宝卒于后梁开运二年,故志称仁福为"故虢王"④。志文下记仁宝"俄分符于属郡,甚有嘉声",又用西汉时任蜀郡太守的张堪、王莽时任淮平大尹的侯霸治理当地有能名的典故,称赞其治理地方之业绩。然而志文却未记其具体官职,这在一般墓志中较为少见,仅在志首有其任"绥州刺史"等职名,袭爵高而职位低,且一直未有超迁,而后又去职。这正如志所云,仁宝喜"自怡情性,独纵优游",欲效法"张平子(张衡)月下秋吟,陶静(靖)节(陶渊明,私谥号'靖节')篱边醉卧"。其卒于后晋开运二年十月二十八日"坂井旧庄",享年

---

① 《榆林碑石》录文"求"字作"友"误。
② 同上书录文"株"字未识出,据图片补之。
③ 同上书录文"临"字未识出,据图片补之。
④ 上引《李彝谨墓志》记李仁福为"韩王",应如上引邓辉文所说,"乃为避后周郭氏之讳,而易'虢'为'韩'"。

72岁。"开运三年二月五日祔葬于先祖陵阙之侧也",即今榆林市榆阳区红石桥乡拱盖梁村,在无定河北。也即是说,此地为其族葬地,相信今后这里将有更多的李氏墓葬被发现。

其铭曰:勋绩早著,德望弥高。明彰露冕,惠美投醪。｜孝敬谁同,忠贞少比。价捏龙须,名光凤尾。善驱五马,能抚辱城。霭然令问,｜郁矣嘉声。时谓栋梁,民歌襦袴。□赖居房①,何□叔度。望□竹帛,身退园林。｜事同往哲,年过从心。方乐优游,忽萦疾恙。良药无征,重泉可怆。□天坠月,｜太华摧峰。露沾香蕙,风折乔松。内外兴悲,亲姻聚泣。隙驹□征,逝川□急。｜令嗣痛裂,九族凄凉。遗爱徒在,列宿韬光。梦勿堪嗟,丘轮不测,聊刊贞珉。｜

此为一般墓志铭赞扬墓主生前事绩及亲友哀痛之情,不再申释。唯其志盖楷书三行:"故陇西李公墓志之铭",此将党项李氏的籍贯又书为"陇西李氏";显然党项拓跋氏因赐姓李,与唐帝室李渊一族同姓,故也改为李渊一族籍贯陇西,由此也可见当时攀附门第、籍贯及祖先之风的盛行。

第三方墓志为《破丑氏夫人墓志》,后唐长兴元年(930年)十月十九日立石。近年来出土于榆林市榆阳区红石桥乡拱盖梁村。志"砂石质。盝形盖,边长各54厘米,厚16厘米。盖面无文。杀面阴刻八卦图。志石方形,边长各53厘米,厚10厘米。志文阴刻楷书16行,行19至22字不等。下边掉渣一片"②。现依前例录志文,并考释如下:

故永定破丑夫人墓志文
　　绥州军事判官、大理评事张少卿撰
三才启序,二圣垂明,既分天地之形,爰烈乾坤之像。是有｜徽音弘远,淑德播扬,慧婉早著于宫闱,贤明素彰｜于里馆,即今永定破丑氏也。夫人以元魏灵苗,孝文｜盛族,天麟表瑞,沼凤腾芳,金枝继踵于三台,玉叶姻｜联于八座。而况三从顺道,四德奉亲,崇妇礼以宅方,备母｜仪而敷训。可以千钟庆寿,百禄宜家,冀隆画荻之荣,｜光显朱门之贵。夫分虎竹,子桂龙韬,美誉之名,超｜今迈昔。夫人方以闺庭纳庆,香阁承荣,何邃疾之无愆,奄从风烛,魂随逝水,

---

① 《榆林碑石》"赖"字未识出,今据图片补之。
② 《榆林碑石》,第77页。

故永定破丑夫人墓志文

绥州军事判官大理评事张少辩撰

三才登序二圣重明既分天地之形爰烈乾坤之像延有
徽音弘远 永定播扬慧婉早著於宫阃贤明素蕴
芬里馆即今 洲德播扬慧婉早著於宫阃贤明素蕴
咸扆天麟表瑞沿凤腾芳金枝继踵芳 夫人以无魏灵苗孝文
联芳八座而况三从顺直四德奉亲崇妇礼以宅方俭乎 三台玉叶烟
光显 朱门之贵 夫令虚竹子挂龙翰闺香闻永禁何进疾之无
後而敦训可以千钟庆寿百禄宜家莫隆 孙菲孺儿女长
徽奋从风烛魂随逝川汲汲结子 成儿女长
是选择异地修筛灵宫 漠数千衡衣追送凤云
术夫失色山藏为之昏朦圆列石以留名则雕铭而不朽
其词曰 傛武凤靡 票贾英灵 才高谢灵
今迈昔一夫人方以兰庭纳庆香闻永禁何进疾之无
聪辩蔡总 六亲凤靡 四德兰馨 方隆家园 显稚儿孙
何荣疾寮 医药无感 大视俄至 将没幽冥 男寻珣
室泛残灯 一归长夜 永荆泉门 堂留旧影
寻震 寻涸 寻珪 寻慈 寻瑾

长兴元年岁次庚寅拾月辛卯朔廿玖日己酉

唐破丑氏夫人墓志铭并盖

(陕西横山县韩岔乡元岔洼村出土)

魄逐川波,恸结子孙,悲缠儿女。于|是选择异地,修饰灵宫,蕃汉数千,衔哀追送,风云|于是失色,山岳为之昏曚。固刊石以留名,则雕铭而不朽。

其词曰:传哉懿范,禀质英灵。才高谢雪,|聪辩蔡纮。六亲风靡,四德兰馨。方隆家国,显耀儿孙。|何萦疾瘵,医药无惩。大限俄至,将没幽冥。堂留旧影,|室泛残灯。一归长夜,永闭泉门。男彝瑨、|彝震、彝嗣、彝雍、彝玉、彝憨、彝璘|

长兴元年岁次庚寅拾月辛卯朔拾玖日己酉

《榆林碑石》直书此志为《李仁宝妻破丑氏夫人墓志》,然而,此志与上述仁宝志文内,均未有两人为夫妻之片言只语。而《榆林碑石》编者也未明言两志系出土于同一墓葬中,只云两志是:1994年及1996年"在打击盗掘、走私文物活动中缴获,现藏榆林城墙文管所",以及出土地点相同。但从此志撰者张少卿为绥州(治今陕西绥德)属吏,而仁宝曾为绥州刺史;破丑氏子皆为"彝"字辈,与李仁福子相同情况分析,破丑氏夫人为仁宝妻也相合。即是说,两志系出于同一墓中。如此,破丑氏比其夫仁宝早卒约16年,仁宝卒后祔葬于破丑氏墓中。

破丑氏,为党项部落,以氏为部。据两《唐书》《唐会要》等史籍载,党项最初八个大的部落内,无破丑氏,但云"雪山党项,姓破丑氏,居于雪山之下"(《旧唐书》卷一九八《党项传》);"居雪山者曰破丑氏"(《新唐书》卷二二一《党项传》);"其在贞观初,亦常朝贡"(《唐会要》卷一八)[①]。此雪山,日本学者冈崎精郎考证在松州嘉诚县(治今四川松潘)东八十里之雪山[②],此说有误;此雪山应指青海河曲之大积石山(阿尼玛卿山)[③]。也就是说,党项破丑氏部原居于今青海湖南的大积石山一带。贞观末,吐蕃势力北上,破丑氏部也随一些党项部落北迁至陇右一带。志文首行云"永定破丑氏",永定应为其籍贯(地名),上引《新唐书·地理志》记陇右道有羁縻党项的"永定州",下注云:"永泰元年以永定等十二州部落内附,析置州十五"。同书卷六《代宗纪》永泰元年二月,"戊子,河西党项永定等十二州部落内属,请置宜芳等十五州,许之"。破丑氏又称为"河西党项"[④],则永定等州内至少大部分为党项破丑氏部落,永泰元年改设之宜芳等十五州,当亦有永定州在内。又《新唐书·党项传》记,永泰元年郭子仪表徙盐、庆等州的党项、吐谷浑后,又云:"先是,庆

---

① 《册府元龟》卷九七〇记:"(贞观六年)十一月,雪山党项……并遣朝贡。"
② 冈崎精郎:《唐代に於ける党项の發展》,《東方史論叢》(第一卷),養德社,1947年。
③ 详细考证见《唐代党项》,第6页。
④ 《新唐书》卷八八《刘师立传》,内云"时河西党项破丑氏常为边患……"。

州有破丑氏族三、野利氏族五、把利氏族一……因是扰边凡十年。"由此可知,原永定等州破丑氏在庆州一带,后随宜芳等十五州迁徙,至于迁于何处?因史载阙,不得而知。正因为破丑氏主要居于永定州,故志在破丑氏夫人前加籍贯"永定"。

破丑氏夫人志文多为一般墓志颂扬贵妇人生前才德、娴淑之词。内有云其源系"元魏灵苗,孝文(魏孝文帝)盛族",即源于拓跋鲜卑。关于此,我们在下面专门讨论。志文内还有"蕃汉数千,衔哀追送"之句,说明当时夏州一带除党项、吐谷浑等族外,还有不少汉族居住其间。

最后,据以上两志及内蒙古乌审旗所出一批党项李氏墓志,参以拙著《唐代党项》原列党项拓跋氏世系表(第142页,附录一),重新将唐末至五代党项拓跋氏世系列表如下:

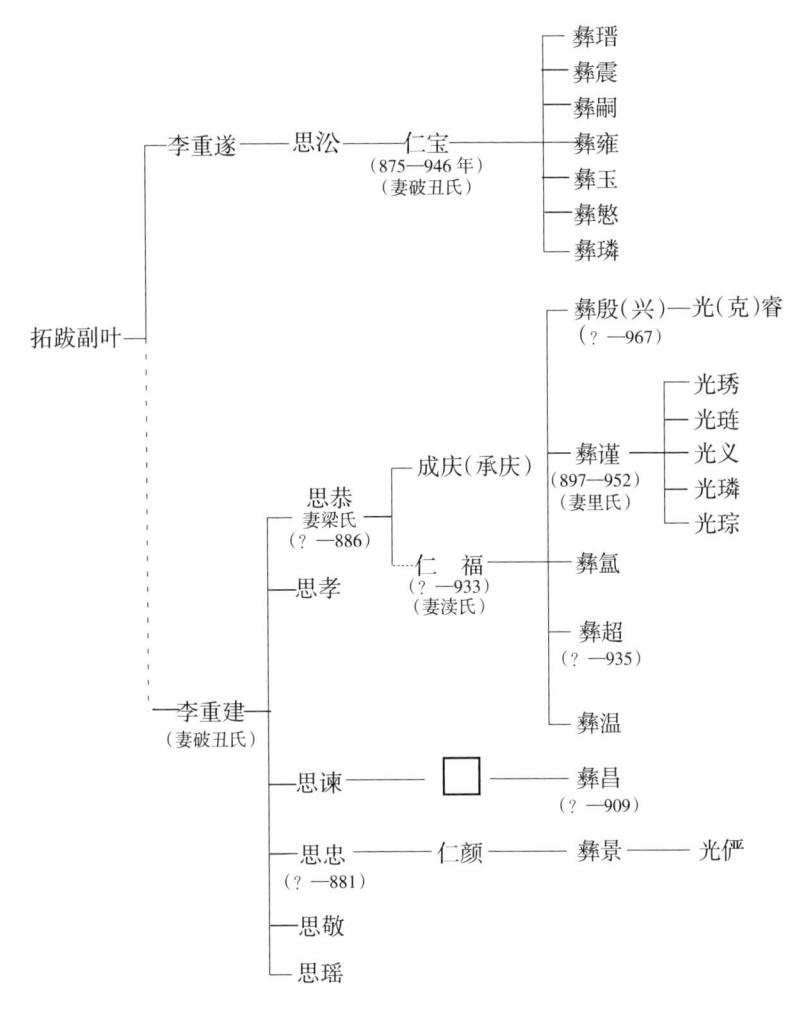

```
拓跋副叶─┬─李重遂──思浉──仁宝─────┬─彝瑨
         │                 (875—946年) ├─彝震
         │                 (妻破丑氏)  ├─彝嗣
         │                              ├─彝雍
         │                              ├─彝玉
         │                              ├─彝憨
         │                              └─彝璘
         │
         └─李重建─┬─思恭─┬─成庆(承庆)──┬─彝殷(兴)──光(克)睿
           (妻破丑氏)│ 妻梁氏│                │          (?—967)
                    │(?—886)│                │
                    │      │                ├─彝谨──┬─光琇
                    │      │                │(897—952)├─光琔
                    │      │                │(妻里氏) ├─光义
                    │      │                │         ├─光璘
                    │      │                │         └─光琮
                    │      │
                    │      └─仁福────────┬─彝氲
                    │       (?—933)      │
                    │       (妻浕氏)     ├─彝超
                    │                    │(?—935)
                    │                    │
                    │                    └─彝温
                    │
                    ├─思孝
                    │
                    ├─思谏────□────彝昌
                    │                (?—909)
                    │
                    ├─思忠──仁颜──彝景──光俨
                    │(?—881)
                    │
                    ├─思敬
                    │
                    └─思瑶
```

①关于思恭卒年,过去一般从《西夏书事》卷一及《新五代史·李仁福传》为乾宁二年(895年)。据《榆林碑石》录《白敬立墓立》文,思恭早于敬立而卒,敬立卒于景福二年(893年),志称思恭卒,其"伏枕绵年"而卒,故思恭应卒于景福元年(892年)。

②关于彝昌,《旧五代史·李仁福传》记为思恭弟思谏子(《新五代史·李仁福传》同),而《宋史》卷四八五《夏国传上》云其为思恭孙。按思恭卒,其子成庆、弟思谏相继为定难军节度使,思谏卒,当以其后代为定难军留后,以彝昌为彝字辈看,应为思谏孙,而非子。正因为年幼立,故发生政变被杀,众拥思恭另一子仁福为定难军留后。

表注:表内横线表示父子世系,竖线为兄弟并列,虚线为关系不明者。人名下括号内为生卒年。

三、关于党项拓跋氏族源问题

关于党项拓跋氏的族源(族属)问题,从历史上以来就有两种不同记载和说法,至今仍争论不休,毫无结果。一种认为党项拓跋氏源于羌族,另一种则认为源于曾建立北魏(后魏)的鲜卑族拓跋氏。由于上述榆林地区和内蒙古乌审旗的一批唐末至五代的党项拓跋氏墓志的出土,于是国内学术界纷纷撰文,认为党项拓跋氏源于元魏拓跋氏鲜卑,似乎已成定论。如上引之《榆林碑石》前言,邓辉、白庆元撰《内蒙古乌审旗发现的五代至北宋夏州拓跋部李氏家族墓志铭考释》,赵斌、尹夏清撰《榆林出土西夏皇族先祖"李仁宝墓志"》等①。他们主要引录上述《李仁宝墓志》《李彝谨墓志》《李彝筠墓志》中记叙其祖源于元魏鲜卑拓跋氏之记载,认为此三方墓志的撰写,均早于李元昊建西夏(1039年)时自称元魏后胤约50—100年,故"不能指责其'冒认''高攀'"②;或说"反映了拓跋部李氏家族出于后魏的说法不单单是李元昊本人的创造,而是一个在拓跋李氏家族中长期流传的说法。建立西夏国的拓跋部出于北魏鲜卑的传说,可能并非空穴来风,而是事有所据"③。

这看起来似乎有根有据,无可驳议;然而,事实上,前述诸墓志(包括《守寂墓志》)恰好暴露和揭示了党项拓跋氏攀附北魏皇族鲜卑拓跋氏的"马脚"及其过程。下面试加以分析:

上述《拓拔(跋)守寂墓志》撰写时代最早,系唐开元二十五年。此志撰者还比

---

① 文载西安碑林博物馆编:《碑林集刊》(七),西安:陕西人民美术出版社,2001年,第102—105页。
② 《榆林碑石》前言,第5页。
③ 上引邓辉、白庆元文:《唐研究》(第八卷),第391页。

较"老实",确切无误地说党项拓跋守寂一族源于羌,所谓"出自三苗,盖姜姓之别","世雄西平"。这是党项拓跋氏部自初唐其大酋拓跋赤辞(词)以来,因守寂父思泰卒于平六胡州"康待宾之乱"后,第二次名著于史籍。此后,经安史之乱,直到元和年间,有一些不熟悉党项历史及迁徙的文人学士,开始将党项拓跋氏与元魏拓跋(亦作"跋")氏混同。如元和时,林宝撰《元和姓纂》卷一〇拓跋氏条中,就将拓跋守寂一族与元魏拓跋氏联系在一起,云其"亦东北番也"。过去,学界为此记载争论不休,事实上《元和姓纂》一书往往将各个姓氏之来源未加清厘,捕风捉影,轻信攀附,冒认祖先,比比皆是。就如守寂一族而言,我们是应该相信开元末撰写,而今才出土的守寂墓志所记,或是确认比之晚七八十年元和时林宝所撰之《元和姓纂》一书所说,这不是十分清楚的吗?

然而,林宝《元和姓纂》之说,也并非林宝一人,且其书对后世也有一定的影响。比如到唐末中和三年(883年),正当包括党项宥州刺史拓跋思恭在内的各路大军攻围占领京师长安的黄巢起义军时,任高骈从事之新罗人崔致远代拟的《贺杀黄巢贼徒状》中说:"拓跋相公(指拓跋思恭)、东方尚书(东方逵),或力微(北魏神元帝拓跋力微)裔孙,或曼倩(西汉东方朔)余庆。"①此显然将党项拓跋思恭一族视为元魏拓跋氏之后裔,与林宝《元和姓纂》的记叙是相同的。但是,思恭因收复长安之功,赐姓李,拜定难军节度,为雄踞北方一藩镇,此应为党项拓跋氏第三次名著史籍。

也就在此之后,汉化日深的党项拓跋氏雄踞夏州,赐姓李氏,于是耻于再言其祖源于西北之戎狄——羌族,而当时又有党项拓跋氏源于阴山贵种、元魏帝室拓跋氏之说,在当时姓氏、种族攀附之风的影响下,自然就顺理成章地攀附上元魏帝室鲜卑拓跋氏为其祖先。这也就是出现在五代时党项拓跋氏(李氏)的墓志,甚至文献中,云其祖先为元魏拓跋氏后裔之由来。更有甚者,上引《破丑氏夫人墓志》甚至将党项破丑氏也系之于"元魏灵苗,孝文盛族",可见当时攀附风之炽。这恰好从另一个方面证明在这一时期党项拓跋氏以上所作所为是不足为奇的。到北宋初,李元昊建西夏政权,正式公开打出自己系元魏后裔之旗帜,在向北宋的上表中宣称:"臣祖宗本出帝胄……创后魏之初基",以证明其称帝建国之"合法性"。

但是,无论是五代时党项拓跋氏(李氏)的墓志也好,唐末以后大量文献及元昊上表也好,都不能抹去两《唐书》《通典》《唐会要》等正史、政典等记其为羌族后

---

① 崔致远:《桂苑笔耕集》(卷六),四部丛刊本,第26页。

裔的记载,更抹不掉出土于唐开元末年《拓拔(跋)守寂墓志》对自己族源于羌族的认同。因此,笔者还是那句老话:"如若没有确切的论据,党项拓跋氏源于元魏拓跋氏的说法是难以令人置信的。"①

(原载于《民族研究》2004 年第 6 期)

---

① 上引拙著《唐代党项》,第 10 页。

早期党项拓跋氏世系考辨

一

在研究党项及西夏的历史论著中,对建立西夏政权的早期党项拓跋氏世系多有论及,且附有世系表等。最早论及拓跋氏世系的,是清代吴广成撰《西夏书事》卷一,内首追记唐末宥州刺史拓跋思恭之先世,云其"始祖赤辞",赤辞有"从子思头";唐开元时,有"赤辞孙守寂";贞元中,有夏州刺史拓跋乾晖,"思恭,乾晖裔孙也"。乾宁二年(895年),"思恭子仁祐早卒,孙彝昌幼",故思恭卒,"弟思谏嗣"。开平二年(908年)"李思谏卒,思恭孙彝昌嗣"。三年,彝昌被部下所杀,众立其族父李仁福为留后。① 后唐长兴四年(933年)仁福卒,"子彝超嗣"。清泰二年(936年)彝超卒,"弟彝殷(后改名'彝兴')代"。② 宋乾德五年(967年)彝兴卒,"子光睿(后改名'克睿')权知州事"。太平兴国三年(978年)克睿卒,"子继筠嗣"。五年,继筠卒,"子继捧嗣"。③ 继捧降宋,献地。其族弟继迁(光俨子)反宋自立,后降宋,赠姓名为赵保忠。景德元年(1004年)继迁受伤卒,其"子德明嗣"。④ 明道元年(1032年)德明卒,"子元昊嗣",元昊后正式建西夏政权。⑤

以上即是《西夏书事》所拟定早期党项拓跋氏世系。在20世纪80年代后,国内研究党项族及其所建西夏政权再度兴起,出版的几部有分量和影响的西夏史论著,对党项元昊正式建立西夏政权之前,拓跋氏世系基本上沿袭了上述《西夏书事》的说法,而略有损益。如1981年四川人民出版社出版及2006年广西师范大学出版社再版的吴天墀先生撰《西夏史稿》(增订本)、1997年人民出版社出版的李蔚先生的

---

① 吴广成撰,龚世俊等校证:《西夏书事校证》,兰州:甘肃文化出版社,1995年,第5—6页、第11页、第13—14页。
② 同上书,卷二,第19页、第22页。
③ 同上书,卷三,第32页、第35页。
④ 同上书,卷八,第92—93页。
⑤ 同上书,卷十一,第130—131页。

《简明西夏史》，甚至在 2005 年由著名西夏学家李范文先生主编、集国内众多学者撰写的《西夏通史》（人民出版社、宁夏人民出版社出版），均是如此。如《西夏通史》附录一所列《党项西夏世系表》（第 689 页）对早期拓跋氏世系列表如下：

党项西夏世系表

世系		
拓跋赤辞 ——	思泰（赤辞子）——	守寂（思泰子）
朝代：唐贞观八年（634年）	唐开元九年（721年）	唐开元、天宝年间（707—736年）
官爵：西戎州都督	静边州都督	静边州都督　西平公
		容州刺史　　天柱军使
乾晖（守寂孙）——	□（乾晖子）——	思恭（乾晖裔孙）
唐贞元年间（785—805年）		唐中和元年至乾宁二年
银州刺史		（881—895年）
		定难军节度使　夏国公
思谏（思恭弟）——	仁祐（思恭子）——	彝昌（思恭孙）
唐乾宁二年至后梁	早卒	后梁开平二至三年（908—909年）
开平二年（895—908年）		定难军节度使
定难军节度使		
仁福（彝昌族父）——	彝超（仁福子）——	彝殷（彝超弟）
后梁开平三年至后唐	后唐长兴四年至清	后唐末帝清泰二年
长兴四年（909—933年）	泰二年（933—935年）	至宋乾德三年（935—967年）
定难军节度使	定难军节度使	定难军节度使（935—967年）
朔方主		
光睿（彝殷子）——	继筠（光睿子）——	继捧（继筠弟）
宋乾德三年至太平兴	宋太平兴国三年至五年	宋太平兴国五年至景德元年
国三年（967—978年）	（978—980年）	（980—1004年）
定难军节度使	定难军留后	定难军节度使
思忠（思恭弟）——	仁颜（思忠子）——	彝景（仁颜子）
唐中和元年卒	银州防御使	银州防御使
（？—881年）		
赠宥州刺史		
光俨（彝景子）——	继迁（光俨子）——	德明（继迁子）
银州防御使	（991—1004年）	（1004—1032年）
	庙号　太祖	庙号　太宗
	谥号　神武皇帝	谥号　光圣皇帝
元昊（德明子）……（下略）		
（1032—1048年）		
庙号　景宗		
谥号　武烈皇帝		

《西夏通史》所列此世系表,应是代表现今学界关于早期党项拓跋氏世系的观点。然而,过去因历史文献记载的阙如,这一世系表存在的问题较多,有些世系环节多为清人吴广成在《西夏书事》一书中的推测。事实上,据《隋书》、两《唐书》的《党项传》,党项八个大部落中,最强的"拓跋氏"部落内,也是"其种每姓别自为部落,一姓之中复分为小部落",至唐代,部落"大者万余骑,小者数千骑,不相统一"①。因此,特别是在隋末唐初,不相统一的党项各部首领偶尔出现于唐代文献中,其后文献出现的拓跋氏首领,是否即为前者的直属后裔,因无明确记述,故令人怀疑。

又自20世纪60年代以来,在陕西榆林和内蒙古乌审旗等地发现和出土了一批唐代至北宋初的党项拓跋氏贵族墓志及文物,为我们修正和补充拓跋氏世系提供了最为珍贵的资料。

因而,有必要对过去学界有关早期党项拓跋氏的世系重新审视,做一番考辨。下面将早期党项拓跋氏世系以唐末拓跋思恭为界,分为前、后两个阶段,分别进行论述。

二

上引《西夏通史》的《党项西夏世系表》是沿《西夏书事》,将守寂作为赤辞之裔孙,据史实文献补充了守寂父思泰(唐开元时),下接守寂孙乾晖,以下不明;再接唐末"思恭(乾晖裔孙)"。李蔚《简明西夏史》此段拓跋氏世系则同《西夏书事》。② 吴天墀《西夏史稿》附录一《西夏拓跋氏世系表》则在赤辞后用"……"号(表示推定世系)接"思泰(=思头?)",以下基本相同。③

上述此段拓跋氏世系有两个大的问题:

一是守寂或其父思泰是否是赤辞子或孙?按《西夏通史》世系表,赤辞系唐初贞观初时党项名王,而距思泰及其子守寂活动近百年,云后者为前者之子或孙,颇令人生疑。其次,遍检唐宋史籍及文物考古资料,均无上述的说法。故而吴天墀先生《西夏史稿》比较谨慎,采用"……"符号,表示上述说法只是一种"推定"。

二是表中将思恭作为守寂孙乾晖之孙,同样存在上述的问题,不可信。

根据在陕西榆林横山县韩岔乡元岔村出土的《拓跋守寂墓志》(唐开元二十五年,即公元737年立石)及内蒙古乌审旗纳林河乡排子湾出土的《李彝谨墓志》

---

① 《旧唐书》卷一九八《党项羌传》。
② 李蔚:《简明西夏史》,北京:人民出版社,1997年,第366页。
③ 吴天墀:《西夏史稿》,桂林:广西师范大学出版社,2007年,第229页。

(后周广顺二年,即公元952年立石)等新出土的文物考古资料,①内明确记载了守寂及思恭一族的世系,与上述《西夏通史》所列世系多有不同;特别是对守寂、思恭的先世记载,则完全相异;对一些不明的世系阙遗也有补充和修正。

据《拓跋守寂墓志》记:

> 公讳寂,字守寂,出自三苗,盖姜姓之别……载炳前史,详于有隋。名王弥府君洎附,授大将军、宁府君矣。时逢季代,政乱中原,王教不宣,方贡殆绝,天降宝命,允归圣唐。迨仪凤年,公之高祖立伽府君,委质为臣,率众内属。国家纳其即叙,待以殊荣,却魏绛之协和,美由余之入待。拜大将军、兼十八州部落使,徙居囿阴之地,则今静边府也。曾祖罗胃府君,不殒其名,昭乎前烈,亢宗守业,保族勤邦。拜右监门卫将军、押十八州部落使,仍充防河军大使。祖后那府君,信以出言,功高由志。莫非嘉绩,褒德备洽于朝恩;抚有余人,建牧以崇其都府。拜静边州都督,押淳、恤等一十八州部落使、兼防河军大使,赠银州刺史。考思泰府君,文武通才,帅师为任,光有启土,莫之与京。拜左金吾卫大将军、兼静边州都督防御使、西平郡开国公。会朔方不开,皇赫斯怒,周处则以身殉节,毕万乃其后克昌。赠特进、左羽林军大将军。

内云守寂的远祖为"名王弥府君",应即《隋书》卷八三《吐谷浑传》所记,隋开皇八年(588年)吐谷浑"名王拓跋木弥请以千余家归化"中的"拓跋木弥"。时党项大部分为吐谷浑所统属,木弥为其"名王"之一,因吐谷浑可汗夸吕常以喜怒废杀太子,故国中乱,木弥即欲率部附隋。然而,隋文帝以"朕之抚育,俱以仁孝为本"为由,拒绝派兵马应接②。据墓志,知木弥降隋已成事实,且被封"大将军",与开皇四年(584年)诣旭州(治今甘肃临潭附近)降隋之党项拓跋宁丛封为大将军同③。守寂之高祖系"立伽",在唐仪凤年(676—679年)内属唐,始徙居"囿阴"(今陕北无定河南);曾祖名"罗胃",祖名"后那";其父名"思泰"。

因此,《西夏通史》世系表所列守寂父思泰之前世系,与《墓志》所记完全不同。世系表列活动于唐贞观初年的党项名王拓跋赤辞,决非守寂或其父思泰之祖或父。木弥与赤辞是什么关系,是否父子关系?因史无记载,不可妄断。

---

① 见康兰英主编:《榆林碑石》,西安:三秦出版社2003年,第81页;邓辉、白庆元:《内蒙古乌审旗发现的五代至北宋夏州拓跋氏部李氏家族墓志铭考释》,《唐研究》(第八卷),北京:北京大学出版社,2002年,第384—386页。
② 《隋书》卷八三《吐谷浑传》。
③ 《隋书》卷八三《吐谷浑传》。志文所云"宁府君",可能为部内对其之尊称,非唐官爵名。

守寂父思泰，在唐开元九年（721年）曾因参加唐朝平定"康待宾之乱"战死，被唐朝所封赐，并以其子守寂"袭其官爵"①。《墓志》中也有相同记载。思泰还有一异母弟，即《守寂墓志》所记之守寂"叔父朔方军节度副使、并防河使、右领军卫大将军、兼将作大匠兴宗"。在《全唐文》卷三〇一曾收录其三篇《致仕侍亲表》文，内云其有早亡之子"守义"。在《守寂墓志》盖内底部左侧栏有明阴刻楷书一行字："弟开元州刺史守义从节送至银州赴葬"②，亦可佐证。《墓志》还记载了守寂有一弟，即"游击将军、守右武卫翊府右郎将，员外置宿卫，赐紫金鱼袋、助知检校部落使守礼"，与守寂同为"守"字辈。

值得注意的是，《守寂墓志》明确记载了守寂的"嗣子朝散大夫、守殿中省尚辇奉御，员外置同正员，使持节、淳、恤等一十八州诸军事、兼静边州都督防御部落使，赐紫金鱼袋、西平郡开国公曰澄澜"。此人不见文献记载，故以前有关西夏论著于守寂之后多空缺。也有的学者，如日本冈崎精郎，认为守寂子是《新唐书·党项传》所记永泰元年"召静边州大首领、左羽林大将军拓跋朝光等五刺史入朝"中的"拓跋朝光"。③此说误也。又《元和姓纂》卷一〇还记有守寂侄澄岘，"今（元和时）任银州刺史"。

至于守寂子"澄澜"之后，据《元和姓纂》卷一〇记有"拓跋乾晖"，云其为守寂孙，时任银州刺史。据《新唐书》卷二一六《吐蕃传》记，贞元二年（786年）"吐蕃攻盐、夏，刺史杜彦光、拓跋乾晖不能守……"上述世系表所列正确。

但是，在乾晖之后，守寂一族世系，再未见于史籍。

根据上述，可将拓跋守寂一族的较详细的世系，列表如下：

党项拓跋守寂一族世系表

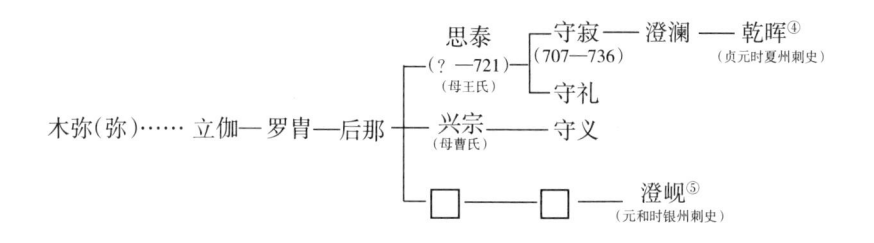

```
                                         ┌─ 守寂 ── 澄澜 ── 乾晖④
                                思泰      │ (707—736)        (贞元时夏州刺史)
                               (?—721)──┤
                                (母王氏)  └─ 守礼
木弥(弥)……立伽─罗胄─后那 ──┤
                                兴宗 ──── 守义
                                (母曹氏)
                                         □ ─ □ ─ 澄岘⑤
                                                  (元和时银州刺史)
```

---

① 见《册府元龟》卷九七四《外臣部》褒异一。
② 此段文字，见王富春《唐党项族首领拓跋守寂墓志考释》，载《考古与文物》2004年3期。
③ 冈崎精郎：《タングート古代史研究》，中村印刷株式會社，1972年，第49页。
④ 《新唐书》卷二一六下《吐蕃传》记贞元二年（786年），"吐蕃攻盐、夏，刺史杜彦光、拓跋乾晖不能守……"此拓跋乾晖，《元和姓纂》卷一〇云其为守寂孙，时任银州刺史。贞元时任夏州刺史。
⑤ 《元和姓纂》卷一〇记有守寂侄澄岘，"今（元和时）任银州刺史"。

三

《西夏通史》世系表,是将唐末兴起的拓跋思恭作为乾晖的裔孙列入表中的。据前述内蒙古乌审旗纳林河乡排子湾出土的《李彝谨墓志》记:"曾祖讳重建,皇任大都督府安抚平下番落使。祖妣破丑氏,累赠梁国太夫人。祖讳思□,皇任京城四面都统教练使,累赠太师。祖母梁氏,封魏国太夫人。烈考讳仁福,皇任定难军节度使,累赠韩王……公即韩王第二子也。"①内彝谨祖"思□",从官职及事绩,应即拓跋思恭,曾祖为拓跋"重建"。彝谨父即"仁福",为其第二子。

又榆林榆阳区红石榆乡拱盖梁村出土的《李仁宝墓志》(后晋开运三年,即公元946年立石)记,"曾祖副叶,皇任宁州、丹州等刺史,金紫光禄大夫、检校司空、兼御史大夫、上柱国拓跋副叶。祖重遂,皇任银州防御度支营田等使、金紫光禄大夫、检校太保、兼御史大夫、上柱国李重遂。考思浴……"。②又与《李仁宝墓志》同一地出土的仁宝妻《破丑氏夫人墓志》文记,仁宝有子七人,即彝瑨、彝震、彝嗣、彝雍、彝玉、彝憨、彝璘。③按仁宝及祖重遂、父思浴、子彝瑨等七人,恰好与仁福属"仁"字辈,其祖重建、父思恭,同属"重"和"思",其子与思恭子均为"彝"字辈;则仁宝曾祖副叶当为仁福曾祖、思恭之祖父。如此,则可列出思恭祖、父两代,与《西夏通史》世系所列完全不同;至于思恭一族与盛于唐开元、天宝年间守寂一族有何亲属关系,则不明。

据史籍记载,思恭有弟思孝,曾任保大节度使;弟思谏,后继为定难军节度使;弟思忠,唐中和元年(881年)与黄巢军朱温激战于东渭桥,战死;④弟思敬、思瑶。

《李彝谨墓志》记载其父仁福为思恭子,这解决了历史上长期困扰学者们关于李仁福是否是思恭子的问题。按《旧五代史》卷一三二《李仁福传》《新五代史》卷四〇《李仁福传》均未记仁福与思恭是什么关系,后者甚至说:"李仁福,不知其世家";"不知其于思谏(思恭弟)为亲疏也";或云其为彝昌族子⑤。《李彝谨墓志》则明记仁福为思恭子,解决了这一问题。

---

① 邓辉、白庆元:《内蒙古乌审旗发现的五代至北宋夏州拓跋氏部李氏家族墓志铭考释》,《唐研究》(第八卷),北京:北京大学出版社,2002年,第384页。
② 见上引康兰英主编《榆林碑石》,第81页。《榆林碑石》录文"?"字未识出,对照墓志拓本图片,此字出现两次,两者相校,此字应为"浴"(同"沿"字)。
③ 见上引康兰英主编《榆林碑石》,第77页。
④ 《宋史》卷四八五《夏国传》上。
⑤ 《宋史》卷四八五《夏国传》上。

思恭除仁福一子,《西夏书事》还记其有一子仁祐,早夭。其实,据《资治通鉴》及《全唐文》卷八四〇《授李成庆夏州节度使制》等史籍记,思恭卒后,先由其弟思谏袭定难军节度使,后又有其子成庆(或作"承庆",疑又作"仁庆")袭任夏州节度使(定难军节度使)。到后梁开平二年前,成庆或卒,又由思谏任定难军节度使。《西夏书事》撰者及冈崎精郎等,否认有"李成庆"的存在,笔者认为是不妥当的,李成庆确有其人。①

后梁开平二年(908年)十一月,思谏卒,由其孙彝昌为留后。关于彝昌,史籍或云其为思谏子(《旧五代史》卷一三二《李仁福传》),或云其为思恭孙(《宋史》卷四八五《夏国传》,《西夏通史》世系表采此说)。彝昌应为思谏孙,为"彝"字辈,思谏卒后,以其袭任定难军节度留后;但其年幼,部人不服,开平三年发生政变,彝昌被杀,故部众推思恭子仁福为留后。②

又在乌审旗排子湾出土的仁福妻《浚氏墓志》记录仁福有五子:即长子彝殷、二子彝谨、三子彝瓯、四子彝超、五子彝温。③后唐长兴四年(933年)仁福卒,其四子彝超袭留后,过了二年(935年)病卒,其兄彝殷(《西夏通史》世系表云其为彝超弟,误)继为留后。至北宋乾德五年(967年),彝兴(即彝殷,避讳改名)卒,其子李光睿世袭夏州节度使。据乌审旗排子湾出土李彝谨夫人《里氏墓志》记其有子五人:光琇、光琏、光义、光璘、光琮④,皆与袭任之光睿为叔伯兄弟。

光睿(后因避讳,改为克睿)之后,至元昊正式建立西夏政权的拓跋氏世系,因史籍记载较为清晰,故《西夏通史》世系表所列基本正确。值得注意的是,继捧(克睿子,继其兄继筠为夏州节度使)降宋后,继之反宋自立的拓跋氏首领李继迁,则非思恭一族的直接后裔,而是思恭弟思忠之后裔。其曾祖仁颜,祖彝景,父光俨。⑤

四

在隋唐时期,党项拓跋氏曾有三次名著于史籍:第一次是隋代至唐初,著名拓跋氏首领有拓跋木弥、拓跋赤辞(词)等;第二次是在唐开元、天宝年间,以拓跋

---

① 详细考证,见拙著《早期党项史研究》,北京:中国社会科学出版社,2004年,第103—105页。
② 参见上引新、旧《五代史》之《李仁福传》及《宋史·夏国传》。
③ 邓辉、白庆元:《内蒙古乌审旗发现的五代至北宋夏州拓跋氏部李氏家族墓志铭考释》,《唐研究》(第八卷),北京:北京大学出版社,2002年,第381页。
④ 邓辉、白庆元:《内蒙古乌审旗发现的五代至北宋夏州拓跋氏部李氏家族墓志铭考释》,《唐研究》(第八卷),北京:北京大学出版社,2002年,第383页。
⑤ 《宋史》卷四八五《夏国传》上。

守寂一族为代表;第三次是唐末拓跋思恭一族,此族因为唐末藩镇之一,史籍记载较为明确,且一直传承下来,最终在元昊时建立西夏政权。而在拓跋氏第一次与第二次名著史籍、第二次与第三次名著史籍之间,史籍与出土考古资料并没有记载他们的亲属关系,是拓跋氏世系中的所缺的环节。因此,不能任意地、想当然地将他们用亲属关系联起来。

据此,我们将早期党项拓跋氏世系,以主要首领排序的简要形式,用"……"符号表示"关系不明",重新列表如下:

早期党项拓跋氏世系表[1]

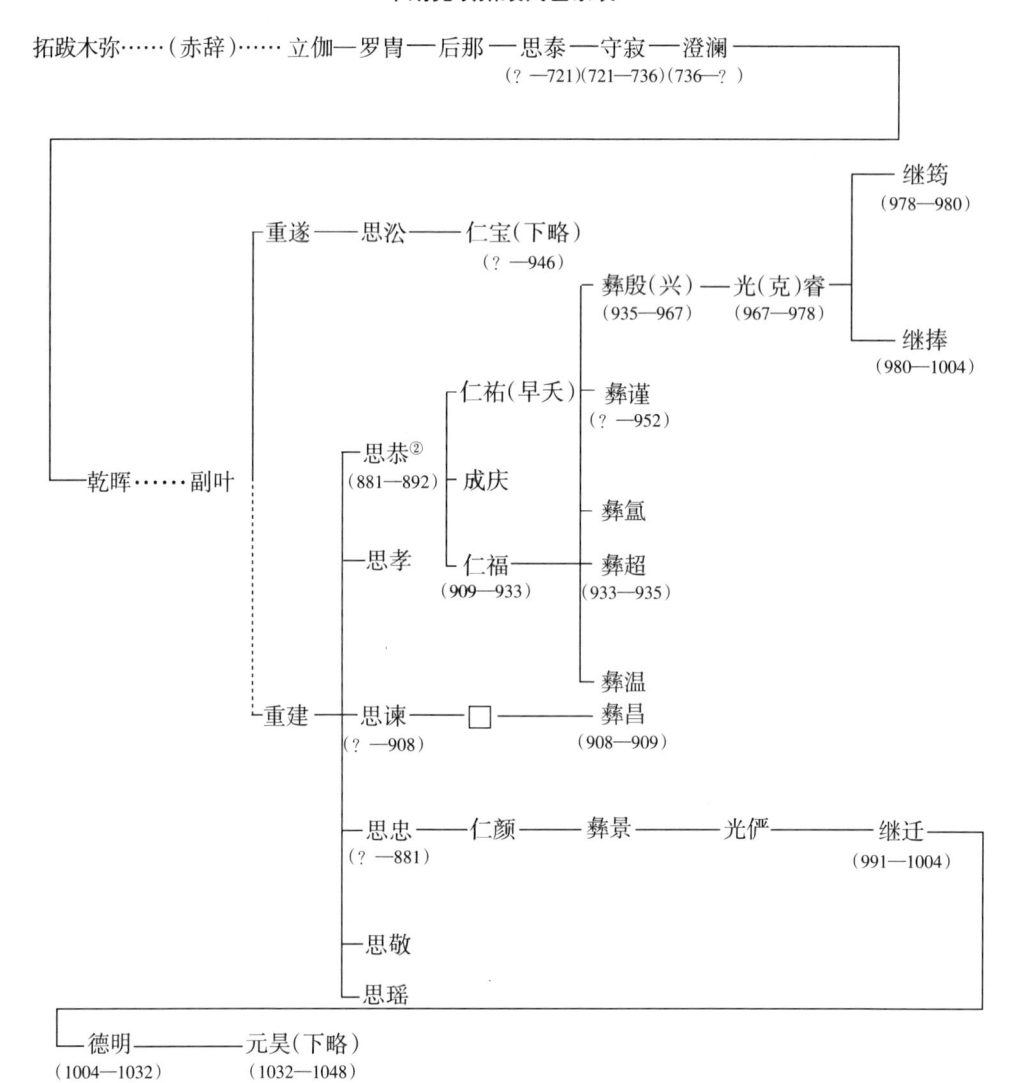

```
拓跋木弥……(赤辞)……立伽—罗胄—后那—思泰—守寂—澄澜
                        (?—721)(721—736)(736—?)

┌乾晖……副叶┐
│          ├重遂——思淞——仁宝(下略)                         ┌继筠
│          │              (?—946)                          │(978—980)
│          │                        ┌彝殷(兴)—光(克)睿┤
│          │                        │(935—967) (967—978)│
│          │                        │                    └继捧
│          │                        │                     (980—1004)
│          │              ┌仁祐(早夭)—彝谨
│          │              │            (?—952)
│          │      ┌思恭[2]┤成庆
│          │      │(881—892)         彝氲
│          │      │        └仁福——彝超
│          │      │         (909—933)(933—935)
│          │      ├思孝
│          │      │                  彝温
│          └重建——┼思谏——□——彝昌
│                 │(?—908)    (908—909)
│                 │
│                 ├思忠——仁颜——彝景——光俨——继迁
│                 │(?—881)                    (991—1004)
│                 ├思敬
│                 └思瑶
└德明————————元昊(下略)
 (1004—1032)    (1032—1048)
```

附注：

① 内横线表示父子世系，竖线为兄弟并列。虚线表示关系不明。人名后括号内或为别名，或为任职年代。

② 关于思恭卒年，过去一般从《西夏书事》卷一及《新五代史·李仁福传》为乾宁二年（895年）。据《榆林碑石》录《白敬立墓志》文，思恭早于敬立而卒，敬立卒于景福二年（893年）。志称思恭卒，其"伏枕绵年"而卒，故思恭应卒于景福元年（892年）。

（原载于《西夏研究》创刊号2010年第1期）

早期党项拓跋氏世系补考

建立西夏的党项拓跋部首领世系,是任何研究党项史、西夏史学者均十分重视的问题。自清代吴广成撰《西夏书事》以来,至今撰写及出版的党项史、西夏史或简史都有拓跋部首领世系的论述或附有世系表。其中,关于元昊正式建立西夏政权(1038年)之前(即本文所云"早期党项")拓跋氏首领世系,则因史籍记载的阙如而难以理清,多沿吴广成《西夏书事》的成说,而略有损益。

然而,随着20世纪60年代以来,在陕西榆林和内蒙古乌审旗等地发现和出土一批唐至北宋初的党项拓跋氏贵族墓志及文物的公布,为我们修正和补充拓跋氏世系提供了最为珍贵的资料。因此,笔者不揣冒昧于2010年在《西夏研究》第1期上发表了《早期党项拓跋氏世系考辨》一文(以下简称《世系考辨》),谈了一些不成熟的看法。接着,2014年汤开建先生在《西夏学》第九辑上发表《隋唐五代宋初党项拓跋部世次嬗递考》一文(以下简称《嬗递考》),对拙文提出了一些异议,并做了一些增补。笔者由衷地感到欣喜,因为学术的争鸣和讨论是学术前进的动力之一,史实也是越辩越明。因而,笔者撰此文,对一些有争议的问题再做一些辨证。笔者还希望有更多的学者,加入到对这一问题的争鸣之中,使早期党项拓跋氏世系问题能够得出学界大致认同的结论,有较大分歧的问题可暂时存疑,以待今后有新的考古文物资料的发现。

一、对早期党项拓跋氏世系的几点认识

在整理和研究早期党项拓跋氏世系问题的过程中,笔者对这一问题有一些总的认识,在拙文《世系考辨》里也有表述。

其一,有关早期党项拓跋氏人物及世系的资料,基本是长约四百多年汉文史籍或考古文物资料,没有后期西夏文或其他文字的资料。前者的相关记述,分别是隋唐、五代和宋初的史官、史家记录各朝与之相关拓跋氏的人或事,而于党项拓跋氏内部的历史记载有限;而出土的汉文碑铭、墓志也只是反映某一时期拓跋

氏一个家族的世系,两者均有很大的局限性。

其二,在这长约四百多年的时间内,正如《隋书》、两《唐书》的《党项传》所记:党项八个大部落中,最强的"拓跋氏"部落内,也是"其种每姓别自为部落,一姓之中复分为小部落,大者万余骑,小者数千骑,不相统一"①。因此,特别是隋至唐代中叶,凡史籍出现的拓跋氏首领是否即为前者的直属后裔,抑或为其他拓跋部首领,因无明确记述,故应避免任意将其归入一个世系之中。

其三,在隋唐时期,党项拓跋氏曾有三次名著于史籍:第一次是隋代至唐初,著名拓跋氏首领有拓跋木弥、拓跋赤辞(词)等;第二次是在唐开元、天宝年间,以拓跋守寂一族为代表;第三次是唐末拓跋思恭一族,此族因为唐末藩镇之一,史籍记载较为明确,且一直传承下来,最终在元昊时建立西夏政权。而在拓跋氏第一次与第二次名著史籍、第二次与第三次名著史籍之间,史籍与出土考古资料并没有记载他们的亲属关系,是拓跋氏世系中的所缺的环节。因此,不能任意地、想当然地将他们用亲属关系联起来。

正是基于上述认识,笔者认为,所谓"早期党项拓跋氏世系"或按"一代一代"的论述方式试图完全理清拓跋氏首领传承,有一定局限性。只是到唐末拓跋思恭以后,其世系或世代传承才逐渐清晰起来;即便如此,仍有一些问题难以辨清。

二、早期党项拓跋氏世系中若干问题的再探索

下面以《嬗递考》对笔者发表的《世系考辨》一文提出异议及增补之处,再加讨论,相同之处则不再论及。

1. 由于榆林横山县韩岔乡元岔村《拓跋守寂墓志》的出土,结合有关文献资料,使唐代开元、天宝时兴盛起来的党项拓跋守寂一支前后世系传承清晰起来。②《墓志》将守寂的远祖上溯到隋开皇八年(588年)附隋的党项首领、吐谷浑名王"拓跋木弥",即《墓志》所云之"名王弥府君"。虽然,《隋书》卷八三《吐谷浑传》仅记木弥为吐谷浑之"名王",因当时党项部落多为吐谷浑所控制,故此拓跋木弥当为党项拓跋部首领。③这一结论上述《嬗递考》一文作者也是同意的。

问题在于《墓志》中相关一段文字:"名王弥府君洎附,授大将军、宁府君矣。时逢季代,政乱中原,王教不宣,方贡殆绝,天降宝命,允归圣唐。"《嬗递考》一文

---

① 《旧唐书》卷一九八《党项羌传》。
② 见拙作《早期党项拓跋氏世系考辨》,载《西夏研究》2010年第1期。
③ 详细考释,见拙著《唐代党项》(修订本),桂林:广西师范大学出版社,2006年,第13页。

认为,内"宁府君"是指隋开皇五年(585年)附隋,且被授大将军号的"拓跋宁丛"①。即守寂一族有两个远祖木弥、宁丛,两人时代相近,为同一辈人,亲疏关系不明。

按,《拓跋守寂墓志》撰文者为"夏州刺史郑宏之",其所记守寂远祖木弥、宁丛系文献中仅见有记述隋代党项部的两位首领,且上引志文记述有些令人费解。也正如《嬗递考》一文所说:"在拓跋部的谱牒记忆中……具体亲疏关系已不太清楚了。"《嬗递考》认为笔者误读上引《墓志》文,标点有误,即志文"宁府君矣"前为句号,后为逗号。"宁府君"可能指"拓跋宁丛",《嬗递考》一文考释正确。但上述改正的标点,则似可商榷。经此一改,则就如《嬗递考》得出的一个不可思议的结论:"墓志还给我们提供了新的内容,即拓跋宁丛于开皇五年降隋,又于隋末之时归附唐朝,可补正史之缺。""隋末之时"群雄割据,唐朝还未建立,远在西北的党项部首领拓跋宁丛不可能归附"唐朝"。《墓志》此句,只不过泛指隋唐"换代",党项拓跋氏又附唐的事而已。考党项诸部最早附唐是在贞观初年,两《唐书》的《党项传》记最早的是贞观三年(629)降附于唐的是党项首领细封步赖;《新唐书》卷四三下《地理志》所记于归附党项部内所设羁縻府州中的崌州、奉州也在贞观元年以降户置。因此,如上引志文句号放在"宁府君矣"之后,就不会产生以上的错误。总之,志文此段文颇费解,所记两个远祖木弥、宁丛,关系不明,难道其有两支关系不明的远祖?

2.《嬗递考》提出拙文《世系考辨》引《元和姓纂》卷一〇云有拓跋守寂"侄澄岘,今任银州刺史"一段,将澄岘列为守寂、守礼、守义之外的另一支的后代,不知何据?认为澄岘为守寂侄,"那最合适者应为守寂弟守礼之子,或者是守义之子亦可,不应另出一支"。而在附录《世次表》中,竟至将澄岘列为守义子。按,上引《元和姓纂》仅记澄岘为守寂侄,并未记其为谁之子;可知守寂有弟守礼、守义,也许还有未见记载之兄弟,因此笔者为郑重起见,将澄岘另列在守寂兄弟之子的名下,存疑。若如《嬗递考》径直将澄岘列为守义之子,显然是缺乏根据的。

又《嬗递考》引《唐大诏令集》卷九唐代宗广德元年颁《册尊号赦》对平定安史之乱有功人员中,有"拓跋澄泌",认为此澄泌即与守寂子澄澜同一辈之拓跋氏,可能是《新唐书》卷二二一上《党项传》中所记"天宝末,平夏部有战功,擢容州刺史、天柱军使"之人。此说是,且为拓跋氏世系增补一重要成员。但是,《嬗递考》考证澄泌即《新唐书·党项传》所记,宝应元年(762年)被召入朝的"静边州大首领兼左羽林大将军拓跋朝光";而澄岘即为入朝的"思乐州刺史拓跋乞梅",则是无根

---

① 见《隋书》卷八三《党项传》。

据的推测,不可信。因唐设安置拓跋部之"静边州都督府"下辖有二十五个州,各州刺史为拓跋部大、小部落首领,乾光、乞梅当为其中之一,似非守寂一族直系亲属。

3. 关于唐末拓跋思恭的卒年,笔者《世系考辨》一文及《早期党项史研究》一书中,引榆林出土的《白敬立墓志》考证思恭卒于景福元年(892年),《嬗递考》一文基本赞同。但也有学者提出异议,如牛达生先生撰《拓跋思恭卒年考——唐代"白敬立墓志铭"考释之一》,依据《新唐书·党项传》考证思恭卒于唐光启二年(886年),并引《白敬立墓志》说:"这条资料进一步印证了拓拔(跋)思恭只能死于僖宗光启二年,而不会晚至乾宁二年。有人不考虑《新唐书》的记载,亦不考虑志文的语气,就以此为依据,定拓跋思恭死于景福元年,显然是欠考虑的。"①按,《白敬立墓志》明记,文德元年(888年)思恭取鄜、延二州时,思恭还健在,《新唐书》记其卒于天启二年(886年)显然误也。又《白敬立墓志》记思恭卒后,敬立于景福二年(893年)去世,是因王(思恭)卒,"悲戚哀愤","伏枕绵年"而卒;故思恭应卒于景福元年左右。

4. 关于李仁福是否为思恭子的问题。自内蒙古乌审旗发现《李彝谨墓志》后,学者(包括笔者)一般均认为仁福系思恭子。《嬗递考》一文则提出了四点质疑,主要是两点:一是《李彝谨墓志》原文为"祖讳思□,皇任京城四面都统教练使,累赠太师……烈考讳仁福,皇任定难军节度使、累赠韩王……"②如所缺字为"恭",则思恭曾任过"京城四面都统",但志记的是"京城四面都统教练使",两官职不同,教练使仅是四面都统之下掌教练兵法及武艺之官职。二是文献仅记思恭被赠为"太子太傅、夏国公",而未赠太师,赠太师的是思恭弟思孝。故疑仁福父为思孝,缺字应为"孝"字。此说有一定的道理。

但是,关于思恭所任"京城四面都统",史籍记载名称多有不同,如《太平广记》卷一七五记神童李琪就思恭为"京城四面都统"时赋诗,记思恭为"收复都统"。志所云之"京城四面都统教练使",似也可作"京城四面都统、教练使"理解。至于思恭在镇压黄巢起义后,最初的封号是"太子太傅、夏国公",但在以后可能也曾封太师,只不过史籍缺载而已。总之,要真正解决这一问题,最关键的是志文所缺此字是"恭",是"孝",或是其他。可惜原墓志拓片不清,姑且存疑。

---

① 牛达生:《拓拔(跋)思恭卒年考——唐代"白敬立墓志铭"考释之一》,原载《陕西历史博物馆馆刊》(第15辑),西安:三秦出版社,2008年;后收入作者《西夏考古论稿》,上海:上海古籍出版社,2013年,第219—223页。

② 邓辉、白庆元:《内蒙古乌审旗发现的五代至北宋夏州拓跋氏部李氏家族墓志铭考释》,《唐研究》(第八卷),北京:北京大学出版社,2002年,第384页。

5. 关于曾任夏州节度使李存(承)庆是否是思恭子的问题。自清代吴广成撰《西夏书事》以来，中外学者如吴廷燮撰《唐方镇年表》卷一《夏绥》条、日本学者冈崎精郎撰《タングート古代史研究》(中村印刷株式會社，1972年)对此均有讨论。吴广成、冈崎精郎认为李存庆非思恭子，而吴廷燮考证李存庆为思恭子。笔者所撰《唐代党项》等论著则同意吴廷燮的观点，并做了较为详细的论述。①

《嬗递考》仔细分析成庆为思恭子的重要依据之一，即《全唐文》卷八四〇《授李成庆夏州节度使制》，提出四点疑问：一是制文云"朱泚盗国之时，绩复书于盟府"，史籍未载党项拓跋氏参加这次平叛；二是制文称"黄巢犯阙，先臣进士兄弟、宗族悉帅征讨"，而拓跋部从未有中"进士"者；三是制文云"尔其思曾高戡祸之勋"，如成庆曾祖、高祖时，未见有记载拓跋部为唐勘定祸乱之事；四是制文云"尽驱锐旅，速殄袄巢"，袄者，胡神也。"袄巢是否可作'胡巢'解？如是，则李成庆当不为党项部人"。因此，《嬗递考》作者不同意成庆为李思恭子说，并云："唐朝将定难军节度使(即夏州节度使)授予党项拓跋部之外之人，很可能与李思恭逝世后党项拓跋部内部出现的问题有关，只是史书缺载而已。"

按，朱泚之乱时，作为唐藩镇之一的拓跋氏当然有所表态，"绩复书于盟府"即是，但不一定直接出兵；而制文云"先臣进士兄弟"之"进士"，一般是指唐科举制中的"进士"，此处不过泛指先臣左右的士人和兄弟而已，须知唐末北方诸藩镇中，可考藩镇中有"进士兄弟"者寥寥。至于后两个疑问，制文完整的句子是"尔其思曾高戡祸之勋，缵父、叔定顷之烈，尽驱锐旅，速殄袄巢，克副家声，以康国步……"此句不过是要成庆追思祖先之功绩，派遣锐旅平定"近辅元渠"之乱(指凤翔节度使李茂贞，因其乾宁二年率军入京师，昭宗出走)，速殄之"袄巢"或可说"妖巢"，系对近京师的藩镇凤翔节度使李茂真处的污称。

又从大的方面看，思恭卒后，因其子年幼，由其弟思谏袭为夏州节度使，但至乾宁三年(即上述制文颁布之年，即896年)，成庆则继任夏州节度使，思谏改任静难节度使。这种变化，史籍斑斑可考。如果李成庆非党项拓跋部人，而是拓跋部之外的人，则不可想象。因自思恭为夏州节度使以来，夏州节度使所辖之地即为拓跋部之根本，决不会轻易让给他族人。五代后唐时，唐明宗企图用"迁镇"之策，任延州节度使安从进为夏州留后，引起夏州节度使拓跋氏一场生死保卫战，即一例②。而继任思谏为夏州节度使之李成庆，若非思恭之子，也决不会在思谏地位之

---

① 见上引拙著《唐代党项》(修订本)，第88—91页。
② 参见拙著《唐代党项》(修订本)，第110—113页。

上,平稳地登上夏州节度使的大位;成庆卒后,思谏又平稳地接任夏州节度使。此外,《西夏书事》卷一记思恭只有早夭的一子仁祐(《嬗递考》作"思佑",可能为校对误),也有悖常理,其不是不能生育,即使不能生育,也可有养子。总之,笔者仍然认为,思恭除早卒之子仁祐外,成庆、仁福均可能系其子。

6. 与此问题相关的是,继思谏为夏州节度使的李彝昌,是思恭孙,或思谏孙?《嬗递考》一文引《西夏书事》卷一记"思恭子仁祐早卒,孙彝昌幼"一句,"故知彝昌的父亲应为李仁祐","彝昌应为李思恭之孙,非思谏子"。仁祐早卒,是否有子嗣? 是一个疑问;如果按上述思恭还有成庆等子嗣,彝昌为思恭孙,是有可能的。但是,据《旧五代史》卷一三二《李仁福传》记,后梁开平二年(908年)思谏卒,"三军立其子彝昌为留后"(《新五代史》卷四〇《李仁福传》记载相同);而《宋史》卷四八五《夏国传上》却记为"思谏卒,思恭孙彝昌嗣"。从彝昌字辈看,应为思恭孙子辈,且应为思谏孙,因思谏传袭给其孙彝昌(年幼),较为合理,因此接着拓跋部内发生了政变,彝昌被杀①。故笔者倾向彝昌为思谏孙的看法;但也不排除其为思恭孙的可能,存疑。

《嬗递考》还据墓志及史籍增补了"彝字辈"后,"光字辈"及以下"继字辈"若干拓跋氏世系人物,因非世系主要传承者,故不赘述。

三、结　语

根据上述的讨论,我们将早期党项拓跋氏世系,以主要首领排序的简明形式,用"……"符号表示"关系不明",或存疑,重新列表如下:

---

① 《旧五代史》卷一三二《李仁福传》。

早期党项拓跋氏世系表①

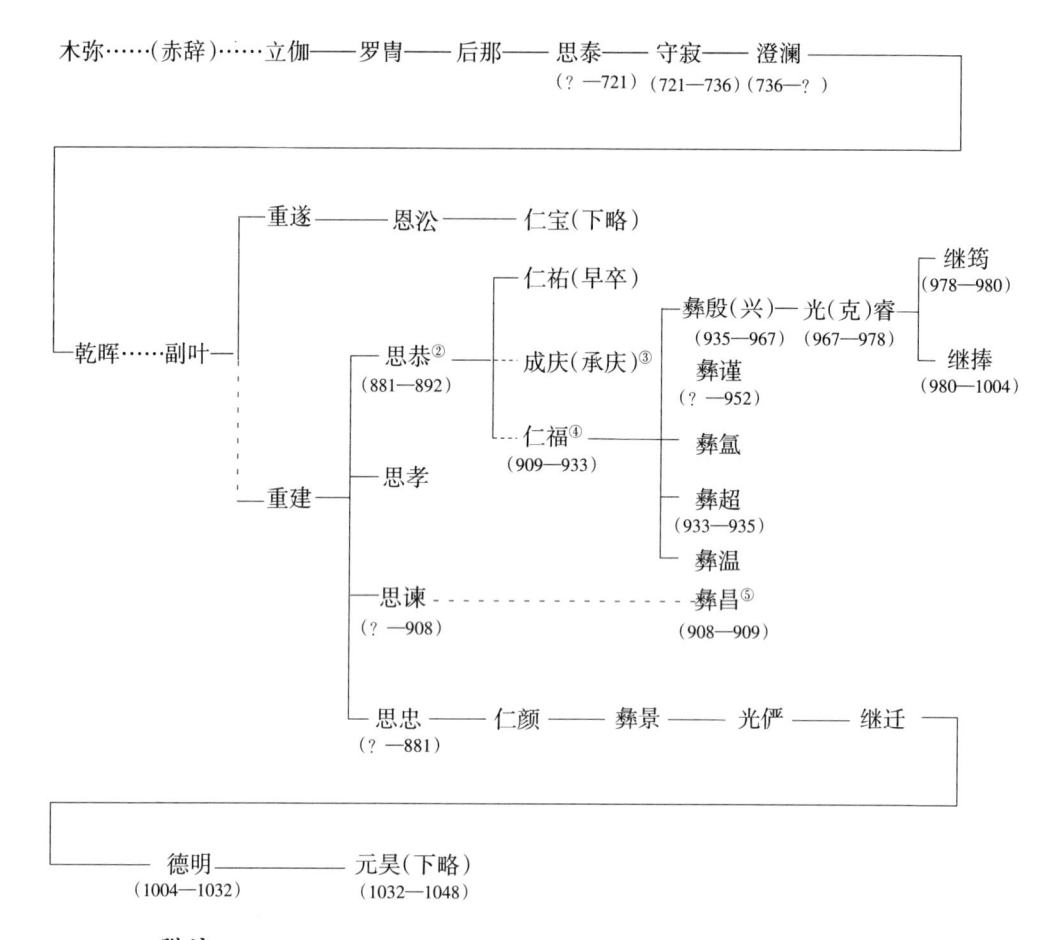

```
木弥……(赤辞)……立伽——罗甬——后那——思泰——守寂——澄澜
                                  (?—721) (721—736)(736—?)
```

```
                 ┌重遂——恩沇——仁宝(下略)
                 │                                              ┌继筠
                 │        ┌仁祐(早卒)          ┌彝殷(兴)——光(克)睿 │(978—980)
                 │        │                  │(935—967) (967—978)│
                 │        │                  │彝谨                ├继捧
                 │   思恭②─成庆(承庆)③         │(?—952)            │(980—1004)
                 │  (881—892)                │
─乾晖……副叶──┼重建─┤        └仁福④──┬彝殷
                 │                  │(909—933)
                 │        思孝       │彝超
                 │                  │(933—935)
                 │                  └彝温
                 │        思谏------ 彝昌⑤
                 │       (?—908)    (908—909)
                 │
                 └思忠——仁颜——彝景——光俨——继迁
                  (?—881)
```

```
─────德明───────元昊(下略)
    (1004—1032) (1032—1048)
```

附注：

①内横线表示父子世系，竖线为兄弟并列。"……"表示关系不明，或存疑。人名后括号内或为别名，或为任职年代。

②关于思恭卒年，过去一般从《西夏书事》卷一及《新五代史·李仁福传》为乾宁二年(895年)。据《榆林碑石》录《白敬立墓志》文，思恭早于敬立而卒，敬立卒于景福二年(893年)。志称思恭卒，其"伏枕绵年"而卒，故思恭应卒于景福元年(892年)。

③成庆是否为思恭子，存疑。

④仁福是否为思恭子有争议，存疑。

⑤彝昌是思恭孙或思谏孙有争议，存疑。

（原载于《西夏研究》2015年第4期）

五代冯晖墓出土文物考释

1992年4—11月，陕西文物考古工作者在陕西彬县西南约21公里的底店乡前家嘴村南1公里处的冯家沟山林，发掘和清理了五代时冯晖墓。此墓虽曾两次被盗掘，但仍保留有部分极为珍贵的文物。2001年9月重庆出版社出版了由咸阳市文物考古所编著的《五代冯晖墓》发掘报告（下简称《报告》），对发掘过程、墓葬形制、墓内彩绘浮雕砖与壁画、出土器物（包括墓志）以及一些研究、考释的结语，均做了较为完整的论述。在此《报告》出版之前，也发表有几篇关于冯晖墓出土瓷器及彩绘浮雕砖与壁画的论文[①]，可是《报告》出版之后，却很少再见有关冯晖及其墓葬出土文物的研究论著。

冯晖墓的发掘及出土文物，对于研究五代历史、考古、艺术及民族关系均具有重要的学术价值。特别是墓甬道东西壁的两排壁画、彩绘浮雕砖和出土墓志，更是引人注目，其内涵之丰富、史料及艺术价值之高，在五代历史和考古上均占有重要的一页。下面拟在以前研究成果及发掘报告的基础上，对上述出土文物做进一步的考释。

一、冯晖与冯氏家族

据发掘《报告》，冯晖墓志及志盖分别出土于墓室西南和东南两角，可能已被盗墓者扰乱。志、盖均沙石质，"志石，近正方形，边长95厘米、宽93厘米、厚23厘米。志文楷体47行，满行47字，共2010字"。首行题"周朔方军节度使中书令卫王故冯公墓志铭"，二行下部题为"朔方军节度掌书记朝议郎试大理司直兼监察御史

[①] 如杨忠敏、阎可行：《陕西彬县五代冯晖墓彩绘砖雕》，载《文物》1994年11期；罗丰：《五代后周冯晖墓出土彩绘乐舞砖雕考》，载《考古与文物》1998年6期，后收入作者论文集《胡汉之间——"丝绸之路"与西北历史考古》，北京：文物出版社，2004年，第299—325页，内容未变；杜文《五代冯晖墓出土耀州窑青瓷及其断代价值》，载《收藏界》2007年2期，等。

赐绯鱼袋刘应撰"。①(图一)

图一　冯晖墓志铭(采自《报告》第 53 页)

---

① 咸阳市文物考古所编著：《五代冯晖墓》(下简称《报告》),重庆：重庆出版社,2001 年,第 52—53 页,对墓志、盖有详细记述,可参见。又志盖面无文字,与隋唐以来出土墓志盖面正中有篆书稍异。

墓志铭正文从第二行下部开始,为墓主人生平事迹。①内记:"**王讳晖,字广照,邺都高唐人也。**"《报告》释此云:"《旧五代史》《新五代史》及《资治通鉴》等均载冯晖为'魏州人','广顺三年卒',显于墓志不合,当以墓志为准。"此说不够确切。按,《旧五代史》卷一二五、《新五代史》卷四九的《冯晖传》及《资治通鉴》卷二七七后唐明宗长兴元年十一月条中,记冯晖"魏州人也";《宋史》卷二五三《冯继业(冯晖子)传》,又记其为"大名人"。其实,魏州、大名与墓志所记之邺都均指不同时期的同一地区,上诸书记载均正确。魏州系唐至五代后唐时州名,治今河北大名。后唐庄宗同光元年(923年)即位于魏州,改升魏州为东京兴唐府;三年(925年)庄宗诏:"宜依旧以洛京为东都,魏州改为邺都,与北都并为次府。"②直到后唐明宗天成四年(929年)罢邺都,"仍旧为魏府(州)"③。但到后晋天福二年(937年),高祖又改魏州为广晋府,三年复改为邺都。④直到后汉乾祐元年(948年),改邺都为大名府。⑤因诸书所记,从后唐以来直到五代末,魏州、邺都、大名府治所皆在今河北大名,所辖地区大致相同。墓志云晖为"**邺都高唐人**",则证明五代时的魏州,包括后改制的兴唐府(东京)、邺都、广晋府等,所管辖范围有所扩大,东边唐代属博州的高唐(今山东高唐)也在其中。

至于冯晖之卒年,仅新、旧《五代史》的《冯晖传》记为"广顺三年卒",或"广顺三年夏,病卒,年六十"。《旧五代史》卷一一二《周太祖纪三》、《资治通鉴》卷二九〇后周太祖广顺二年六月条均记,晖卒于广顺二年六月(两者相差两日),而墓志云"壬子年(即广顺二年,952年)**五月二十五日薨于公署,享寿五十九矣**"。两者相差不到一月,盖因奏报迟到数日,"辍朝一日"之故。如此,冯晖当生于唐昭宗乾宁元年(894年),卒于广顺二年五月。

有意思的是,冯晖籍贯虽是"魏州人",但其可能原为汉人而胡化者。据《杨文公谈苑》记:"冯晖为灵武节度使,有威名,羌戎畏胡,号麻胡,以其面有䟺子也。"⑥即号"麻胡",其可能为汉人胡化,或类似胡人。五代时,今河北一带有胡化之倾向,也有胡人汉化之趋势。如汉化颇深的中亚康国胡人康福就曾任过灵武节度使。⑦

墓志接着记:"**瑞叶狻猊,祥臻鹭鹭,葆盖显龆年之异,龙泉彰弱冠之奇。运偶**

---

① 按,以下所引墓志铭文,用黑体标出,录文参照《报告》录文(第62—64页)及图五十:墓志拓片(第53页)。
② 《旧五代史》卷三〇《庄宗纪四》;卷三二《庄宗纪六》。
③ 《旧五代史》卷四〇《明宗纪六》。
④ 《资治通鉴》卷二八一,后晋高祖天福三年十一月条及胡三省注。
⑤ 《旧五代史》卷一〇一《隐帝起上》。
⑥ 宋代黄鉴录:《杨文公谈苑》"麻胡"条,明刻本,《宋人百家小说》本,第3页上。
⑦ 《旧五代史》卷九一《康福传》。

搏牛,可斶(《报告》误为"间")蒙轮之勇;时逢探虎,堪争跋距之强;夹九曲以传名,为十八寨行首。"此段《报告》标点有误①。按此段意为晖出生时有狮子(狻猊)、凤凰(鸑鷟)等瑞祥吉像出现,在华盖下的龆年时(指童年)和山水间的弱冠时(少年),有异像和不同于常人的出奇之处;有搏牛、探虎之勇敢和强力。后从军勇猛而闻名,任"十八寨行首"(首领或队长)。关于晖成年最初的情况,新、旧《五代史》的《冯晖传》记载更为翔实,不似墓志撰者多为溢美之词。《旧五代史·冯晖传》记:晖"始为効节军士,拳勇骑射,行伍惮之。初事杨师厚为队长……"《新五代史·冯晖传》则云"为効节军卒,以功迁队长"。杨师厚(《旧五代史》卷二二有传)系后梁天雄节度使兼中书令,梁开平五年(911年)曾领军屯魏州,与晋王争战,冯晖投杨师厚为队长,当于此时前后,时年十八岁。

墓志接着记:"佐累朝而用命,经千百阵立功,权舆也。频绾军戎,累更郡枚,长蛇散而亏七纵,猛虎去而顺六条。"此段概述后唐长兴元年之前,冯晖反侧于后梁与后唐之间,及后转战各地,历任各州刺史的情况。《旧五代史·冯晖传》记述较详:"唐庄宗入魏,(晖)以银枪効节为亲军,与梁人对垒河(漳河)上,晖以犒给稍薄,因窜入南军(即后梁军),梁将王彦章置之麾下。庄宗平河南,晖首罪,赦之。从明宗征潞州,诛杨立有功。又从魏王继岌伐蜀,蜀平,授夔州刺史。时荆州高季兴叛,以兵攻其城,晖拒之,屡败荆军。长兴中,为兴州刺史,以乾渠为治所。会两川叛,蜀人来侵,晖以众寡不敌,奔归凤翔,朝廷怒其失守,诏于同州衙职安置。"下面依据上述资料,参以《新五代史·冯晖传》《资治通鉴》等,将晖长兴元年前情况简述如下:

梁开平五年前后,冯晖降后梁杨师厚为队长。

后唐庄宗同光元年(923年),晋王李存勖取魏州,冯晖以银枪效节投已建后唐之庄宗(即晋王)为亲军,与后梁军对垒漳河上,因犒赏薄,又转投后梁,在梁将王彦章麾下効力。十月,王彦章兵败被擒,后梁亡。晖首罪,庄宗赦之。

同光二年,晖从天平节度使李嗣源(后之唐明宗)攻反叛的杨立于潞州(治今山西长治),杀之。此役晖有功。

同光三年九月,从后唐魏王继岌率诸军伐蜀,蜀平。

后唐明宗天成四年(926年)四月,庄宗被杀,明宗(李嗣源)即位。荆州节度使(治今湖北江陵)、南平王高季兴复请以夔州(治今重庆奉节)、峡州(治今湖北宜昌)为属郡,后唐匆派此两州刺史。其中,冯晖即被任为夔州刺史。后高季兴遣军

---
① 见《报告》,《附冯晖墓志铭》,第62页。

攻夔、峡等州,晖力拒之。①

后唐明宗长兴元年(930年)初,晖改任兴州刺史(治今陕西略阳)。时两川(西川、东川)节度董璋、孟知祥反,攻阆州(治今四川阆中)、利州(治今四川广元)、兴州等地。晖不能守,败奔凤翔,免官。但据《旧五代史》卷四一《明宗纪七》及《资治通鉴》卷二七七后唐长兴元年十一月记,晖为"泸州刺史"(治今四川泸州),则此年十一月,后唐明宗以天雄军节度石敬瑭(晋高祖)率诸军讨董璋、孟知祥,内有"泸州刺史冯晖",可能即于此复起用晖,任其为已为孟知祥等据有之泸州刺史之虚衔。

上述的事实,正如墓志所云:"**佐累朝**(后梁、后唐庄宗、明宗朝)**而用命**";"**经千百阵**","**频绾军戎**";"**累更郡枚**",先后任夔州、兴州、泸州刺史;累绾军戎之事,又"**顺六条**"(汉代设刺史,以"六条"问事)。

墓志接着较详细地记载了后唐长兴元年十一月泸州刺史冯晖从石敬瑭所率诸军讨两川事,内云:"**洎朝廷问罪西蜀,王为大军先锋,独运奇谟,取小剑路入,偷下剑门关**"(《旧五代史·冯晖传》作"蜀人守剑门,领部下兵逾越险阻,从他道出于剑门之左掩击之,杀守兵殆尽")。**其时迥振声名,威推绩效。迄后,南越波涛之路,北穿砂碛之程,备历辛勤,尝经险阻,职列从微而至着,行藏自下以升。**"

关于长兴元年十一月,冯晖从石敬瑭讨两川事,上引《旧五代史》卷四一《明宗纪七》记载较确:"今月十三日,阶州刺史王弘贽、泸州刺史冯晖,自利州取山路出剑门关外倒下,杀败董璋守关兵士三千人,收复剑州。"此役非冯一人之功劳,但以其为主,功最多,故如墓志所云,声名大振,官职逐渐高升,职位"**从微而至着**","**行藏**(指行止仪仗)**自下以升**"。

在新、旧《五代史》的《冯晖传》等史籍中有一些具体的事实。《旧五代史》本传云:"会高祖(石敬瑭)班师,朝廷以晖为澶州刺史(治今河南濮城)。晋天福初,范延光据邺叛,以晖为马步都将,孙锐为监军,自六明镇渡河,将袭滑台,寻为官军所败,晖退归邺,为延光守城。明年秋,晖因出战而降,授晋州节度使、检校太傅。"即是说,冯晖自任澶州刺史,一直到石敬瑭建后晋初的七年间,均未升迁。直到后晋天福二年(937年),后晋天雄节度使兼中书令范延光率其所巡内刺史(即贝、博、卫、澶、相五州刺史)反叛后晋,以澶州刺史冯晖为马步都将(《资治通鉴》作"都部署"),率步骑二万循河西抵黎阳口(在今河北大名西南),再至六明镇(在今河南滑台北),为后晋杨光远军在其渡河时击溃,冯晖退还邺都。②三年(938年)秋

---

① 参见《旧五代史》卷一三三《高季兴传》。
② 参见《资治通鉴》卷一八一,后晋天福二年六月、七月条。

七月,"杨光远奏前澶州刺史冯晖自广晋(即邺都)城中出战,因来降……己丑,以晖为义成节度使(即滑州节度使,治今河南滑台)①"。这正如墓志所云:"**南越波涛之路**(指率军渡河),**北穿沙碛之程,备历辛勤**";其职由刺史,跃升为节镇。

又正如墓志接下所云:"**晋天福戊戌岁**(天福三年),**白麻加光禄大夫、检校太保,授滑州节度使。守镇无渝,廉平有素政,塞民众之口,声腾大国之衢。**"(《报告》最后一句标点有误)白麻,指唐宋时朝廷制书,因用白麻纸书写,故称"白麻"。内云所加之"光禄大夫、检校太保",前者可补史之阙,后者与《旧五代史》卷七七《晋高祖纪三》记为"检校太保"同,证明上引《旧五代史·冯晖传》作"检校太傅"误。

墓志以下记长兴四年(己亥,939年)以后,冯晖两度任朔方军节度使,直至后周广顺二年卒于任内的情况,是其一生最重要的事迹。关于此,下面将专门探讨。

其实,墓志重要的价值还在其卒后,所记其家族的情况。志文云:"**壬子年**(即周广顺二年)**五月二十五日薨于公署,享年五十九矣。癸丑**(广顺三年)**夏末,赠卫王。呜呼叙实,翠岳倾而神伤,哽咽言真,骊珠碎而曰惨。**"关于冯晖卒年的讨论见上述,其卒后封赠"卫王",是在广顺三年,而非《五代会要》卷一一《封建》所云之广顺"二年六月"(见《报告》第57页)。后四六句,表示哀痛之情。

墓志接下记(为便于阅读,眉目清楚,适当分段录之):

> 王中山郡夫人王氏,男孟曰继勋,癸丑年(广顺三年)沽洗月(三月)亡,朔方节度衙内都部署使、金紫光禄大夫、检校司徒、荣州刺史、左散骑常侍,同时陪葬。男美,银青光禄大夫、检校太子宾客。仲曰继朗,丁未年(后汉天福十二年,947年)三月二十五日亡,朔方军节院使、银青光禄大夫、检校工部尚书,同时陪葬。季曰继玉,癸丑年夷则月(七月)亡,朔方军节院使、银青光禄大夫、检校左散骑常侍,同时陪葬。男丑儿。次曰继洪,乙卯年(北周显德二年,955年)七月廿八日亡,摄朔方军节度推官,同时陪葬。次曰继昭,朔方军子城使、银青光禄大夫、检校国子祭酒。长女师姑儿,出家,癸卯年(943年)十月十四日亡,同时陪葬。次曰三姐,未适他门。次曰舍慈,出家,证惠大师。

> 夫人杜氏癸卯年七月十三日殒,同时祔葬。男继远,朔方军衙内都部署使、银青光禄大夫、检校刑部尚书。女惠明,出家,宝懿大师。

> 夫人马氏无子。

---

① 《资治通鉴》卷一八一,后晋天福三年七月条;又见《旧五代史》卷七七《晋高祖纪三》,内还记有"检校太保"衔。

王阿姊,适王氏,男令豐,朔方軍左馬步都虞侯、銀青光祿大夫、檢校太子賓客兼侍御史、飛騎尉。

堂弟延塞,行靈州左司馬、銀青光祿大夫、檢校太子賓客、兼侍御史。

室家增慶,世禄推賢,常敦舉案之謙,每切過庭之訓。同牢固稟,合巹弥彰,騰潤色于仑崗,铄精光于丽流。兰芳露殒,桂茂霜凋,俄倾半岳之峰,适堕中河之月。

王南陽郡夫人賈氏,顯德四年丁巳(957年)八月十五日傾逝於靈州官舍,享年五十二焉,同時祔葬。男扲休(即繼業),西陲襲慶,南陽孕靈,類董卓之儀形,爰謝玄之器度;經綸有智,通變多機,匪膺間代之才,曷處超倫之事。推誠翊戴功臣,朔方軍節度,靈、環等州觀察、處置、管內營田、押蕃落、度支、溫池榷稅等使,金紫光祿大夫,檢校太傅,兼御史大夫、上柱國、陳留縣開國男,食邑三百戶。長女大姐。次女二姐。次男說,銀青光祿大夫、檢校太子賓客。次女丑姐。次女迎弟。

太傅以父母及諸骨肉封樹紀蹟,志銘流芳,俾陵谷變而長標,使天地恆而不泯,顯德五年(958年)卜葬于邠州新平縣臨泾鄉禄堡村。取龜謀之吉,仍觀馬鬣之宜,桐闈冀就於玄扃,玉匣將臻於夜窆,應沓承旨顧,敢怠搜羅,旌列績于繁文,載鴻猷于翠琰,懷茲周極,厥勒銘焉。其銘曰(下略)

上引墓志文,詳細記述了馮暉家族成員的親屬關係、職銜、死亡日期,是唐五代以來出土墓志中較為少見的例子。《報告》從馮氏家族子、侄、外甥等任朔方軍節度的各種官職的分析,得出馮氏家族已成為"以血緣關係為主體的獨立藩鎮",與五代大多數藩鎮的情況相似。其次,《報告》據《宋史》卷二五三《馮繼業傳》及《資治通鑒》卷二九〇周廣順二年六月記,馮暉卒,"其子牙內都虞候繼業殺其兄繼勛,自知軍府事"的記載,認為墓志撰者隱瞞了繼業殺兄而立的事實,有意將其兄繼勛、繼玉死期改為暉卒後一年的廣順三年,暗示二人死非正常。其四兄繼洪死於顯德二年,也有可能非正常死亡。並舉例證明五代藩鎮內部,為奪取權力,兄弟相殘、子弒父叔的情況累有發生。以上論述均正確,不再贅述。僅有以下幾點補正:

1.《報告》據《宋史·馮繼業傳》辨析了繼業殺兄,自為留後,是在"暉疾"之時,而非暉卒之後,是正確的。繼業,《宋史》本傳云其"字繼宗",而墓志卻名之為"扲休",此為其別名耶?殊不可解。《宋史》本傳又記其"幼敏慧,有度量,以父任補朔方軍節院使,隨父歷邠、孟,及再領朔方,皆補牙職"。"朔方軍節院使"一職,與《墓志》记其兄继朗、继玉职同。而上引《资治通鉴》记冯晖卒之前,继业任"牙内都虞候"(《旧五代史·冯晖传》作"朔方衙内都虞候"),此可能为前后任职的不同。值得注意的是上述文献所记继业"皆补牙职"及"牙内都虞候",即掌握朔方军节度内之"牙兵",握有军权,故其杀兄政变得以实现。

又继业正式继其父被任为"朔方军节度,灵、环等州观察、处置、管内营田、押蕃落、度支、温池榷税等使"是在北周显德元年(954年)正月。① 《旧五代史·冯晖传》记继业为留后,"因检校太保"误,应如墓志云"**检校太傅**"。

《宋史·冯继业传》还记继业为朔方节度使后事,云"恭帝时(960—961年),继业既杀兄代父领镇,颇骄恣,时出兵劫略羌夷(主要是党项),羌夷不附,又抚士卒少恩,继业虑其为变,以太祖(赵匡胤)居镇日尝得给事,乃豫徙其孥阙下。建隆初(960年),来朝,连以驼马、宝器为献。开宝二年(969年)赐诏奖谕,拜静难军节度使(即邠州节度使)。三年,改镇定国军,吏民立碑颂其遗爱。太平兴国初来朝,封梁国公,留京师。明年(978年),卒,年五十一,赠侍中"。文中云,继业因"羌戎不附,谋迁内地"之外,可能与其杀兄代父领镇的阴影,属下、亲属不服,也有关系。其迁镇及任职,《旧五代史·冯晖传》记为"皇朝乾德(963—968年)中,移于内地,今为同州节度使"。乾德中与开宝二年相差数年,可能是议迁与实迁相差的缘故,其先迁为"静难军节度使",此地为其父兄等的茔地;后可能又迁任"定国军"(即武胜节度使,治今湖北邓县)、"同州节度使"(治今陕西大荔)。直到北宋太平兴国初留京师,次年卒。此后,关于冯氏家族的情况,再不见于史籍。

2. 墓志记述冯晖正夫人中山郡夫人王氏,生有五男和三女。长女师姑儿,出家,先于冯晖卒于癸卯年;次女三姐,未嫁;三女舍慈,出家,法号证惠大师。夫人杜氏生有一男一女。女惠明,出家,号宝懿大师。夫人贾氏,与正夫人王氏一样,有"郡夫人"的名号,此可能为其子继业杀兄为留后之后的封号;其有女三人,均未出家。因此,除正夫人王氏长女早年出家以外,其余一女未嫁,一女出家;夫人杜氏一女出家,可能均与继业杀兄继勋一事有关,即作为继勋之亲妹、堂妹为避祸,或看破红尘而出家。

3. 墓志记:"**太傅**(继业)**以父母及诸骨肉封树纪迹……显德五年**(958年)**日卜葬于邠州新平县临泾乡禄堡村**。"即是说,继业杀兄代父领镇后,过了6年,于显德五年卜葬于邠州。此中原因,有如《报告》所说"当与冯继业政变、巩固地位有关"外,也有他杀兄自称留后之后,遭到其兄同母弟继玉、堂弟继洪等的反对,不能

---

① 《资治通鉴》卷二九一,后周显德元年正月条。

及时卜葬其父。后继玉、继洪先后被杀后,继业才掌握了权力,又时逢其生母贾氏于显德四年卒,故其于显德五年才卜葬其父母及诸骨肉。

这里还有一个问题,即为何继业不就近于灵州或其附近,而选择较远之邠州葬其父母及诸骨肉？原因主要是五代时朔方军节度使所辖地区,是五代诸政权西面的边地,也是少数民族聚居之地,内地政权的使臣、粮饷运至灵州,也多派军护送,如葬于该地区不够安全。其次,邠州与灵州邻近,且为五代从内地至灵州所经之地；冯晖也曾任过邠州节度使(静难军节度使)；故继业选择此地为其家族茔地。墓志称冯晖等葬地在"**邠州新平县临泾乡禄堡村**",应即发掘的晖墓所在之彬县底店乡前家嘴村。可见五代时,远在今陕西彬县地区的县、乡、村的地方行政组织还是较为健全的。

二、朔方军节度使冯晖事迹考索

墓志在记述天福三年冯晖任滑州节度使后,接着云:"**己亥（天福四年,939年）春,灵武、清河太尉事,故千门罍（《报告》作"叠"误）起,一境灾缠,深边染患以思医,圣主开坛而择将。当时制命,改转功臣兼加食邑,除灵武节度使。**"后晋天福四年正月,时任朔方军节度使的张希崇(有"太尉"衔)卒,朔方境内"羌胡(主要是党项诸部)寇钞,无复畏惮"①,急需派任新节度使,因此,朝廷才任命"强暴之名,闻于遐徼"的冯晖任灵武节度使"②。

灵武节度使,又称灵州节度使、朔方节度使、朔方军节度使,治灵武(今宁夏吴忠西),其初建于唐开元九年十月,是唐代北御突厥、回纥,西防羌戎,拱卫京畿之重镇。③唐末,藩镇割据,灵州为原灵武列校韩逊所据,逊自称朔方节度使。梁贞明初(约915年)韩逊卒,其子韩洙继任为灵武节度使,五代后梁、后唐累加其官爵。直到后唐天成四年(929年),韩洙卒,后唐明宗以其弟韩澄为朔方军节度观察留后。时灵州有列校李宾(一作李匡宾)聚众作乱,韩澄不能平。于是韩澄在同年十月遣使赍绢表乞朝廷命帅,后唐明宗即以原磁州刺史康福充朔方、河西等军节度,灵、威(治方渠,今甘肃环县)、雄、警、凉等州观察处置、度支、温池(一作"盐池")榷税等使④。此为内地政权再次派遣节度使管辖朔方的开始。此后,康福(后唐天成四年至长兴三年在任内)、张从宾(长兴末任职)⑤、张希崇(长兴四年至清泰三年

---

① 《资治通鉴》卷二八二,后晋天福四年正月条；《旧五代史》卷一二五《冯晖传》。
② 均见《旧五代史》卷一二五《冯晖传》。
③ 参见李鸿宾：《康朝朔方军研究》,长春：吉林人民出版社,2000年,第101—104页。
④ 《新五代史》卷四六《康福传》；《资治通鉴》卷二七六,后唐天成四年十月条。
⑤ 《旧五代史》卷九七《张从宾传》。

在任内,后晋天福元年至四年第二次复任)先后任朔方节度使。天福四年张希崇卒,朝廷任冯晖为朔方节度使。

墓志记接着记:"**王之到任也,沉机邦塞,设法苏民,来万里之梯航,服四郊之种落,俄更五稔,斗变一方。天福有六辛丑岁**(941年),**恩命改功臣,加检校太傅,播美勤王,垂休茈职,动宸岩之企望,集庶俗以攀留。**"据史籍载,冯晖上任后,很快就解决了灵州存在的两大问题:

一是灵州自后唐开成四年为内地政权直接管辖以来,"市马籴粟,招来部族,给赐军士,岁用度支钱六千万。自关以西,转输供给,民不堪役,而流亡甚众"。冯晖在安定境内秩序之后,"广屯田以省转饷,治仓库、亭馆千余区,多出俸钱,民不加赋,管内大治"①。又"天福中,官吏言:朔方军自康福、张从宾、张希崇相承三正市马和入籴蕃客赏赐、军州俸禄、供军戎仗,三司岁支钱六千万。自晖镇临已来,皆以己物供用"②。此即志所谓的"沉机邦塞,设法苏民";而墓志所云"**俄更五稔,斗变一方**",是说其任职五年,年年丰收,境内大治。

二是灵武境内蕃部众多,特别是青冈、土桥子之间的西路党项诸部,剽掠贡使、商旅,贡使、商旅行此必以兵护送,严重地阻碍了中西方陆路交通。冯晖采取对诸党项部"推以恩信"的政策,"部族怀惠,止息侵夺"③,"自是人不带剑,道不拾遗,境无寇盗……"④他采取具体的办法是,乘党项诸部最强大的酋长拓跋彦超至灵州来谒,留之不遣,起第城中,赐予丰厚。彦超既留,于是党项诸族不敢抄暴于外,争以羊马为市易,"期年,有马五千匹"⑤。于是从关中长安,经庆州、方渠(今甘肃环县)、青冈(青刚川)入旱海,再经耀德,至灵州,再由灵州至河西,这条中西方陆路通较为畅通。⑥此即墓志所云"**来万里之梯航,服四郊之种落**"。

正因为如此,后晋朝廷于天福六年加其检校太傅,多褒美之。

墓志下云:"**晋少主开运乙巳**(开运二年,945年)**抄秋,麻制加特进、检校太尉,移镇邠州节度使,离边也,制置极多,积粮草一百万。赴任也,贡献不少,进驰马五六千,并人马衣甲器械全。末几,诏衔新平,入统禁旅,侍卫步军都指挥使、北面行营先锋、马步军都指挥使。雄藩恋德,凤阙钦风,扬李枚之佳声,振赵奢之美誉。丙午**(开运三年)**中春,降麻加开国公,移镇河阳节度使。**"

---

① 《新五代史》卷四九《冯晖传》。
② 《册府元龟》卷四八五《邦计部·济军、输财》条。
③ 《新五代史》卷四九《冯晖传》。
④ 《册府元龟》卷六七七《牧守部·能政》。
⑤ 《新五代史》卷四九《冯晖传》。
⑥ 参见拙作《五代时期的丝绸之路》,《文博》1991年1期。

开运二年秋,后晋朝廷在白麻加封冯晖"特进、检校太尉"的同时,将其移镇"新平",即邠州节度使(又称静难军节度使,治新平,今陕西彬县)。据史载,朝廷之所以采取这一措施,是因冯晖在灵武任内"马多而得夷心",惧其后坐大为患,故将其调任邠州节度使,未上任,又除陕州节度使(保义节度使),接着又召为"侍卫步兵都指挥使,领河阳节度使(治今河南洛阳)"。墓志可补正,晖入统禁旅时还有"北面行营先锋、马步军都指挥使"衔,以及移镇河阳,是在开运三年春,并加封开国公事。墓志还补充上述晖在朔方任内的业绩:"积粮草一百万";"赴任也,贡献不少,进驰马五六千,并人马衣甲器械全";将晖比为战国时名将李枚("枚"为"牧"之误)、赵奢,而加以赞誉。

墓志接下又记:"**军权正系,藩翰方临,民严化理之条,士肃清通之令。其年琅琊太傅在朔方不谙蕃汉事,有失军民情,玉石俄焚,烟尘骤起,遽见飞章告急。朝野佥曰能安彼俗者,非王不才,敕可再授朔方军节度使。**"冯晖从灵武移镇后,后晋朝廷以王令温(即墓志所记"琅琊太傅",时领彰武节度使)为朔方军节度使,王令温在任内"不存抚羌戎,以中国法绳之,羌胡怨怒"。原为冯晖留于灵州城内的党项大酋拓跋彦超和石存、也厮褒二族联合,攻围灵州,杀令温弟令周。令温上表告急。① 此即墓志所云"**不谙蕃汉事,有失军民情,玉石俄焚,烟尘骤起,遽见飞章告急**"。

此时领河阳节度使冯晖,知朝廷原忌其强大,调离灵武,故后悔莫及,并希冀再次出镇灵武。为此,他厚赂权臣冯玉、李彦韬,适逢灵州令温告急,于是后晋遂于开运三年(946年)六月复以冯晖为朔方节度使,领关西兵赴任;又以威州(即方渠,天福四年升为威州)刺史药元福为行营马步军都指挥使,为晖裨将,共赴任灵武。② 墓志仅记,朝野举荐晖复镇灵武,而隐去了上述事实。《新五代史·冯晖传》记晖为再镇灵武,曾上表自请,甚至"愿得自募兵以为卫","乃募得兵千余人"云云。

墓志接下叙述晖再次出任朔方节度使途中之景况:"**偏师总领,十道齐征,潼关出而意气高,玉塞趋而山河迥。仲秋中旬十有三日,蓦青岗之险路,破玄化之狙戎,煞破万余人,血流数十里,承胜王沓届于庭焉。**"史籍记其赴任途中情况,有更为详细的叙述:开运三年八月,冯晖等一行从威州,经青冈峡(即墓志所记之"青冈",地在今甘肃环县北与宁夏接界处)至灵州,经七百里"旱海"③。当他们刚过旱海抵辉德(在灵州南)时,糇粮已尽。党项大酋拓跋彦超等数万,"布三阵,扼要路,

---

① 《资治通鉴》卷二八五,后晋开运三年二月条。
② 《资治通鉴》卷二八五,后晋开运三年二月条;《旧五代史·冯晖传》等。
③ 按,《资治通鉴》卷二八五胡注云:"赵珣《聚米图经》曰:盐、夏、清远军(在青冈峡西)间,并系沙碛,俗谓之旱海。自环州(即威州)出青冈川,本灵州大路。自此过美利寨,渐入平夏,经旱海中,难得水泉。至耀德清边镇入灵州。"此为方渠至灵州的大道。

据水泉,以待晖军"。冯晖遂遣使贿彦超求和,彦超许之,但不退兵。药元福对晖说:"彼知我军饥渴,邀我于险,既许和解而日中未决,此岂可信哉?欲困我耳。迁延至暮,则吾党成禽也。"冯晖惊问:"奈何?"元福说:"彼虽众而精兵绝少,依西山为阵者是也,余不足患。元福请以麾下骑先击西山兵,公但严阵不动,俟敌少却,当举黄旗为号,旗举则合势进击,败之必也。"晖从其策,果然大败彦超,得以进入灵州。①

冯晖抵灵州后,墓志接着云:"孤城解难,众庶咸安,乡村励其耕农,堡障回其戍守。丁未(后汉天福十二年,947年),直纶恩加检校太师。边庭肃静,寰海沸腾,弥坚奉国之心,固守全家之节。戊申岁(乾祐元年,948年)夏初,汉高祖加同中书门下平章事,功勋转重,问望潜隆,昂(《报告》作"昂"误)星更耀于台星,鹤塞恒清于雁塞。其年季冬,加兼侍中,戴蝉冠而道亚,栖虎帐以名高,达识毂中,沈谟术内。乾祐二年(949年)已酉,汉少主加兼中书令,洪蒙德重,犹龙誉振于九围;潋滟池深,浴风光凝于五色。广顺元年辛亥,周高祖降册备礼封王加推诚奉义同德翊载功臣、开府仪同三司、检校太师、兼中书令、陈留郡王,食邑七千五百户,食实封一千五百户。七元暗败,三盗明侵,既蒲柳以难任,且金玉而何守……"②以上较详细记述了冯晖复任朔方军节度之后,后汉、后周朝廷赐其官爵名号,与史籍相合,且多有补充,不赘述。唯乾祐元年后汉高祖刘知远加其为"同中书门下平章事"(《旧五代史·冯晖传》亦有记载)一职,此乃唐代以来宰相之名,故民间传彬县冯晖墓是"冯宰相"之墓,当有所据。

冯晖两次任朔方军节度使,史称其前后"抚绥边部,凡十余年,恩信大著"③。在五代,内地割据,战乱频仍,时处于西北边陲的灵州一带,在冯晖任节度使期间,境内大治,社会安定,是十分难得的。其次,唐末五代灵州、庆州(治今甘肃庆阳)一带是党项诸部(史称为"西部党项")聚居之地,因此如何处理和管辖党项诸部,维护内地政权与河西、西域的交通,是任朔方节度使的重要职责和维护境内安定的首要条件。冯晖能较好处理好与党项诸部的关系,故其能取得上述的政绩;相反,王令温及晖子继业在朔方节度使任内,未能处理好与党项诸部的关系,其结果只有离任。④

---

① 见《资治通鉴》卷二八五,后晋开运三年八月条;《宋史》卷二五四《药元福传》等。
② 墓志下接上节记晖卒事引文。
③ 《新五代史》卷四九《冯晖传》。
④ 关于五代时历任朔方节度使与其境内党项诸部的关系,参见拙著《唐代党项》,桂林:广西师范大学出版社,2006年,第119—132页。

三、甬道壁画、彩绘砖乐舞图像考

冯晖墓甬道东、西壁是壁画与彩绘相结合的两组乐舞图像,发掘《报告》有详细的描绘和附图。在此之前有杨忠敏、阎可行撰《陕西彬县五代冯晖墓彩绘砖雕》(载《文物》1994 年 11 期);罗丰撰《五代后周冯晖墓出土彩绘乐舞砖雕考》(载《考古与文物》1998 年 6 期,下简称"罗文"),对甬道东西壁的两幅乐舞图像有所研究和考释。特别是罗丰所撰文,对乐舞人物服饰、乐器及类别,做了详细、深入的考释,提出了一些新的、精辟的见解;且多为以后发掘《报告》所吸取。但是,仍有一些问题值得进一步讨论。下面拟在罗文和《报告》的基础上,做进一步的探讨和补正。

1. 关于东、西甬道乐伎所弹奏的乐器,罗文与《报告》分别考释如下:

罗文:东壁(从右至左)舞者之后,男乐伎所执乐器,依次为方响、箜篌、拍板、腰鼓、曲项琵琶、大鼓、(两胡人舞者)、横笛、觱篥(角?)、横笛、笙、箫。西壁(由左向右)舞者之后,女乐伎所执乐器,依次为方响、箜篌(仅余下半砖,从东壁推测出)、拍板、腰鼓、曲项琵琶、大鼓、(两男舞者)、横笛、觱篥(角?)、觱篥(角?)、笙、箫。

《报告》所释东、西壁乐器大部分同罗文,其中仅东、西壁罗文所记之"大鼓",作"答腊鼓";"角?",作"觱篥"。(图二、三)

图二　甬道东壁乐舞图像(采自《报告》第 14 页上)

图三　甬道西壁乐舞图像(采自《报告》第 14 页下)

关于东、西壁乐伎所击"大鼓"或"答腊鼓"，笔者以为均有欠妥之处。大鼓，有两种含义，鼓形体大、声振高，俗称为大鼓；有传统雅乐中用的大鼓，如罗文中引用的《周礼·地官》《考工记》等均有记载，也有宫廷大型乐舞，如《破阵乐》之类，有时用"大鼓"。但是，唐代广义的"燕乐"，如十部乐，坐、立部伎、法曲、胡部新声等宴享音乐乐器，均未见记有"大鼓"者。五代冯晖生前宴乐歌舞中，不可能用雅乐之"大鼓"。至于《报告》云此鼓为"答腊鼓"，则更差之远矣。答腊鼓，唐宋有关乐书记载："答腊鼓，制广羯鼓而短，以指拍之，其声甚震，俗谓之指鼓。"①此图像为乐伎双手各执一杖击鼓，显然大不同。

笔者认为此鼓为双杖所击之鼓，应为"两杖鼓"，也即是"羯鼓"。（图四）唐南卓撰《羯鼓录》云："羯鼓出外夷乐，非中国之鼓，故曰羯鼓……颡如漆桶，下桶有小牙床承之，击用两杖……"《通典》卷一四四《乐四》也说"羯鼓正如漆桶，两头俱击，以出羯中，故号羯鼓，亦谓之两杖鼓"②；唐段安节《乐府杂录》鼓架部也记有"两杖鼓"。按，宋代陈旸《乐书》及唐五代墓葬文物中所绘羯鼓均横置小牙床上，两手左右击之。此鼓直立，鼓面向上，双杖击之，更为有力和便捷，也应是羯鼓应用之一

图四　甬道东、西壁羯鼓伎(采自《报告》图版十二、三十一)

① 《旧唐书》卷二九《音乐志二》；《通典》卷一四四《乐四》。
② 又见《旧唐书》卷二九《音乐志二》。

种。罗文引录的日本《信西古乐图》中狮子舞中的大鼓、《韩熙载夜宴图》中的大鼓，应皆为羯鼓。

至于东西壁乐伎吹奏是角，或是觱篥？显然，罗文有误，《报告》云觱篥确。事实上，罗文已详细考证了觱篥的由来、吹奏方法及与竖吹管长的"尺八"的区别，认为是觱篥；但在后列表中，又否定之，而以"角？"代之，且将其余各部觱篥，均误为"角？"可能系笔误。

又罗文及《报告》均认为东、西壁乐伎所执之"腰鼓"，也有进一步讨论的必要。云此男、女两乐伎执为腰鼓，基本上是正确的，但是唐宋时腰鼓有多种名称和演奏方法。正如罗文所说，一般腰鼓是用双手拍击，而此两乐伎是一手执杖（槌）击，一手拍击；他又引用《通典》《文献通考》记西壁女乐伎所击为"正鼓"；引《梦溪笔谈》卷五《乐律》等，记宋时"杖鼓"，一头扙击，"一头以手拊之，则唐之汉震第二鼓也"。所谓正鼓、和鼓、汉震第二鼓等是指多种腰鼓在乐曲演奏中的地位。据上引《旧唐书》《通典》等记载，"都昙鼓，似腰鼓而小，以槌击之。毛员鼓，似都昙鼓而稍大"。故笔者认为，西壁用一槌击较细之腰鼓为都昙鼓，东壁用一槌击较粗大之腰鼓为毛员鼓。（图五）

图五　甬道东西壁腰鼓伎

（上为毛员鼓、下为都昙鼓，采自《报告》图版十、二十七）

此外,笔者认为,罗文、《报告》所云之"箜篌"为胡乐器,又称竖箜篌,而且是竖箜篌中的角形箜篌。箜篌,原也是中国内地传统乐器,据《通典·乐四》记:"箜篌,汉武帝使乐人侯调所造,以祀太一,或云侯晖所作。其声坎坎应节,谓之坎侯,声讹为箜篌……旧说一依琴制。今按其形似瑟而小,弦用拨弹之,如琵琶也"。此即文献所记之"卧箜篌",似琴瑟,置于腿或几上弹奏。因其音量小,后渐被筝、琴瑟所替代。

另有由中亚、印度传入之箜篌,竖立弹奏,故时称之为"竖箜篌",即现代称为"竖琴"者。同上书云:"竖箜篌,胡乐也。汉灵帝好之。体曲而长,二十二弦,竖抱于怀中,用两手齐奏,俗谓之擘箜篌。凤首箜篌,篌颈有轸。"[①]据中外学者研究,传入中国内地的竖箜篌,源于西亚两河流域,早在公元前 4000 年在西亚两河流即出现了竖箜篌,不久即流播于埃及和希腊半岛,以后传入中亚印度,再传入中国新疆、河西及关中、河南等地。

竖箜篌又可分为两种类型,即弓形箜篌和角形箜篌。最早出现的弓形箜篌,它是受弓箭的弓和弦能发声的启发,而创制的;其特点是长长的弓形梁,共鸣箱在其下方,琴弦仅 3 至 10 根,"篌颈有轸",易断裂。到公元前 1900 年角形箜篌出现后,则逐渐取代了弓形箜篌。角形箜篌其特点是长而大的弓形即为共鸣箱,其下端有一横梁,与弓形成直角,其弦较多,一般为 22 至 23 弦。中亚地区的箜篌基本上使用的角形箜篌,故北朝至唐宋所见箜篌图像均为角形箜篌。

弓形箜篌后在印度较为流行,公元 1 世纪后,随着佛教传入中国内地新疆、河西等地,印度的弓形箜篌也传入,称为"凤首箜篌",因其弦少、易断裂等原因,实用较少,仅在"天竺乐"、"高丽乐"和"骠国乐"乐器中,见有"凤首箜篌"。[②]因其华丽和弓形首多雕有凤首等图案,故在新疆、敦煌石窟中,表现佛界乐舞时,多绘有凤首箜篌。[③]

角形箜篌早在南北朝出土墓葬文物中有图像,如北周安伽墓石屏风彩绘雕乐舞图像等,其弓形共鸣箱下端有一缺口,再与一细长的横梁连接成直角。这种类型的角形箜篌是公元 6 世纪后流行于中国内地及中亚箜篌。国外学者称之为"半音器"箜篌,并认为,"这种半音器竖琴(箜篌)的共鸣箱下面与一个细长的琴梁相连,琴梁另一端抵住从共鸣箱悬垂的小铁栓。如此细的琴梁能承受住琴弦紧绷的巨大拉力,真是一种机械学的奇迹"。他们根据这类半音器箜篌较早出现于东方

---

① 《旧唐书》卷二九《音乐志二》等记载相同。
② 见《旧唐书》卷二九《音乐志二》"天竺乐""高丽乐";《新唐书》卷二二二《骠国传》。
③ 关于凤首箜篌,可参见高德祥:《凤首箜篌考》,《中国音乐》1990 年 1 期。

的中国,而认为它的最早发源地是中国①,是竖箜篌传入中国后,中国乐人改造及中国化的产物。上述五代冯晖墓彩绘砖东、西壁男、女乐伎所弹奏之角形箜篌即属于这种半音器角形箜篌。

如上所述,笔者以为,东壁乐伎所执乐器,从右至左,依次为:方响、角形箜篌、拍板、腰鼓(毛员鼓)、曲项琵琶、两杖鼓(羯鼓)、(两胡人舞者)、横笛、觱篥、横笛、笙、排箫(此排箫制作与唐代一般排箫不同之处,在于箫两边伸出有双手握的柄,且管数较少)。西壁(由左至右)舞者之后,女乐伎所执乐器,依次为方响、角形箜篌(仅余下半砖,从东壁推测出)、拍板、腰鼓(都昙鼓)、曲项琵琶、两杖鼓(羯鼓)、(两女扮男舞者)、横笛、觱篥、觱篥、笙、排箫(同东壁之排箫)。

2. 冯晖墓甬道东、西壁彩绘砖前壁画,分别绘有东壁中年男子胸前执一竹竿;西壁一女扮男装者,胸前亦执一竹竿(服饰,罗文,《报告》均有记述,从略,以下关于舞、乐伎服饰均同此)。罗文对此有详细考释,认为系宋代乐舞中手执竹竿之"竹竿子",即"致辞者",指挥整个乐舞活动。《报告》因之。其所论均正确,不赘述。

唯两壁"竹竿子"之后,彩绘砖上,各为一在圆毯上戴花冠的男、女舞伎,罗文否定了上引杨忠敏、阎可行撰《陕西彬县五代冯晖墓彩绘砖雕》以为此两舞伎为"巫师"一说;认为"冯晖身为后周大员,应熟知凶礼习俗,似不宜用'巫舞'殉葬"。此说甚是。但此两舞伎在歌舞中扮演什么角色?罗文并未涉及。

笔者认为,此两戴花冠之男、女舞伎应是流行于宋代"队舞"中的"花心"。所谓"花心",最早可能源自唐代之花舞(柘枝舞),唐乐史撰《柘技谱》记:"花舞者着绿衣偎身合成花,即柘枝舞,有花心者是也。"②到宋代宫廷及上层贵族的流行的歌舞,即燕乐(宴乐)中,有"队舞之制"③。队舞中除有上述在队舞前的"竹竿子"(致辞者)外,一般还有一名处于中心位置的独舞或独唱的人物,有时还担负朗诵诗词,或与"竹竿子"对答的任务,此即"花心"。④甬道东、西壁在"竹竿子"后,即各有一名正垂手舞蹈的、戴花冠的舞伎(东壁为男,西壁为女),与东、西壁乐伎中间的各两名舞伎服饰、地位不同,显然是"队舞"中的"花心"。(图六)

---

① 见 B.罗尔格仁:《佛教和前佛教世界的音乐》,载 C.E.博斯沃思等主编,刘迎胜译:《中亚文明史》(第 4 卷下),北京:中国对外翻译出版公司,2010 年,第 591 页。
② 载说郭本《说郭三种》,北京:中华书局影印本,第 4602 页。
③ 《宋史》卷一四二《乐志十七》。
④ 南宋史浩撰《鄮峰真隐大曲》对诸多大曲表演程序的记述;参见王克芬:《中国舞蹈发展史》,上海:上海人民出版社,1989 年,第 246—248 页。

图六　甬道东、西壁"花心"伎（采自《报告》附图版四、二十）

3. 在研究、讨论了冯晖墓甬道乐舞图像中的乐器、舞伎之后，对此图像所表现乐舞类别、形式等问题，罗文及《报告》均有所论述。

罗文认为，唐代乐舞发展到"晚唐间只有雅、俗之分，而无胡、俗之别"。又引《新唐书》卷二二《礼乐志十二》开首记"隋文帝始分雅、俗二部"，及俗乐乐器一段后，云冯晖墓砖雕上的乐器，"大部分与之吻合，属俗部乐无疑"。按，罗文所引《新唐书》一段是追叙北周、隋代情况，时乐有雅、俗之分，凡雅乐之外皆为俗乐，所列乐器也为一般俗乐之乐器，而非是专门一部"俗部乐"及乐器；唐以后胡乐兴起，俗乐中才有各种不同性质的乐舞类别。安史之乱后，胡、汉乐合流，一直到宋代。其流变情况，在宋代沈括的《梦溪笔谈》中很好的总结："外国之乐，前世自别为四夷乐。自唐天宝十三载，始诏法曲与胡部合奏。自此乐奏，全失古法。以先王之乐为雅乐，前世新声为清乐，合胡部者为燕乐。①关于"燕乐"，又作宴乐，有广、狭之分：狭义者，专指唐初十部乐中之"燕乐"，后又扩展到十部乐、坐立部伎、胡部等宴享音乐；中晚唐至宋，广义的燕乐，包括了雅乐之外的所有音乐，也如隋代的"俗乐"，也即沈括所云"合胡部为燕乐"。②正如冯汉骥先生对五代前蜀王建墓出土石棺东

---

① 沈括撰：《梦溪笔谈》卷五，乐律一，上海：上海书店出版社，2009年，第38页。
② 参见王昆吾：《隋唐五代燕乐杂言歌辞研究》，北京：中华书局，1996年，第13—25页。

南西三面伎乐图像的分析,及对燕乐的理解一样,认为其表现的乐舞大的类别,"无疑是属燕乐系统的,特别是中国化了的龟兹乐系统"①。但也有的学者不同意此说,认为在唐初是雅、胡、俗三乐,唐末是雅、俗二乐的对立,燕乐是宋人的概念。②但无论是燕乐、俗乐,均指雅乐之外的艺术性音乐。因此,判断冯晖墓甬道乐舞图像,总的系属燕乐或俗乐,均可;但笔者倾向于属燕乐,云其属"俗部乐",则欠妥。

至于《报告》云冯晖墓甬道乐舞图像表现是"散乐"则误,其引《辽史》卷五四《乐志》记散乐乐器组成与图像乐器相近而得出此结论。散乐,唐宋时是指杂戏、幻术之类,"非部伍之声"③;辽代散乐"俳优、歌舞杂进,往往汉乐府之遗声"④,其含义已扩大至歌舞杂进之类。因此,将非辽属之五代的冯晖宴享乐舞称之为散乐,则欠妥。

4. 冯晖墓甬道乐舞图像,从大的方面看,应属唐末五代的燕乐,其形式如罗文所说,为坐、立部伎中的立部伎一类(其含义与唐代已有区别),因东、西壁两队歌舞伎均站立演出;五代前蜀王建墓石棺乐伎全部坐着演奏,故冯汉骥先生称之为坐部伎一类。

不仅如此,从冯晖墓甬道东、西壁两组乐舞来分析,其形式已接近于流行于北宋时之"队舞"。关于"队舞",唐朝早已出现,但处于萌芽阶段,经五代至北宋,"队舞"形式日趋完善和成熟。据《宋史》卷一四二《乐志十七》记宫廷队舞:"队舞之制,其名各十。小儿队凡七十二人";下列有柘枝队、剑器队、婆罗门队、醉胡腾队等十队;另记有"女弟子队凡一百五十三人",下列有菩萨蛮队、感化乐队等十队。据学者研究,宋代队舞的角色主要有"竹竿子""花心""四角"(群舞演员)、"后行"(乐伎)等。每一部"队舞"表演形式不完全一样,但有大致相同的程序:开始多由竹竿子、花心先上场,竹竿子致辞,或与花心对答,然后乐舞队表演后,竹竿子再致辞,引队出场。⑤冯晖墓甬道两队乐舞,已具备了宋代"队舞"的基本特征:有竹竿子一名、花心一名、乐伎十一名和舞伎二名,是宋代队舞之雏形;即是说,冯晖墓甬道两队舞,恰好反映出它上承唐代、下启宋代队舞的事实,在中国音乐舞蹈史研究上具有重要的价值。这也正如上引罗文中所说:"要之,冯晖墓砖雕乐舞正处于唐、宋乐舞发展阶段的一个中间环节,有着承上启下的重要作用。"

---

① 冯汉骥:《前蜀王建墓内石刻伎乐考》,载《四川大学学报》1957年1期。
② 如日本学者岸边成雄《燕乐名义考》,载《东洋史研究》第1卷2号。
③ 《旧唐书》卷二九《音乐志二》。
④ 《辽史》卷五四《乐志》。
⑤ 南宋史浩撰:《鄮峰真隐大曲》有对诸多大曲表演程序的记述;参见王克芬:《中国舞蹈发展史》,上海:上海人民出版社,1989年,第246—248页。

5. 最后，如果要进一步分析冯晖墓甬道东、西壁乐舞图像，是属唐五代燕乐中何种乐舞类别，则较为困难。因为图像表现的乐伎所执乐器是否完整？不清楚；舞者舞容也只是择其一瞬间的舞姿，难以判断。不过，从两队舞中的乐器组成，以及舞者族属及舞姿，可以做一推测：两队舞十一种乐器，大部分为唐代以来胡部乐器（角形筚篥、腰鼓、觱篥、两杖鼓、曲项琵琶），也有传统清乐与胡部共有的乐器（笙、横笛、排箫、拍板、方响），且多与西凉乐、龟兹乐、胡部新声等乐器组合相似。①五代乐舞又基本承袭晚唐合胡部的"燕乐"。因此，笔者推测甬道东壁的队舞，为唐健舞类型，因两舞者为有胡髯之胡人，为唐以来已经变化的龟兹乐舞，或如宋宫廷队舞中的"醉胡腾队"之雏形。甬道西壁的队舞，仍为健舞，两舞者为女扮男装之汉人，故是否为流行于唐宋时的"柘枝舞"，宋宫廷队舞中的"柘枝队"之雏形。据史载，北宋名臣寇准特喜柘枝舞，"会客必舞柘枝，每舞必尽日，时谓之'柘枝颠'"②。冯晖亦如是耶？

至于冯晖墓甬道两队舞所用乐曲曲式，《报告》云为唐代"大曲"，基本正确。在唐代，上述龟兹乐、柘枝引，皆为教坊大曲③，且两大曲之下还有许多相关曲名，大曲为数支乐曲的结合。④唐大曲曲式结构，一般为散曲、中序（拍序）和入破；宋代大曲曲式，如宋人王灼《碧鸡漫志》卷第三说："凡大曲有散曲、靸、排遍、攧、正攧、入破、虚催、实催、衮遍、歌指、杀衮，始成一曲，此为大遍。"又云："后世就大曲制词者类从简省，而管弦家又不肯从首至尾吹弹，甚者学不能尽。"即是说，自唐至宋代，宫廷、上层贵族宴乐中并不一定完整演奏大曲，而往往只选择其一大曲中的一段，进行演奏，称"摘遍"；如《梦溪笔谈》所说："……裁截用之则谓之'摘遍'"⑤。一般歌舞多取大曲中最精彩的"入破"一段，独立成曲，又名"曲破"；"洞晓音律"的宋太宗，就"凡制大曲十八"，"曲破二十九"⑥。冯晖墓甬道东、西壁两队舞图像可能即反映"曲破"时，歌、舞、乐齐作之景象。

（原载于《中华文史论丛》2012年第2期）

---

① 见罗文所列冯晖墓与王建墓、西凉乐、龟兹乐、燕乐（狭义"燕乐"）、胡部新声乐器组成对照表。
② 沈括撰：《梦溪笔谈》（卷五），乐律一，上海：上海书店出版社，2009年，第37页。
③ 见崔令钦《教坊记》，说郛本。
④ 上引王昆吾：《隋唐五代燕乐杂言歌辞研究》，第151、157—158页。
⑤ 沈括撰：《梦溪笔谈》卷五，乐律一，上海：上海书店出版社，2009年，第36页。
⑥ 《宋史》卷一四二《乐志十七》。

五代至宋初陕北党项及宋夏在陕北的争战和影响

一、五代至宋初的陕西各族

在五代至北宋初百余年间，由于北方分裂割据、政权频繁更迭，陕西关中失去了全国政治中心的作用，且自唐末以来，关中几遭兵燹，官戚贵族及百姓四处逃亡，人口大减。唐代以来居于关中和陕南的各族已逐渐融入了汉族，故在陕西渭河以南至汉中等地的民族，除个别山区而外，均已成为汉族聚居之地。渭北的羌村、羌邑，只有名而无其实，大部分的羌族已完全汉化。稽胡亦渐次融入汉族之中，只有一些山川地名还保留着他们曾经居住过的痕迹。如宋乐史撰《太平寰宇记》卷三五《丹州宜川县条》记："库碢川在县西北二十里，从云岩县（今宜川西北）界入合丹阳川。按《图经》云：'川南是汉，川北是胡，胡汉之人于川内共结香火，故唤香火为库碢。'因此为名。又有小库碢川。"

这一时期，在今陕北地区自唐以来聚居的党项族却日益发展，成为陕西北境人口最多、势力最强的民族之一。原与党项杂居的吐谷浑族，其名不显，或汉化，或党项化，基本不见于史籍。在陕北的党项，五代时形成了两个大的割据势力：一是割据于夏、绥、银、宥四州的党项拓跋氏；一是据有麟、府二州的党项折氏。关于这两大割据势力，前在《唐代党项》一书及"下编"论文中有论述；现就五代至宋初陕北各地党项族、部的分布及活动，做一概括的叙述。

五代时，党项族日益繁衍，分布愈广。正如《新五代史·党项传》所说："部有大姓而无君长，不相统一，散处邠宁、鄜延、灵武、河西，东至麟、府之间。自同光（后唐年号）以后，大姓之强者各自来朝。"《宋史·党项传》亦记："今灵、夏、绥、麟、府、环、庆、丰州，镇戎、天德、振武军并其族帐。"其中，党项在陕西境内的州府有：夏（治今靖边白城子）、绥（治今绥德）、麟（治今神木北）、府（治今府谷）、丰（治今府谷哈镇南）、邠（治今彬县）、鄜（治今富县）、延（治今延安）、银（治今米脂党岔）、宥（治今定边西）等州。可以说，在今陕北（包括彬、富县）地区均有党项部众与汉人杂居。按照当时人的说法,党项、吐谷浑和吐蕃部落都有生户和熟户的分别。"内属者谓之熟户,余谓之生户"①。或如宋代曾任过延州节度使判官的宋琪所说:"大约党项、吐蕃,风俗相类,其帐族有生、熟户。接连汉界,入州城者,谓之熟户;居深山僻远,横遏寇略者,谓之生户。"②

史称党项诸部仍处于各部不相统一,有大姓而无君长的原始社会末期。宋琪对此也有较好的叙述:"其俗多有世雠,不相往来,遇有战斗,则同恶相济,传箭相率,其从如流。虽各有鞍甲,无魁首统摄,并皆散漫山川,居常不以为患。"③关于陕北境内的党项部落或大姓分布情况,见下表:④

五代至宋初陕北党项部、族表

州 名	部、族名	首 领	大 事	资料出处
府 州	折家族	折之正	后唐长兴元年(930年),以之正为检校尚书、右仆射。	《五代会要》卷二《党项传》
	簿备家族	簿备撒罗	后唐长兴元年,以撒罗为检校工部尚书。	同上
	尼也六族	泥香王子、跋山	后周广顺二年(952年)来贡,以两首领为归德将军。	同上
	直荡族及内属羌部16府、12府	啜估、屈遇罗厖	宋开宝元年(968年)直荡族啜估寇府州,诏内属羌部16府、12府首领击降之。	《宋史》卷四九一《党项传》
	外浪族	来都	宋太平兴国六年(981年)来贡马。	同上

---

① 《宋史》卷四九二《吐蕃传》。
② 李焘:《续资治通鉴长编》卷三五,宋淳化五年。
③ 李焘:《续资治通鉴长编》卷三五,宋淳化五年。
④ 此表内未列有部、族名而不知其居地者;其中丰、宥、夏、鄜等州辖境有部分地区在今陕西境外,因州内党项部、族具体居地不详,故一并列入。

续表

州　名	部、族名	首　领	大　事	资料出处
府　州	女乜族 茗乜族	来母崖及子社正	宋雍熙二年(985年)女乜族内附,命迁茗乜族中。	《宋史》卷四九一《党项传》
	兀泥族	泥中估移长子突蹶罗、首领黄罗	宋淳化二年(991年)以千余帐降府州。	同上
	勒浪族嵬女儿门、16府、勒浪树李儿门族	马尾、没崖、遇兀	宋至道元年(995年)内附,首领受封。	同上
	府州界五族	折突厥移	至道二年大首领乞受命,依旧充府州管界五族大首领。	同上
	兀泥巾族	突厥罗	至道二年宋赐诏书给兀泥巾等府、麟二州党项十族,以招抚之。	同上
	女女杀族	越都		
	女女梦勒族	越移		
	女女忙族	越置		
	女女籫儿族	党移		
	没儿族	莫末移		
	路乜族、细乜族	越移、庆元		
	路才族	罗保		
	细母族	罗保保乜		
麟　州	三族砦羌部	折御乜	雍熙二年率部二千余户降宋。	同上
	言泥族	跛黄太尉	景德元年(1004年)原契丹所属言泥族三百余帐归附宋麟州。	同上
	杜庆族		大中祥符元年(1008年),杜庆族数侵别帐,发熟户讨之。	同上

续表

州 名	部、族名	首 领	大 事	资料出处
丰州	藏才族(内有藏才东、西、中、北诸族)	王承美等	开宝二年（969年）藏才族内附于宋。此后，一直为宋守边，并常贡马。	《宋会要辑稿》方域二一丰州条
	没细族	越移	太平兴国八年（983年）宋封各族、部首领以官爵。	同上
	耶保、移邀二族	弗香克浪买		
	乞党族	岁移		
	庄浪族	龙移	咸平五年（1002年），宋封首领以官爵。	同上
	勒浪族十六府	屈遇	雍熙二年二族归化，宋赠书抚之。	《宋史》卷四九一《党项传》
	名波族十二府	浪买		
夏州	保细族		太平兴国七年（982年）结集诸部，为夏州宋书讨击，破之。	同上
	吴移、越移等四族、岌伽罗腻十四族		雍熙二年，夏州尹宪出兵，吴移、越移四族降，击岌伽罗腻十四族。	同上
	咩嵬族、南山族	魔病人乇崖	雍熙二年，两族结寇，为宋军击灭。	同上
	黄乜族		淳化元年（990年），以其族700降户处于夏、银之地。	同上
	熟户旺家族	都子	大中祥符六年（1013年），为夏州掠去都子，又内属。	同上

续表

州 名	部、族名	首 领	大 事	资料出处
绥州	羌部	苏移、山海液、母驮香、野利、嵬名乜屈、啜泥	淳化五年（994年）宋封绥州羌部首领以名号。	《宋史》卷四九一《党项传》
	羌部	军使拽臼	咸平六年（1003年）拽臼等195口内属宋。	同上
银州	羌部	拓跋遇	太平兴国二年（977年）来诉本州赋役苛虐，乞居内地，不许。	同上
	悉利诸族		雍熙二年，宋军在银州北破其族，俘获甚众。	同上
	保寺、保香族	埋乜已	雍熙二年，宋军在开光谷西破其四族，斩获甚多。	同上
	保、洗两族			
	没邵、浪悉讹等族		雍熙二年，宋军又破银州杏子平东北山谷内此二族。	同上
宥州	咩兀十族	遇乜布	雍熙二年，宋给其族首领敕书以安抚之。	同上
	御泥布、啰树二族		端拱元年（988年）二族附李继迁，为宋军击破。	同上
	羌部及熟户咩魏族	腊儿	天禧元年（1017年）腊儿率众劫熟户咩魏族，为宋军击破。	同上

续表

州 名	部、族名	首领	大事	资料出处
邠宁	牛羊、苏家族		咸平六年,两族击李继迁有功,厚赐之。	同上
鄜 延	延州司家族		后汉开运三年(946年),刘景岩与之有交往。	《新五代史》卷四七《刘景岩传》
	延州羌部	吴怡磨	后周广顺三年(953年)率部降周,授其为怀化郎将。	《册府元龟》卷一七〇
	东山蕃落		太平兴国三年其部寇清化砦,为宋军击败。	《宋史》卷二五三《李继周传》
	磨卢家、媚咩、拽藏等族		淳化末(约994年)宋金明镇使李继周因诸族未附,率军击之。	同上
	小湖卧浪族		大中祥符元年(1008年)都延铃辖上言,其族数为前锋作战有功,诏补其军主侍禁。	《宋史》卷四九一《党项传》
	熟户	委乞	天禧三年(1019年)鄜延路上言:亡去熟户委乞等695人,有骨咩、大门等族来归。	同上
	骨咩、大门等族			

上表所列党项诸族（大家族）、部，仅是见于史籍所载，很不完全。但由此表也可知五代至宋初陕北诸州党项部众名目繁多，以部或大家族聚居，畜牧为生，多羊马。他们大都为五代北方政权和北宋所统治，然叛服无常。当北方的内地政权强盛时，他们则多归服，常贡马，并不时入朝觐见。

如立国仅十五年的后唐政权，境内党项朝贡达十七次，说明党项朝贡是十分频繁的。他们朝贡的物品主要是马、驼，后唐朝廷照例不但皆给还马值，酬赏增倍，而且"馆谷锡赉"，别赐帛彩，所费甚巨。

内地朝廷对归服的党项各部首领还敕以封号，厚加赏赐。赏赐物品以茶、彩帛为主，说明这两种物品是党项所需的生活用品。宋代统治者还安置部分党项部众于内地，给公田，依险而居，计田赋粟，并于边地设置贸易等。①这一切大大有利于陕北党项与汉族的经济和文化的交流。

原居于陕北地区的吐谷浑族，则不见于史籍了。考其原因，乃系其与党项杂居既久，大部分党项化，被统称为"蕃部"。如陕西府谷县新出土的《折继闵神道碑》记，府州党项折继闵曾娶吐谷浑慕容氏，宋朝"赠魏郡太夫人"；继闵长女适"侍禁慕容令问"，三女适"皇城使知戎州慕容令仪"②。此两慕容氏皆为吐谷浑族。在宋代陕北还保留有"吐浑河""吐浑川""杜胡川"之名，此河即今秃尾河。吐浑、杜胡、秃尾皆同音异译。此川原为吐谷浑部众所居，故有此名。此外，陕北自唐代以来还居有许多突厥、回纥之众，五代以后也渐次融入汉族或党项之中。宋时，府州兀泥巾族党项首领名"突厥罗"，府州界五族大首领名"折突厥移"者，可能即与此地突厥融入党项有关。

二、宋与西夏在陕北的争战

夏州党项拓跋氏的割据势力经五代及宋初，其首领李继迁及其子德明复兴，成北宋北方的劲敌。德明为了巩固已取得的成果，并希冀从宋朝那里获取更多的经济利益，故奉表归顺北宋，从宋朝那里获得了巨大的经济利益，使其境内生产有所发展，政权基础得到巩固。北宋天禧四年（1020年），德明选中怀远镇，营建新都，取名兴州（今宁夏银川），遂都之。③同时，德明还乘机向陇右、河西扩张，天圣六年（1028年）至明道元年（1032年）命其子元昊取回鹘之甘州（今甘肃张掖）和瓜州（今甘肃敦煌），将势力一直延伸到今敦煌玉门关，逐渐控制了中西方的交通

---

① 《宋史》卷四九一《党项传》
② 见《折继闵神道碑》，载戴应新《折氏家族史略》，西安：三秦出版社版，1989年，第71页。
③ 同上书，卷九六，宋天禧四年十二月及考证。

和贸易。①

宋天圣九年（1031）德明卒，其子元昊立。元昊则一反其父对宋的政策，外倚契丹，竭力摆脱对宋朝的依附地位，独立称霸于北方。他继立后，承袭宋对父德明的封号，却极力推行提高党项民族意识的一系列措施。如否认唐、宋王朝对其家族的赐姓李、赵，改姓嵬名氏，更名曩霄，自称"兀卒"（青天子）；颁布秃发令，强迫国人三日内一律秃发，违者处死；又创制西夏文字，改变与汉族传统有关的礼乐制度等。②这些旨在加强本民族意识的措施，乃是自唐末以来，北方民族如契丹、女真族，民族意识逐渐加强，希冀摆脱内地汉族传统文化影响的尝试；目的是要团结和凝聚本民族的力量，以与内地汉族政权相抗衡。然而，元昊及辽、金的统治阶级又不得不借鉴内地汉族政权的封建统治制度和经验，以统治其境内以汉族为主的各族人民。因此，随着历史的发展，在他们统治阶级内部蕃化和汉化的斗争持续不断，最终汉化的趋势仍然占了主导地位。这也是不以人们意志为转移的发展规律。

元昊还"明号令，以兵法勒诸部"，定都于兴庆府（今宁夏银川），新制官制，规定服饰，自中书令、太尉以下，"皆分命蕃汉人为之"，年号曰"显道"（宋明道元年，1032年）。③在做好了建立和巩固政权的准备之后，元昊即于宋景祐元年至二年（1034—1035年），扰宋府州，又攻环、庆等州，并向今青海流域的吐蕃唃厮啰部进攻，重新占领河西肃（今甘肃酒泉）、瓜（今甘肃安西东南）、沙等州。宋宝元元年（1038年），元昊正式称帝，定国号曰大夏，改元天授礼法延祚，并遣使上表告于宋。史家一般以此年为西夏建国之始。

次年，宋朝下诏削夺元昊官爵，禁边民与夏互市。元昊即率兵攻围保安军（治今陕西志丹），又围承平寨（今陕西子长西南），为宋军击走④。

到宋康定元年（1040年）初，元昊开始向宋朝境内发动了大规模的进攻，从此拉开了长达数十年的宋夏战争的帷幕。战争从宋夏接界的山陕黄河起，延至今陕北、甘肃、宁夏，直到陇右、河西，均时有战事发生。然而，双方战争争夺最为激烈的地区是在今陕北横山一带。这里是宋夏的战略要冲，双方必争之地。对西夏来说，横山一线（包括宋鄜延路、河东路的麟、府二州及环庆路）是其祖先盘踞数百

---

① 《宋史》卷四八五《夏国传上》；曾巩《隆平集》卷二〇《夏国赵保吉传》等。
② 李焘：《续资治通鉴长编》卷一一五，宋景祐元年十月等；吴天墀：《西夏史稿》，成都：四川人民出版社，1983年第2版，第30页。
③ 以上均见《宋史》卷四八五《夏国传上》。
④ 《续资治通鉴》卷一二三，宋宝元二年。

年的"基业",割据达数百年之久的地区;而且从战略上讲,控制此地可南下鄜延、东进麟、府,取宋之关中和河东。若宋失横山一线,则关中、河东难守,宋京畿之地不保,若有此地则可控制西夏南下。正如宋朝名将种谔所说:"横山亘衰,千里沃壤,人物劲悍善战,多马。且有盐铁之利,夏人恃以为生;其城垒皆据险隘,足以守御,兴功当自银州始。"若进据银、宥和夏三州,则"横山强兵战马,山泽之利尽归中国,其势居高,俯视兴、灵,可以直覆巢穴"①。因此,宋夏在陕北的争夺,在西夏建国至北宋灭亡八九十年间,成为宋夏战争的主要战场。在此发生的争夺战主要有三次。下面就以这三次战役为线索,加以概述。

康定元年初,元昊诈言请和,麻痹时知延州的范雍,使之不设备,突然集大军向鄜延中路进攻,破金明寨(今安塞南沿河湾镇古城),守将李士彬父子(党项熟户)被擒;夏军乘胜围延州城(今延安)。宋庆州刘平、保安军石元孙等率军来援,行至三川口(今安塞、延安西川河汇入延河处)中伏,全部被歼。夏军围延州七日,因大雪,退走。延州金明以北的塞门(今安塞北镰刀湾乡)、承平(今子洲县西南何家集乡)、安远(今安塞北坪乡)、永平(今延川西水永坪镇)诸寨,为夏军夺取。三川口之战的失败,给宋廷以极大的震动。②宋朝急忙调陕西经略副使范仲淹知延州。范仲淹洞悉宋夏形势,主张采取持久的防御战略方针,以修筑堡塞、大兴营田,听民互市等措施,巩固边防,然后再谋进取。他推广时任鄜州判官种世衡城清涧(今清涧)的经验,夺回并修筑塞门、承平、永平等塞,招募弓箭手守御,"稍招还流亡,定保障,通斥候,城十二砦,于是羌、汉之民,相踵归业"③。经过范仲淹及其部下周美、种世衡等的努力,鄜延路的防御能力有所加强,数次击退了夏军的进攻。

然而,就在此时(宋庆历元年,1041年)夏军又大败宋军于好水川(今宁夏隆德县北),死亡将士万余。同年八月,夏军又转而向东大举进攻河东路的麟、府二州,遭到宋军的顽强抵抗。时知府州的是党项折氏惟忠子继闵,他早已坚壁清野,血战七日。④夏军转而向北,攻陷丰州,又破宁远砦(今府谷西南杨家湾村古城),绝麟、府二州饷道。宋廷议弃河外之地,守合河军(今山西兴县),帝不许,令张亢经营河外麟、府。张亢单骑入府州,开门纵民采薪刍汲涧谷,并于城外筑东胜、安定、金城三堡;夜袭夏军琉璃堡,大破之,夏军遁走;又战于兔毛川(今陕西窟野河

---

① 《续资治通鉴长编》卷三二八,宋元丰五年七月。
② 详细战况见《续资治通鉴》卷一二六,宋康定元年等。
③ 《宋史》卷三一四《范仲淹传》。
④ 见上引《折继闵神道碑》。

上流),筑十余堡寨,麟、府始固。①此后,宋朝将陕西分为鄜延、环庆、泾原、秦凤四路,分别以庞籍、范仲淹、王沿、韩琦四人主持对西夏的军事。

至此,宋夏在陕北的第一次大争战虽然结束,但在庆历二年秋,西夏在定川砦(今宁夏固原西北)又大败宋军,守军九千余人全部覆没。经过三川口、好水川、定川砦三次惨败后,宋朝虽然采取了一系列措施,以加强对西夏的防御,并收到一定的效果;然而,国内财政困难,物价飞涨,兵变民变时有发生,因而对西夏采取妥协的政策。而西夏方面,也因连年战争,国内疲困,蕃汉人民反对,"国中为'十不如'之谣以怨之"②,故也想和谈。庆历四年(1044年),宋夏双方达成和谈协议,夏国仍向宋称臣,宋封元昊为"夏国主",并"岁赠银、绮、绢、茶共二十五万五千",置榷场于保安军及高平砦。③从此,双方大约保持了二十多年的和平。

至宋治平四年(1067年),宋知清涧城的种谔(世谊子)诱降西夏驻守绥州的嵬名山,而一举收复绥州。西夏谅祚(元昊子)进行报复,诱杀宋保安军杨定、侍其臻。从此,揭开了宋夏第二次陕北战争的序幕。西夏提出以安远、塞门二塞交换绥州,但未能实现。至宋熙宁四年(1071年),时巡抚陕西的韩绛用种谔城横山策,在绥州西筑啰兀城(今榆林东南石崖地村古城)、抚宁堡(今榆林镇川南巴塔湾村古城),并增修沿边诸堡塞,以步步向西夏横山一线进逼。西夏一向以横山为生命线,故集中兵力来攻,陷抚宁,破啰兀,宋将士千余人尽没。④这次宋夏对啰兀诸城寨的争夺战,可视为双方在陕北第二次大战前的接触。

宋元丰四年(1081年),宋神宗用宰相王安石进行变法,又取陇右置熙河路,从而构成了对西夏的包围形势。适值西夏国内发生政变,秉常为母后梁氏所囚,于是宋朝乘机集五路大军,准备直捣兴庆府,灭西夏。其中两路大军即出自陕北:一路由种谔率领,出鄜延路;一路由王中正(宦官)统领出河东路。两路计划先会于夏州,攻下怀州(治今宁夏银川东南),与其他三路会师于兴庆府。种谔领兵九万三千,从绥德城出发,攻陷夏米脂城,又连破银、石(治今绥德西北)、夏诸州,进至夏州索家坪时,因军粮不济,正值大雪,士卒死亡溃散,返回者仅三万余人。⑤河东路王中正领兵六万,其中包括知府州的折克行(继闵子),大军从麟州出发,沿无定河,先至夏州,无所获,再至宥州。折克行一夕即跋宥州。⑥然宋军行经沙湿地

---

① 《宋史》卷三二四《张亢传》;卷三二六《张岊传》。
② 《宋史》卷四八五《夏国传上》。
③ 《宋史》卷四八五《夏国传上》;王偁《东都事略》卷一二八《夏国传》。
④ 《宋史》卷四八六《夏国传下》等。
⑤ 《宋会要辑稿》兵八之二二;《宋史》卷四八六《夏国传》。
⑥ 见上引《折克行神道碑》。

带,士马多死,后亦被迫撤回。①其余三路也因各种原因而被迫回军。

此次,宋朝五路大军出征,结果未能成功,损失惨重;而西夏也因坚壁清野,为宋军所攻,损失也不小,元气大伤。特别是陕北两路曾一度攻占西夏视为生命线的横山根据地,复银、宥、夏、石等州,横山北侧一些废城寨为宋军所得,并加以修筑,派兵防守,如种谔之城细腰、吴堡、义合、塞门、米脂五寨堡等。②这次战役是宋朝发动的,结果未达到预期目的,损失巨大;但从陕北地区看,也以筑城寨的方式,向夏边境推进了一大步,控制了若干重要的交通、军事据点。正如苏轼所说:至是夏人在"横山之地沿边七八百里中,不敢耕者至二百余里。岁赐既罢,和市亦绝,虏中匹帛至五十余千,其余老弱转徙,牛羊堕坏,所失盖不可胜数"③。

战后,种谔等均上言以筑城寨的方式,以进据横山一线,从银州筑城开始,其次宥州、夏州,"三郡鼎峙,则横山之地已囊括其中"④。然而,宋廷所派巡视边防的徐禧,却请先城永乐(今榆林东南上盐湾村古城)。宋元丰五年(1082年)徐禧发民卒城永乐,14日而成,名银川砦。西夏大军号称三十万攻永乐,铁骑号"铁鹞子"渡河围城,破城,徐禧等战死。此役宋军损失惨重,死亡蕃、汉官二百三十人,兵一万二千三百余人。⑤

宋夏在陕北的第二次大争战,以宋五路进攻开始,至永乐城陷落为止。从表面上看,宋朝仍然处于失败的地位;然而,宋朝虽然失去了永乐等堡寨,可是从总的方面来看,宋于陕北等地采取的"浅攻近取"的方针已见成效,进筑的许多寨堡,已占有横山之半,形势正向有利于宋朝一方转化。

永乐之战后,宋夏双方疲困,都有和谈的愿望。西夏要求宋朝归还兰州及米脂、葭芦(今佳县)、浮图(今子长西)、安疆(今吴旗西南)等五寨。宋朝仅允归还米脂等四寨,条件是夏国放归永乐被俘人口。直到宋元祐四年(1089年),双方和谈成功,但划界问题仍悬而不决,时也有争战。如元祐六年(1091年),夏军攻围麟、府二州三日;七年,又攻绥德。西夏虽有小胜,但总的趋势,仍然是宋以筑城寨的策略,步步进逼夏境。特别是在章惇任宋宰相后,对西夏采取强硬政策,停止分划地界,加紧筑城寨,浅攻近取。

宋绍圣三年(1096年),西夏大军入鄜延,至延州北五里。接着,夏梁太后及其子乾顺率五十万大军从麟州直赴金明,攻破之,守军二千八百人唯五人得脱,旋退

---

① 《宋史》卷四八六《夏国传》。
② 《东都事略》卷一二八附录《夏国传》。
③ 《宋文鉴》卷五五,苏轼《因擒鬼章论西羌夏人事宜》。
④ 《续资治通鉴长编》卷三二八,宋元丰五年。
⑤ 《宋会要辑稿》兵八之二八。又《宋史·夏国传下》说,此役宋死"士卒、役夫二十余万",可能有些夸大。

兵。四年,夏国复以七万众攻绥德城,为宋军战退。①这两次大战可视为宋夏在陕北的第三次大的争战。不过,对西夏来说,这次战争已是强弩之末,整个宋夏战争的优势已转到宋朝一边。同年,宋军复取夏国宥州;崇宁四年(1105年),宋取银州,改为银川城。时李宪领六路边事,又大修堡寨,最后宋朝终于夺取了夏人视为生命线的横山一线。《东都事略》撰者说:"初,夏国恃横山诸族帐强劲善战,故用以抗中国……童贯旧常从李宪,得其仿佛,故献议进筑,遂领六路边事,将诸路兵六七年,进筑军垒,建立堡砦,遂得横山之地。夏人失所恃,遂纳款。夏国自是少衰矣。"

从此之后,直到北宋为金灭亡前,宋夏在陕北的争战基本结束。然而,由于金人向陕西的推进,西夏最后又乘机占领了横山地区。

三、宋夏陕北争战对陕西的影响

长达数十年宋夏之间断断续续的战争,给宋、夏双方带来了严重的后果,对双方的政治、经济、军事等方面产生了巨大的影响。关于此,前人论述颇多,现仅就宋夏在陕北的争战对陕西各族的影响,略加论述。

首先,宋夏在陕北的战争给陕西蕃(主要是党项羌)汉人民带来了极大的灾难。每次大战,夏、宋双方的蕃汉士卒、百姓死于兵燹者动辄以万计;家园被毁,田地荒芜,流离失所,饥馑难存。这一切是战争带给陕西蕃汉人民最大的痛苦和灾难。其中,特别是陕北介于宋夏边界山险间的"属羌"(即党项熟户),更是深受战争之苦。西夏建立后,元昊扩疆,"始于汉界沿边山险之地三百余处,修筑堡寨,欲以收集老幼,并驱壮健为入寇之谋";而范雍知延州时,纵容属下对属羌则大肆攻掠,杀老幼首级冒功,"无辜被戮,毒贯人灵,上下文移皆谓之'打虏'"②。即是说,属羌受到来自宋、夏两方的攻掠和杀戮,苦不堪言。这种情况到范仲淹知延州后,宋朝上下才认识到争取"惯于战斗"的属羌的重要性,情况才有所改变。至于夏军或宋军在陕北争战时,攻掠城寨,抢掠财物,滥杀无辜蕃汉百姓,更是屡见不鲜。

同时,由于宋夏长期争战,关中等地汉族人民也深受其害。由于征战讨伐,飞刍挽军,赋役佚起,服役籍兵,关中百姓备受其苦。史称当时"自陕以西,闾阎之间,如人人有丧,户户被掠,号哭之声,弥天亘野"。这是宋朝在陕西征兵时情况的写照。被征者往往四处逃避,而官府禁其父母妻子,"急加追捕,鬻卖田园,以充购

---

① 《宋史》卷四八六《夏国传下》等。
② 《续资治通鉴》卷一三二,宋庆历元年,引田况上《兵策》。

赏"。①经常性的籍兵,竟然使关中之民,子子孙孙常有三分之一为兵,造成了大批劳动力丧失,经济凋敝。其次是关中百姓还要支付巨额的军粮,承担远边转饷之役。元丰四年(1081年)"陕西用兵之后,公私蓄积大抵殚耗"②。关中百姓承担军饷转运,千里迢迢,迫于军期,山险路远,许多民夫死于道中,被迫逃亡,民不堪忍受。仅此几端,就可知宋夏陕北争战中,陕西关中等地汉族百姓承担了多大的痛苦和牺牲。

然而,宋夏战争给陕西各族人民虽然带来的主要是痛苦和灾难,但战争也从另一个方面对陕北地区的开发建设及各族人民的交往、融合起到了一定的积极作用。

陕北是宋夏争战最为激烈的地区之一。宋朝从战争多次失败中,总结出来的进筑堡寨、浅攻近取的战略方针,自康定元年三川口战役之后,由种世衡、范仲淹、张亢等积极推广和施行。此后,宋朝历任边州将官皆对进筑堡寨十分重视。到绍圣、元丰时,宋朝以进筑堡寨的办法最终夺取了西夏的生命线——横山地区。有学者统计,宋夏战争期间,宋在陕北地区修筑(包括重筑)的军、堡、寨、镇见于记载的共达129个。其中鄜延路有3军(绥德军、保安军、威德军)、1镇(丰林)、7城、31寨、24堡;河东路的麟、府二州境内有1军(晋宁军)、1城、18寨、26堡;环庆路所属今陕北地区有1军(定边军)、2城、4寨、10堡。③这些堡寨地址的选择,大多是"道路通达,水草丰足,良田可耕,险固可令易(守),异时毋烦朝廷馈饷,缓急声援可以相接"的地方。④

正是因为宋代陕北城寨修筑数量很多,且大都筑于交通道路通达、有良田可耕之地,故对于以后陕北以城寨为中心的城镇建设打下了良好的基础,为进一步开发陕北地区提供了良好的条件。比如这一时期所置筑的米脂寨、清涧城、吴堡寨、葭芦寨、神木堡、绥德城、安寨、安定堡等,如今已成为陕北的米脂、清涧、吴堡、佳县、神木、绥德、安塞、子长等县。此外,今陕北还有30多个乡的所在地,溯其源均为宋代的堡寨。⑤

北宋在陕北置筑的堡寨,多选择有良田可耕之地,城寨的驻军多为土人或蕃汉士卒,他们也就地大开营田,互市兴利,以解决运饷困难的问题。如种世衡城清

---

① 《司马文正集》卷五《乞罢陕西义勇第二上殿札子》。
② 《续资治通鉴长编》卷三二一,宋元丰四年十二月。
③ 参见吕卓民:《宋代陕北城寨考》,载《西北历史研究》1988年号,西安:三秦出版社,1990年。
④ 《宋会要辑稿》兵二八之四四。
⑤ 参见上引吕卓民《宋代陕北城寨考》。

涧城后,"开营田二千顷,募商贾,贷以本钱,使通货赢其利,城遂富实"①。知延州的范仲淹推广世衡经验,也"大兴营田,且听民得互市,以通有无"②。庞籍接范仲淹知延州后,仍"数募民耕种,收粟以赡军"③。种谔取夏绥州,令高永能"治绥德城,辟地四千顷,增户千三百,即知州事"④。这些措施,不仅暂时解决了宋军运饷的困难,而且对以后陕北农业和商业的发展起了积极的作用。

陕北的番汉人民在共同抵御西夏进攻的过程中,相互配合,共同战斗,而更加接近;加之宋朝统治阶级采取"蕃汉为一"的政策,这一切大大有利于陕北番汉人民之间的交往和融合。

陕北宋夏边境有众多的蕃部(主要是党项羌),有生、熟户之分,他们是宋夏双方争夺的对象之一,有着举足轻重的作用。宋朝所采用的进筑堡寨、浅攻近取的方针,如果没有当地蕃汉人民的支持和驻守,也是毫无效果可言。宋朝君臣上下及沿边将士也是从多年血的教训中才较为清楚地认识到这一点。在康定元年三川口战役前后,种世衡在城清涧的同时,极力争取属羌。他"间出行部族,慰劳酋长,或解与所服带","繇是属羌皆乐为用"。"及卒,羌酋朝夕临者数日,清涧及环(治今甘肃环县)人皆画像祠之"。⑤知延州的范仲淹"号令明白,爱抚士卒,诸羌来者,推心接之不疑,故贼亦不敢辄犯其境","及其卒也,羌酋数百人,哭之如父,斋三日而去"。⑥

此后,宋廷上下更加重视从蕃部选择番兵。蕃兵,即"具籍塞下内属诸部落,团结以为蕃篱之兵也"。宋朝对蕃兵首领规定有职称、俸禄及田土。"自治平四年(1067年)以后,蕃部族帐益多,而抚御团结之制益密。"内鄜延路有:"军、城、保、砦十,蕃兵一万四千五百九十五,官马二千三百八十二,强人六千五百四十八,壮马八百十。"⑦宋宰相王安石更有用汉法治蕃兵之议:"今宜令蕃兵稍与汉同,与番贼异,必先录用其豪杰,渐以化之。此用夏变夷之术也。"又说:"蕃部既得为汉,而其俗又贱土贵货,汉人得以货与蕃部易田,蕃人得货,两得所欲,而田畴垦,货殖通,蕃汉为一,其势易以调御。"其后,宋朝还于陕西等地立团结蕃部法,并议以蕃将统蕃兵,蕃官位均应在汉官之下等。⑧

---

① 《宋史》卷三三五《种世衡传》。
② 同上书卷三一四《范仲淹传》。
③ 同上书卷三一一《庞籍传》。
④ 同上书卷三七四《高永能传》。
⑤ 上引《宋史·种世衡传》。
⑥ 上引《宋史·范仲淹传》。
⑦ 《宋史》卷一九一《兵志五》。
⑧ 均见《宋史》卷一九一《兵志五》。

宋朝采取争取属羌、加强蕃兵等一系列措施，尽管目的是为了利用争取他们来抵抗西夏进攻，而且其中也含有民族歧视的因素；但是，却大大有利于陕北党项羌等蕃族与汉族的融合。到明代之后，陕北的党项羌部见于记载的就很少，说明他们大部分已逐渐融合到汉族之中，这就是今天陕北汉族的前身。

最后，还要提及的是，宋代陕北党项属羌（熟户）上层中，有许多任宋朝的官吏，过了几代之后即基本上汉化。上述的府州党项折氏家族是其中典型的例子，此外在《宋史》中列有专传的，还有李继周（子李士彬）、李继福、李显忠（李世辅）、高永年等。

（原载于李范文主编：《首届西夏国际会议论文集》，银川：宁夏人民出版社，1998年）

宋初党项李氏割据势力的消亡与复兴

一、李继捧入朝及夏州割据势力的消亡

后周显德五年(958年)正月,任后周殿前都点检的赵匡胤发动"陈桥兵变",夺取后周政权,建国号宋,改元建隆,都汴京(今河南开封),史称北宋。宋太祖赵匡胤即位初,北方有劲敌辽王朝(契丹)和北汉割据势力;南有吴越、南唐、荆南、南汉、后蜀等政权;西北是吐蕃、回鹘、党项诸族的割据势力。夏州党项李氏虽号为藩镇,但实际上也是西北一大割据势力。宋朝在巩固内政,加强中央集权的同时,制定了"先南后北"的统一方略,即先"用兵荆湖,继取西川",然后再攻北汉等北方各割据势力,以与辽朝抗衡。[①]因此,从乾德元年(963年)灭荆南,取湖南起,至开宝八年(975年)亡南唐止,宋朝基本上统一了南方。

在此期间,宋朝为解除后顾之忧,对北方的辽朝和北汉采取息事宁人和宽容的政策,对西北各族割据势力则以封官晋爵、准允世袭等方式,进行拉拢或羁縻、怀柔,其中也包括五代末割据于夏、绥、银、宥、静五州的党项李氏、府州党项折氏及河套一带的党项藏才族王氏等。而包括党项在内的西北各割据势力为了自身的存在和发展,也需要与内地政权联系,取得合法的地位和支持;因而也有的割据势力主动与北宋建立名义上的臣属关系。北宋建隆元年(960年),夏州定难军节度使李彝殷遣使入宋,奉表纳贡,并表示避宋太祖父赵弘殷讳,改名为李彝兴;太祖加彝兴为太尉[②]。三月,北汉诱代北诸部寇掠河套西,李彝兴遣部将李彝玉进援麟州,北汉退走。建隆三年四月,彝兴遣使向北宋贡马三百匹。宋太祖命玉工为彝兴制作玉带,并亲自监视,召其贡使问彝兴腹围多少?使者答称:彝兴大腰腹。太祖遂说:"汝帅真福人。"使者携玉带返回后,"彝兴感服"[③]。乾德元年(963年),

---

① 李焘:《续资治通鉴长编》卷九,宋开宝元年七月。
② 《宋史》卷四八五,《夏国传(上)》。
③ 《宋史》卷四八五,《夏国传(上)》;《续资治通鉴长编》卷三,宋建隆三年四月。

彝兴向宋献鳌牛①。

至宋乾德五年(967年)九月,李彝兴卒。宋太祖辍朝三日,追赠彝兴太师,封夏王,并承认其子李光睿世袭,权知州事。②十二月,宋朝即"以权知夏州李光睿为定难军节度使"③。在光睿任节度使期间,宋太祖采纳赵普对各藩镇"稍夺其权,制其钱谷,收其精兵"的建议④,大力推行"削藩"政策。但是,对于夏州李氏却没有采取任何削藩措施。开宝九年(976年),北宋伐北汉,光睿率军破北汉吴堡砦(今陕西吴堡),"斩首七百级,获牛羊千计,俘砦主侯遇以献"⑤。时宋太祖卒,弟赵光义即位,是为宋太宗。夏州光睿因避太宗讳,改名克睿,因击北汉有功,太宗加封其"检校太尉"。

宋太平兴国三年(978年),李克睿卒,宋太宗废朝二日,赠侍中。其子李继筠自权知州事。五月,宋廷即以继筠为定难军节度留后⑥。四年三月,宋朝伐北汉,定难军留后李继筠遣所部银州刺史李光远、绥州刺史李光宪帅蕃汉兵卒缘黄河列寨,渡河以张声势⑦。五月,北宋灭亡北汉;又进攻辽朝,旋因战败而退军。此年七月,李继筠卒,其弟继捧立为留后⑧。五年十一月,宋朝以继捧为定难军留后⑨。

就在继捧为定难军留后不久,因其继立问题而引发夏州李氏统治集团内部的分裂,从而导致了宋初以来西北边疆保持二十余年和平、安定局面基本结束;北宋与夏州李氏割据势力的关系从此发生了根本的变化。原来继捧以弟继任为留后,引起其诸父昆弟的怨愤,太平兴国七年(982年)五月,继捧从父、西京作坊使、绥州刺史李克文上表称:继捧不当承袭,"请遣使与偕至夏州谕继捧令入朝"。于是,宋朝"以克文权知夏州,作坊副使尹宪同知州事"⑩。这是宋朝廷上下因夏州李氏的分裂,而改变过去羁縻、笼络政策,欲趁此机会清除夏州党项李氏割据势力的措施。

李继捧在内外交迫下,率亲属入朝汴京,宋太宗大喜,赐其白金千两、绢千匹、钱百万;其祖母独孤氏献玉盘一、金盘三,亦加厚赐。继捧知其为诸父昆弟所

---

① 《宋史》卷一,《太祖纪》。
② 《续资治通鉴长编》卷八,宋乾德五年九月。
③ 《续资治通鉴长编》卷八,宋乾德五年十二月。
④ 《续资治通鉴长编》卷二,宋建隆二年七月赵普语。
⑤ 《宋史》卷四八五,《夏国传(上)》。
⑥ 《续治治通鉴长编》卷一九,宋太平兴国三年五月,内"克睿"作"克叡"。
⑦ 《续治治通鉴长编》卷一九,宋太平兴国四年三月。
⑧ 《续治治通鉴长编》卷一九,宋太平兴国四年五月;又《宋史》卷四八五,《夏国传(上)》记,继筠卒于太平兴国五年,从《长编》。
⑨ 《续资治通鉴长编》卷二一,宋太平兴国五年十一月。
⑩ 《续资治通鉴长编》卷二三,宋太平兴国七年五月。

不容,故提出愿留京师,并献所管四州八县;宋朝随即遣使至夏州,"护继捧缌麻以上亲赴阙,县次续食"①。同年十月,夏州党项有不听从宋朝调遣者,为宋夏州兵所击破,斩首五百级,获羊马万计②。十一月,宋朝以入朝的李继捧为彰德节度使(镇今河南安阳);又先诏令绥州刺史李克宪、银州刺史李克文皆赴京师,任克宪为单州刺史(治今山东单县)、克文为泛州刺史。克宪初偃蹇不奉诏入朝,后在遣通事舍人袁继忠谕旨,才与继忠俱至京。因夏州有党项抗命,故克文仍暂时权知夏州③。接着,宋朝以曹光实为银、夏、绥、麟、府、丰、宥州都巡检使④。

通过以上一系列的措施,宋朝达到了移除夏州党项李氏割据势力的目的,盘踞于夏、绥等五州约百年之久的夏州党项李氏藩镇被移除,势力消亡。从当时宋朝已统一南方,灭北汉,加强中央集权和削夺藩镇的形势看,宋太宗乘夏州李氏分裂而清除其割据势力,扩大统一的成果,是历史发展的趋势。因此,过去封建史家和近代一些学者认为,宋太宗之扫除夏州李氏割据势力,引起以后西北边陲扰乱,或是实行民族压迫政策等说法,是有失公允的。其次,宋太宗削除夏州割据势力采用的是利用内乱调离李氏的和平方式,最初又以党项李氏族人克文(继捧从父)与尹宪共同权知夏州的办法,故也较为妥当。

然而,历史的发展往往不以人的意志为转移,宋朝君臣的失误在于他们对盘踞夏州百年之久的党项李氏势力估计不足。宋雍熙元年(984年)三月,宋太宗踌躇自满地对宰相说:"夏州番部并已宁谧,向之强悍难制者,皆委身归顺。凡得酋豪三百七十余人,约三五万帐族,得十年以来戎人所掠人畜凡二万五千口。朕间者所遣将帅丁宁诫谕,如番部中有狡恶为害者,必以威武临之;顺服者必绥辑慰劳之。"⑤而正在此前后,李继捧族弟李继迁燃起的星星之火,又重新改变了宋朝西北边的政治局势。

二、李继迁抗宋与夏州李氏割据势力的复兴

李继迁,系继捧族弟,其高祖是拓跋思恭弟思忠,唐末战死于长安东渭桥,曾祖李仁颜任唐银州防御使,祖彝景、父光俨,先后仕于五代后晋、后周。继迁于宋

---

① 《续资治通鉴长编》卷二三,宋太平兴国七年五月;《宋史》卷四八五,《夏国传(上)》。按:文献云继捧向宋献"四州八县",实应为五州(夏、绥、银、宥、静五州)。
② 《续资治通鉴长编》卷二三,宋太平兴国七年十月。
③ 《续资治通鉴长编》卷二三,宋太平兴国七年十一月。
④ 《宋史》卷二七二,《曹光实传》。
⑤ 《宋太宗实录》卷二九,宋太平兴国九年(十一月改元雍熙)三月;《续资治通鉴长编》卷二五,宋太平兴国九年三月。

建隆四年(963年)生于银州无定河(今陕西米脂县)李继迁寨。史称其"生而有齿"①，"勇悍有智谋"②，开宝七年(974年)任定难军管内都知番落使③。太平兴国七年，正当继迁二十岁时，发了继捧入朝献夏州等地的事件，时继迁在银州。按照宋朝的诏令，继捧一族缌麻以上亲属均应赴阙，继迁也应在入朝之列。但是，他反对继捧入朝献地之举，于是诈言乳母死，出葬郊外，将兵器藏棺中，率十余亲信逃出银州，至夏州北三百余里之地斤泽(今内蒙古鄂尔多斯市、巴彦淖尔市一带)④。

在这里，李继迁收集部曲散亡，以过去李氏的"恩德"及民族复兴为号召，拿出其祖彝兴像示部众，并说："我李氏子孙，当复兴宗绪。"于是党项部众多来归附⑤。太平兴国八年(983年)初，继迁遣所部奉表至麟州贡马及橐驼，宋朝招谕，继迁不出⑥。后继迁煽动党项诸部寇扰夏、绥等州，为宋西上阁门副使袁继忠率荆嗣等所击走⑦。雍熙元年(984年)九月，宋朝知夏州尹宪与都巡检使曹光实侦知继迁在地斤泽，遂选精骑数千乘夜奔袭，"斩首五百级，烧四百余帐，获继迁母、妻及羊马器械万计，继迁仅以身免"⑧。

宋军退走后，继迁复聚于夏州北，并联合其他党项部落，与别部豪酋和亲，势力复振。雍熙二年(985年)二月，继迁与弟继冲(一作"继忠")、党项大酋破重遇贵、汉族谋士张浦、李大信等谋，伪降于曹光实，约定日期降于葭芦川(今陕西佳卢河)。光实贪功信之，遂率军至葭芦川，中伏战死。继迁遂据银州，自称定难军留后⑨；三月，又攻破会州(治今甘肃靖远)，焚毁城郭而去⑩。接着，继迁又回军东攻三族砦(今陕西神木西北)。宋朝遣四方馆事田仁郎与阁门使王侁、副使董愿、宫苑使李继隆等，发边兵数千击继迁。仁郎驻绥州不进，三族砦将折遇乜(党项族)杀监军使，降继迁，三族砦失守。继迁遂南下攻围抚宁砦(今陕西米脂南)。太宗见仁郎逗留不进，急遣使召还，命王侁等进兵。四月，王侁军至银州北，破党项悉利族，杀继迁署代州刺史折罗遇并弟埋乞，获马牛羊三万计。五月，宋军又于银州开光谷杏子坪破党项保寺、保香族，杀其首领埋乜已等五十五族，获牛羊八千计；又破

---

① 《宋史》卷四八五，《夏国传(上)》。
② 《续资治通鉴长编》卷二五，宋雍熙元年九月。
③ 《宋史》卷四八五，《夏国传(上)》。
④ 《续资治通鉴长编》卷二五，宋雍熙元年九月。
⑤ 《续资治通鉴长编》卷二五，宋雍熙元年九月；《宋史》卷四八五，《夏国传(上)》。
⑥ 《续资治通鉴长编》卷二五，宋雍熙元年九月。
⑦ 《宋史》卷二五九，《袁继忠传》；同书卷二七二，《荆罕儒附嗣传》。
⑧ 《续资治通鉴长编》卷二五，宋雍熙元年九月。按《宋史》卷四八五《夏国传(上)》记此事于太平兴国八年，《宋史》卷四《太宗纪》《实录》记于雍熙元年十月，从《长编》。
⑨ 《宋史》卷四八五，《夏国传(上)》；同书卷二七二，《曹光实传》等。
⑩ 《宋史》卷四八五，《夏国传(上)》。

保、洗两族,俘三千人,降五十五族,获牛羊八千计。接着,宋军又招降麟州及三族砦党项二千户,进军至浊轮川(今陕西神木北窟野河上游),李继迁等遁走。王侁、李继隆等又率军破银州杏子坪东北山谷内没邵、浪悉讹等族,以及浊轮川东、免头西诸族,共招降千四百五十二户。六月,知夏州尹宪引兵至盐城(今陕西定边),党项吴越、越移等四族降,又破拒降的岌伽罗腻十四族,降银、麟、夏等州和三族砦诸部党项一百二十五族,合万六千一百八十九户①。

自太平兴国七年(982年)至雍熙二年(985年),李继迁虽以民族为纽带,以恢复党项李氏霸业为号召,集合了众多的党项部落,自置官吏,不断攻掠宋朝夏、银、麟、会等州;但是,由于党项诸部势力分散,又未经过正规战争训练,故在宋朝正规军的进攻下,节节遭到失败,党项诸部有的降宋,有的溃散。在这种形势下,李继迁采取联辽抗宋之策,希冀得宋朝的劲敌辽朝的承认和支持,继续与宋朝对抗,因此,于雍熙三年(986年)二月,遣使向辽朝称臣。辽朝欲借助继迁势力牵制宋朝,故授继迁为"定难军节度使、银、夏、绥、宥等州观察处置使、特进、检校太师、都督夏州诸军事"②。十二月,继迁又向契丹请婚,辽圣宗以王子帐节度使耶律襄女汀封义成公主下嫁,赐马三千匹③。

经过一年的整顿及与辽朝结盟,继迁遂于雍熙四年(987年)初,又开始率军攻夏州,诱知州安守忠于州北之王庭镇,大败守忠,追至夏州城门而返④。宋朝"数以敕书招谕李继迁及同恶番部","然继迁终不肯降,益侵盗边境"⑤。于是,宋太宗在端拱元年(988年)五月,采纳宰相赵普建议:复任李继捧为定难军节度使,赐姓名赵保忠,将"所管五州(即夏、绥、银、宥、静州)钱帛、刍粟、田园等并赐保忠";赴任时,"锡赉甚厚,命右卫第二军都虞候王杲领兵千人护送之"⑥。宋朝这一任命,是企图用"以夷制夷"之策来扫除李继迁的反叛势力。同年底,宋定难军节度使赵保忠(即李继捧)奏称:继迁归降;太宗不察,竟然匆匆诏授继迁"洛苑使、银州刺史"⑦。事实上,继迁并未降宋,"已而保忠又言继迁诱番入寇,乞师守御"⑧。翌年四月,赵保忠奏称击降宥州御泥布、啰树等二族。十月,继迁攻会州熟仓族,为其首领啜

---

① 以上均见《宋史》卷二七五,《田仁郎传》;卷二五七,《李处耘附继隆传》;卷二七四,《王侁传》;《宋史》卷四九一,《党项传》等。
② 《辽史》卷一一,《圣宗纪》。
③ 《辽史》卷一一,《圣宗纪》。
④ 《宋史》卷四八五,《夏国传(上)》。
⑤ 《续资治通鉴长编》卷二九,宋端拱元年五月。
⑥ 《续资治通鉴长编》卷二九,宋端拱元年五月。
⑦ 《宋史》卷四八五,《夏国传(上)》。
⑧ 《太平治迹统类》卷二,《太祖太宗经制西夏》。

率来离诸族击走之①。

至宋淳化元年(990年)初,赵保忠又奏称,遣军击败继迁于安庆泽(在夏州西北)。十月,继迁在做好充分准备之后,率军攻夏州,大败宋军,赵保忠上奏乞援;继迁随即向辽朝告捷,辽圣宗封继迁为"夏国王"②。二年初,宋朝遣商州团练使翟守素将兵援夏州。七月,继迁遂再次诈降,宋廷竟然授继迁为银州防御使,赐姓名赵宝吉,其弟继冲赐姓名赵保宁,授绥州观察使;封其母罔氏西河郡太夫人。③这样,继迁兵不血刃取宋银、绥二州,并遣使向辽朝告捷。④八月,继迁即窥伺夏州,驻兵于州北之王庭镇,为赵保忠率军击走。十一月,继迁欲打通至环(治今甘肃环县)、庆(治今甘肃庆阳)二州通道,再次进攻会州附近的党项熟仓等族,为宋任命刺史咩嘛率来离诸族击退。⑤在继迁不断的攻击和诱惑之下,宋定难军节度使赵保忠遂阴附辽朝,辽圣宗封其为西平王、推忠孝顺启圣定难功臣,授开府仪同三司、检校太师,兼侍中。此时,辽朝已知继迁附宋之事,于是遣西南面招讨使韩德威招谕,继迁避而不见。淳化三年(992年)初,韩德威率军至银州,大掠而还。继迁遣使辽朝,诉德威纵掠,辽圣宗赐诏安慰。⑥

宋朝见继迁势力日增,保忠又首鼠两端,遂转而采取经济封锁的办法,企图困毙继迁及其反叛的党项诸部。淳化三年,陕西转运使郑文宝献禁青白盐,以困继迁的建议。⑦因为原平夏党项诸部地瘠民贫,多贩运在今宁夏盐池县附近的青白盐至陕、甘等地,与边人贸易,以换谷麦为生。宋朝禁青白盐的目的:一是为了断绝党项诸部的经济来源,以困继迁;二是可以山西解盐运销陕、甘,朝廷可获利。此事系一举两得,然而,宋朝行此禁令数月后,党项诸部乏食,"有四十二族首领盟于杨家族,引万余骑,寇环州石昌镇",为宋军击走;后七日,复来寇,屠小康堡。原属宋朝的党项万余帐也反叛,"稍稍归保吉(继迁)"⑧;甚至"关陇民无盐以食,境上骚扰"⑨。继迁也乘机于淳化四年(993年)初,寇庆州及原州⑩。因此,宋朝禁青

---

① [元]脱脱等撰:《宋史》卷四九一,《党项传》,北京:中华书局,1977年。
② 《太平治迹统类》卷二,《太祖太宗经制西夏》;《辽史》卷一三,《圣宗纪》。
③ 《续资治通鉴长编》卷三二,宋淳化二年七月。
④ 《辽史》卷一三,《圣宗纪》。
⑤ [元]脱脱等撰:《宋史》卷四九一,《党项传》,北京:中华书局,1977年。
⑥ 《辽史》卷一一五,《西夏外记》。
⑦ [元]脱脱等撰:《宋史》卷二七七,《郑文宝传》,同书卷四八五,《夏国传(上)》等,北京:中华书局,1977年,均记此事于淳化四年,据《文献通考》卷一五,征榷考注,系此事于淳化三年,后者确。参见上引冈崎精郎《タングート古代史研究》,第206页,宫崎市定《西夏の興起と青白鹽問題》,原载《東亞經濟研究》第十八卷二号,昭和九年,后收入作者《亞细亞史研究》第一,東洋史研究会,1957年,第293—310页。
⑧ 《太平治迹统类》卷二,《太祖太宗经制西夏》;《宋史》卷二七七,《郑文宝传》,北京:中华书局,1977年。
⑨ [元]脱脱等撰:《宋史》卷二七七,《郑文宝传》,北京:中华书局,1977年。
⑩ [元]脱脱等撰:《宋史》卷三二四,《刘文质传》;同书卷二七九,《许均传》,北京:中华书局,1977年。

白盐之举恰好起到了相反的作用,朝廷不仅没有增加收入,反而将原内属的党项诸部推向继迁一边,唤起了党项的民族意识。①在这种情况下,以钱若水为首的大臣纷纷上书反对,宋太宗不得不于淳化四年八月取消这一禁令,并遣使安抚党项诸部②。淳化五年(994年)初,继迁在获得灵、庆、环等州党项部众的支持后,将下一步进攻的重点转向了灵、庆等州。为此,他以兵胁迫绥州民众迁于平夏,绥州部将高文岯不愿迁走,起兵攻继迁,降于宋朝③。继迁进而掠民,焚积聚,转攻灵州及清远军(今宁夏盐池西南)。宋太宗大怒,决定命马步都指挥使李继隆为河西兵马都部署、尚食使尹继伦为都监,率大军征讨继迁④。这是宋朝第一次派大军征讨继迁。此时,在夏州的赵保忠却上言:请与继迁和解,并献马五十匹,求罢兵。宋朝廷早知保忠与继迁阴相勾结,故宋太宗命继隆进军夏州⑤。三月,继隆所率宋军前锋李继周招降党项族帐首领二十余人,率所部败番兵数千于石堡砦(在今陕西靖边北)⑥。时赵保忠在夏州城外,反被继迁所袭,只身逃入城内,为大校赵光嗣囚于别室。光嗣开城门迎继隆军入城,执赵保忠送京师;太宗责而释之,封宥罪侯,赐第京师⑦。宋军占领夏州后,太宗以赵光嗣为夏州团练使、高文岯为绥州团练使;接着,又下诏堕毁夏州城,迁其民于绥、银等州,分官地给之,长吏倍加安抚⑧。

同年六月,继迁又故技重演,遣牙将向宋朝献良马,并谢罪;八月,又遣其将佐赵光祚、张浦诣绥州见盐门押班张崇贵,求纳款。同时,继迁还遣其弟李延信到京师,奉表请罪,并说违叛事出保忠,请赦勿诛等。太宗召见延信,"而加抚慰,赐赉甚厚"⑨。

从宋淳化年间开始,宋朝廷因两次征辽的失败,对西北边防的政策发生了明显的变化,即由锐意经营、大力削藩,逐渐改为力求边境安宁、羁縻存抚的政策。从淳化二年封继迁为银州观察使,到五年堕毁夏州城,就说明了这一变化。到至道五年(995年),继迁仍采取诈降的手段,以图恢复和扩大自己的势力,派其谋士、左都押牙张浦入朝,太宗让其观卫士骑射,以夸示武力,并赐张浦官爵,留于京

---

① 参见上引宫崎市定《西夏の興起と青白鹽問題》文。
② [元]脱脱等撰:《宋史》卷二七七,《郑文宝传》,北京:中华书局,1977年;《宋会要辑稿》,食货二三。
③ [元]脱脱等撰:《宋史》卷四八五,《夏国传(上)》,北京:中华书局,1977年。
④ 《续治治通鉴长编》卷三五,宋淳化五年正月。
⑤ [元]脱脱等撰:《宋史》卷四八五,《夏国传(上)》,北京:中华书局,1977年。
⑥ [元]脱脱等撰:《宋史》卷二五三,《李继周传》,北京:中华书局,1977年。
⑦ [元]脱脱等撰:《宋史》卷四八五,《夏国传(上)》,北京:中华书局,1977年。保忠卒于景德元年(1004年)复州任内。
⑧ 《续资治通鉴长编》卷三五,宋淳化五年四月。
⑨ 《续资治通鉴长编》卷三五,宋淳化五年正八月。

师。①与此同时,继迁还遣使献马于辽朝,以自结;②又乞请宋朝禁边盗掠,太宗诏令沿边谨守疆场,还所盗物。宋朝阁门使冯纳、中使贾继隆持诏拜继迁鄜州节度使(镇今陕西富县),此地近内地易受挟制,故继迁不受。

九月,继迁以千骑攻清远军,为守臣张迁击退。③清远军系陕西转运使郑文宝于淳化年间所筑,扼庆州至灵州、盐州的通道。此地无泉水,文宝发民负水,留七千人,并招诱党项部酋嵬鋘、嵬悉等。继迁上书宋廷,说文宝诱其部落,宋太宗竟然于至道元年十月以文宝"扰边"罪,左迁为蓝山县令。④在宋朝一再退让、姑息之下,继迁更是有恃无恐,一面加紧争取党项诸部,对不服属的灵州南睡尼族、环州熟仓族等或遣兵攻击,或加以利诱;⑤另一方面于同年底,配合辽朝韩德威进围府州,时宋知府州的折御卿(党项折氏)带病出兵,德威顿兵不进,继迁军未出。⑥

至道二年(996年)初,宋朝为了加强灵州防御,命洛苑使白守荣等护送刍粟四十万石于灵州,且令守荣等分辎重先后为三队,丁夫持弓矢自卫,士卒布方阵以进,遇敌则战;又命会州观察使田绍斌率军应援。然而,时任陕西转运副使的卢之翰竟违旨,令白守荣等并三队为一队,护刍粟从环州北上,行至清远军北浦洛河(今宁夏吴忠苦水河)时,遭到继迁的突袭,会州援军田绍斌为继迁军阻截。结果,宋军大败,刍粟尽为继迁所夺。⑦这一事件无疑是继迁攻夺灵州的预兆,立即引起宋朝野的震动。

宋太宗大怒,于同年四月,复命李继隆为环、庆等州都部署,以讨继迁。五月,继迁以劫取宋赴灵州刍粮之威,率兵万余首次围攻灵州,索要张浦。宋廷闻报后,太宗召群臣问对策,宰相吕端建议发麟府、鄜、环庆三道,会兵直捣平夏,以解灵州危。参知政事张洎则以为,"三道举兵深入,以分贼势,陛下以为未见其利,诚如圣旨"。由于守灵州中官窦神宝潜遣人至黄河外购粮,暂解灵州城内粮糗皆绝的困境;又出兵击败继迁军,暂时保住了灵州。⑧继迁第一次围攻灵州之役未能得手。

然而,此时继迁及党项诸部基本上控制了平夏等地,阻绝了宋朝由庆、环等州至灵州运送粮饷的通道,灵州孤绝,仍处于继迁的包围之中。因此,宋太宗降手诏,

---

① [元]脱脱等撰:《宋史》卷四八五,《夏国传(上)》,北京:中华书局,1977年。
② [元]脱脱等撰:《辽史》卷一三,《圣宗纪》,北京:中华书局,1977年。
③ [元]脱脱等撰:《宋史》卷四八五,《夏国传(上)》,北京:中华书局,1977年。
④ [元]脱脱等撰:《宋史》卷五,《太宗纪》北京:中华书局,1977年;同书卷二七七,《郑文宝传》,北京:中华书局,1977年。
⑤ [元]脱脱等撰:《宋史》卷四九一,《党项传》,北京:中华书局,1977年。
⑥ [元]脱脱等撰:《宋史》卷二五三,《折御卿传》,北京:中华书局,1977年。
⑦ [元]脱脱等撰:《宋史》卷四八五,《夏国传(上)》,北京:中华书局,1977年。
⑧ 《续资治通鉴长编》卷三九,宋至道二年五月;《宋史》卷四八五,《夏国传(上)》。

令宰相吕端等奏解灵州围的妙策。善于揣摩太宗心思的参知政事张洎上书,再三强调灵州不能为国家坚守之困难,说"继迁或成或败,未足致邦国之安危;灵城或存或亡,岂能系边陲之轻重。得失大较,理甚昭然",意欲放弃灵州。这种明目张胆地置西北边防而不顾的苟且偷安之策,使原想放弃灵州的太宗也觉得太丢面子,因而表示了"悔意",责张洎道:"卿之所奏,朕不晓一句。"①可是,太宗又走向了另一个极端,采取了分军五路进击的冒险之策。

九月,太宗以李继隆出环州,丁罕出庆州,范廷召出延州,王超出夏州,张守恩出麟州,五路大军,直抵平夏,以援灵州。五路军的主力继隆一军按原进军方略应从环州经青盐池,入援灵州,再西攻平夏,可是,继隆听信环庆钤辖卢斌之言,径从环州入旱海,直趋平夏,而不援灵州。途中,继隆又与丁罕一军合兵,行数十日,引兵还。张守恩一军在途中见继迁军而不击,率军归本部。宋朝五路大军虽有小胜,但各路军失期,士卒困乏,无功而返。②继隆一军在返途经橐驼口(今陕西定边西南)时,遭到继迁军主史不乩的阻击,继隆遣田敏击走。③

宋朝五路大军无功而返的原因很多,其中诸路军缺少统一指挥和行动,又犯了"不知彼"的兵家大忌,盲目冒进,其结果也就可想而知了。这是宋朝继淳化五年(994年)出兵夏州后,第二次遣军攻继迁,无功而返的结果使宋朝君臣上下弥漫着放弃灵州、苟且偷安的思想,对继迁重新割据夏州等地只有听之任之,无可奈何了。

至道三年(997年)正月,宋太宗以户部使张鉴调任陕西诸州军储,张鉴上言:"……况灵州一方,僻居塞外,虽曰西陲之要地,实为中夏之蠹区,竭物力以供须,困甲兵而援送,萧然空垒,祇盖外虞。不若以赐继迁,使怀恩奉籍,稍息刍挽之役事。"④三月,太宗竟欲第三次出兵攻平夏,解灵州之围,二十五州军刍粟已护送至灵州,但因太宗病卒,军未出。同月,宋真宗继位,朝野上下放弃灵州呼声更为高涨。而继迁却在四月遣使向辽朝告捷,辽圣宗封其为西平王。⑤七月,吏部郎中田锡又上疏说:"……今利害之大者,无先于舍灵武;康济之先者,莫重于安关辅。舍灵武则甲兵不兴,甲兵不兴则辇运自息,辇运既息则关辅必宁,关辅既宁则四方

---

① 《续资治通鉴长编》卷三九,宋至道二年五月。
② 《续资治通鉴长编》卷四○,宋至道二年九月;《宋史》卷二五七,《李继隆传》;同书卷二七八,《王超附子德用传》等。
③ [元]脱脱等撰:《宋史》卷二五七,《李继隆传》。
④ 《续资治通鉴长编》卷四一,宋至道三年正月。
⑤ 《辽史》卷一三,《圣宗纪》。

无虞,四方无虞则四夷无事。"①九月,因寿州(治今安徽寿县)献绿毛龟,宰相吕端等上言:"且陛下自即大位,首念西人困于飞輓,继迁凶顽,亦降使推恩,不问前罪。且继迁亡命日久,亦厌兵矣,胁从之党亦厌乱矣。俊心革面,匪朝伊夕,北戎倔强,为患滋深,部族椎携离,复荐饥歉,必恐相率怀柔,愿伸款附……"②由此可见,宋朝君臣上下已无坚守灵州之意,而只有"招抚"继迁之心。

同年(至道三年)十月,李继迁再次攻围灵州,为宋河外都巡检使杨琼击败于合河镇(在灵州西);又击败至城下五百骑兵,保住了灵州。③十二月,正当参知政事李至上疏,力言放弃灵州时,李继迁遣使至京请降,真宗遂正式以继迁为"夏州刺史、定难军节度,夏、银、绥、宥、静等州观察处置押番落等使,加邑千户,实封二百户,益功臣号,乃放张浦还"。继迁遣押衙刘仁谦表让恩命,真宗不许;复遣弟继瑗来京谢恩,宋朝授继瑗亳州防御使,封继迁母慕卫氏卫国太夫人,子德明为定难军节度行军司马。④

从宋太平兴国七年(982年)李继捧入朝献地,夏州党项李氏故居势力消亡,到至道三年宋朝恢复李继迁夏州刺史、定难军节度名号,并将夏、绥、银、宥、静等州奉还,夏州党项李氏割据势力复兴,前后共15年。这是党项李氏与宋朝抗争中重新据有夏州等地,故与唐末五代时夏州党项李氏相比,可以说是自立于宋朝之外的割据。因而,李继迁的抗宋自立,也是五代十国分裂割据之后,宋、辽等政权在局部统一过程中,崛起于西北、以党项李氏为首的一大割据势力,故继迁反宋战争的性质,仍然是北宋初各割据势力之间的统一或兼并对方的战争,无正义或非正义可言。⑤

---

① 《续资治通鉴长编》卷四一,宋至道三年七月。
② 《续资治通鉴长编》卷四二,宋至道三年九月。
③ 《宋史》卷六,《真宗纪》;同书卷二八〇,《杨琼传》。
④ 《宋史》卷四八五,《夏国传(上)》;《续资治通鉴长编》卷四二,宋至道三年十二月。
⑤ 国内学界对继迁抗宋战争性质持有不同意见:有人认为,继迁抗宋是反民族压迫的战争,是正义的;也有人认为,继迁的行动是反历史潮流(统一)而动,因而是非正义的、反动的。其实,宋辽对峙,只是局部统一,作为中国古代少数民族的党项李氏也有统一西北的权利。在当时历史条件下,他们之间的争战与联合,均是大小不同的割据势力企图统一、兼并对方的行动,无正义与非正义可言。

夏州党项李氏割据政权的巩固及西夏建国基础的奠定

一、李继迁攻陷灵州及进军河西

李继迁并未以收复"故土"为满足,他早已经将下步进攻的目标对准了宋朝西北重镇灵州;若占据灵州,则可"西取秦界之群蕃,北掠回鹘之健马,长驱南牧"①,统一整个西北,与宋辽抗衡。对宋朝来讲,领有灵州,则"犹足以张大国之威声,为中原之扞蔽"②;若失灵州,"则缘边诸郡皆不可保"③。然而,当时宋朝君臣多以为将夏、绥等州交还继迁后,即可得到西北边陲的暂时安宁。咸平元年(998年)三月,真宗因继迁的"归顺",遣使谕陕西,纵绥、银流民还乡,家给米一斛。④其时,也有一些党项部落入朝于宋,如在环州北青冈岭一带的兀泥族、会州熟仓族。十二月,宋真宗又诏在火山军(今陕西府谷北)一带的直荡族大首领鬼啜于金家堡置渡,令诸族互市⑤。对于灵州战略地位的重要性,宋朝君臣虽然十分清楚,但是在太宗晚年形成的放弃西北、以求安宁的总方针指导下,弃守灵州的思想仍然弥漫于朝野上下。而宋真宗本人则处于守与弃之间犹豫不决的矛盾之中,对坚守灵州缺乏信心,措施不力,从而给继迁最后攻占灵州创造了时机。

从咸平元年九月后,继迁对宋朝沿边的鄜、延、石(治今山西离石)等州进行攻掠,为宋军击走⑥;又于咸平二年秋,与河西(山陕黄河西)党项和诺克族、府州党项多鄂等寇麟州,知府州折惟昌(党项折氏)等率军拒战,惟昌中矢,力战突围。接着,继迁属下旺布伊特满复攻麟、府,被惟昌、宋思恭、刘文质合兵击败。⑦同年

---

① 《续资治通鉴长编》卷五〇,宋咸平四年十二月。
② [元]脱脱等撰:《宋史》卷三〇五,《杨亿传》,北京:中华书局,1977年。
③ [元]脱脱等撰:《宋史》卷二八二,《李沆传》,北京:中华书局,1977年。
④ [元]脱脱等撰:《宋史》卷六,《真宗纪》,北京:中华书局,1977年。
⑤ [元]脱脱等撰:《宋史》卷四九一,《党项传》,北京:中华书局,1977年。
⑥ [元]脱脱等撰:《宋史》卷四六六,《张崇贵传》,北京:中华书局,1977年;同书卷二五〇,《薛崇训传》。
⑦ 《续资治通鉴长编》卷四五,宋咸平二年九月;《宋史》卷二五三,《折御卿附惟昌传》。

底,继迁还注意扫清灵州外围的宋朝军事要地及交通,努力争取灵州附近的党项熟户(即内属宋朝之党项部落)。他乘宋朝放弃战略地位十分重要的镇戎军(今宁夏固原)的机会,率军深入渭州(治今甘肃平凉)安国镇(今平凉西北)北,屯于萧关,以威胁原、渭、灵、环党项熟户。①咸平三年五月,李继迁又寇麟州浊轮寨,为宋军击走。②此役是继迁声东击西之策的继续,即频频攻掠夏州东麟、府等州,胁服该地党项部众,骚扰宋边;而实际上加紧扫清灵州外围宋军事要地,挟制贺兰山下党项族帐,准备全力攻围灵州。

同年(咸平三年)九月,当新任命的知灵州、陇州刺史李守恩、度支郎中陈纬等押运灵州粮饷,行至环州北旱海时,遭到继迁的袭击,李守恩、陈纬战死,粮饷尽失。③而负责援送粮饷的邠宁副都部署王荣,不严斥候,途中也为继迁所击溃。④这是宋朝运往灵州粮饷再次为继迁所夺取,运粮之道为其所阻,灵州更加陷入危险的境地。辽朝因此于十一月授继迁子德明为"朔方节度使"⑤,以敦促继迁攻取灵州。

面对灵州失陷的危险,宋朝仍然没有采取有力的措施,只是因割据于今新疆东北的西州回鹘(一作龟兹回鹘)可汗王禄胜遣使,求讨继迁,而大加封赏;又进一步拉拢与继迁为敌的凉州(治今甘肃武威)吐蕃六谷部首领折逋游龙钵等,赠其子弟将军、郎将、司戈等官爵,企图依靠河西等地的吐蕃、回鹘对抗继迁。⑥同时,宋朝廷还暂时满足于咸平三年十二月延州钤辖张崇贵击破党项大卢、小卢等十族的局部胜利,大屯士马于环、庆两州。⑦前者是远水难解近渴,而后者则似隔岸观火,灵州失陷为期不远矣。

咸平四年(1001年)八月,宋真宗以"边臣玩寇,朔方饷道逾艰",命兵部尚书张齐贤为泾、原、环、庆、镇戎、清远等州军安抚经略使,知制诰梁颢为副,立即赴边,⑧似乎是要对继迁采取强硬的对策;然而,事实上张齐贤等仍然是无所作为。时任陕西转运使的刘琮请于浦洛河建城为军,以援灵州,真宗以"军城之立未见其利也"为由,罢其请。⑨而继迁此时却据有灵州西榆林、大定,凭高以逼灵州,且屯田

---

① 《宋史》卷二五七,《李继和传》;《东都事略》卷二〇,《李继和传》。
② 《宋史》卷三二四,《刘文质传》;《续治治通鉴长编》卷四七,宋咸平三年五月。
③ 《宋史》卷二七三,《李守恩传》;《续资治通鉴长编》卷四七,宋咸平三年九月。
④ 《宋史》卷二七三,《李守恩传》。
⑤ 《辽史》卷一一四,《圣宗纪》。
⑥ 《续资治通鉴长编》卷四七,宋咸平三年十月;卷四八,咸平四年四月。
⑦ 《续资治通鉴长编》卷四七,宋咸平三年十月、十二月。
⑧ 《续资治通鉴长编》卷四九,宋咸平四年八月。
⑨ 《续资治通鉴长编》卷四九,宋咸平四年八月。

自给。九月,继迁向灵州河外的怀远镇(今宁夏银川)、定州(治今宁夏平罗南)发动进攻,怀远镇戍兵不满数百,宋将李赟拒战数日,城失陷。定州和保静(今宁夏永宁东北)等地也先后为继迁所占据。接着,继迁率大军向清远军发动猛烈进攻,亲自击鼓攻南门,其子阿移(即德明)攻北门,清远军都监段义逾城降,城遂陷。而领旨援清远军的灵、环、清远十军驻泊副都部署、鄜州观察使杨琼,仅先命六千人赴援,且令待其继至后方能进军。而杨琼屯兵庆州,逗留不行。清远军城陷后,杨琼又惧继迁兵盛,遂烧粮食、刍积、兵仗,退保洪德堡(今甘肃环县北)。①此役,仅麟州浊轮副部署曹璨率熟户邀击继迁辎重于柳拨川,杀获甚众。②不久,继迁又取灵州西河外寨,寨主李琼以城降。③至此,灵州外围河外五城、清远军等全为继迁占据,灵州危在旦夕。

同年底,宋朝君臣以灵州孤危,商讨对策。知制诰杨亿力主放弃灵州,以为"存之有大害,弃之有大利";兵部尚书张齐贤也主张放弃灵州,在萧关一带建一寨堡,安置灵州军民,"侨置灵州";宰相李沆则奏称:"若迁贼不死,灵州必非朝廷所有。"仅刘综仍上言,弃灵州是"纵贼之奸计矣",力主于浦洛河建军城,以援灵州。④宋真宗仍犹豫不定,最后诏以马步军都虞候王超为西面行营都部署,环庆路部署张凝副之,"领步骑六万以援灵州"⑤。但是,为时已晚矣。

咸平五年(1002年)初,继迁置互市于赤沙、橐驼口(今宁夏盐池西南)。⑥此地系灵、夏二州党项诸部屯聚处,继迁置互市以诱诸部,并筹集军饷,以对付宋朝的经济封锁。三月,继迁集中兵力大举攻围灵州城,知灵州裴济刺指血祭奏乞救;因旱海路断绝,王超等救援大军进至环州时,灵州已陷落,裴济战死。继迁改灵州为西平府。⑦

在攻占灵州前后,继迁还采取了一系列措施缓解经济上的压力和加强政权建设。正如咸平四年底,宋兵部尚书张齐贤奏言中所说:"迁贼包藏凶逆,招纳叛亡,建立州城,创置军额,有'归明''归顺'之号,且耕且战之基。仍闻潜设中官,全异羌夷之体,曲延儒士,渐行中国之风。"⑧在经济方面,继迁注意在沿边设互市,

---

① 《续资治通鉴长编》卷四九,宋咸平四年九月;《宋史》卷六,《真宗纪》;同书卷二八〇,《杨琼传》。
② 《续资治通鉴长编》卷四九,宋咸平四年九月。
③ 《续资治通鉴长编》卷五〇,宋咸平四年十二月。按此系追叙以前事,此事当在清远军失陷后不久。
④ 《续资治通鉴长编》卷五〇,宋咸平四年十二月。
⑤ 《续资治通鉴长编》卷五〇,宋咸平四年十二月。
⑥ 《续资治通鉴长编》卷五一,宋咸平五年正月刘综上言。
⑦ 《续资治通鉴长编》卷五〇,宋咸平四年十二月。
⑧ 《续资治通鉴长编》卷五〇,宋咸平四年十二月。

吸引党项各部,活跃经济。咸平五年七月,又在灵州筑堤圩,引水溉田,以解自去年以来的旱情。①到咸平六年(1003年)正月,继迁正式建都于西平府,初具政权的规模。此时,宋朝遣张崇贵、王涉使灵州,与继迁议和,并正式将银、夏、绥、宥、静五州割让与继迁。②从此,夏州党项李氏由唐末以来名义上属内地王朝之藩镇割据势力,正式向自立的地方割据政权转化。

与此同时,继迁仍不断寇扰宋沿边诸州,并窥伺河西。咸平五年六月,继迁以二万骑攻围麟州,四面攻城五日,知州卫居实出奇兵突战,继迁退走。③七月,继迁又攻环州北洪德堡,为堡主段守伦击走;④九月,复攻镇戎军,知镇戎军李继和、都监史重贵出兵拒战,大获甲骑;又转攻延州,为金明都监李继周击走之。⑤一时宋朝沿边泾原、环庆、鄜延、麟府等路多遭继迁攻掠,宋朝疲于奔命,真宗诏各路加强禁备。

咸平六年继迁建都西平府后,也因连年征战和灾荒,经济上处于窘迫的境地,于是强迁银、夏民衣食稍丰者至西平府一带,又籍银、夏、宥民之丁壮者徙于河外。⑥这些措施除了有减轻经济上的压力的目的外,还有加强其新都西平府的实力,以向河西(今甘肃河西)发展的用意。而宋朝在加强沿边防御的同时,积极争取沿边党项部落,并极力拉拢和联合凉州的吐蕃六合部首领潘啰支,封其为朔方节度使、灵州四面都巡检使,希冀其出兵夺回灵州。⑦同时,又正式颁给知凉州的丁惟清"西凉州印"⑧。

同年十一月,在做好充分准备之后,继迁扬言攻环、庆,暗中率大军向河西西凉府(今甘肃武威)发动进攻,陷府城,知州丁惟清战殁。继迁改府为州。时西凉府吐蕃六合部首领潘啰支伪降于继迁。继迁不设备,潘啰支遂集合六合部及者龙族数万向继迁发动突然袭击。继迁仓促应战,中流矢,败走至灵州界三十里,于宋景德元年(1004年)正月二日卒,时年四十一岁。⑨

---

① 《续资治通鉴长编》卷五四,宋咸平六年五月引环州虎翼军士魏琼等言:"……去岁伤旱,禾麦不登,又引河水灌田,功毕而防决。"
② 《宋史》卷四八五,《夏国传(上)》。
③ 《续资治通鉴长编》卷五二,宋咸平五年六月。
④ 《续资治通鉴长编》卷五二,宋咸平五年七月、九月。
⑤ 《续资治通鉴长编》卷五二,宋咸平五年七月、九月。
⑥ 《续资治通鉴长编》卷五四,宋咸平六年五月、九月。
⑦ 《宋史》卷四九二,《吐蕃传》;《续资治通鉴长编》卷五四,宋咸平六年二月。
⑧ 《续资治通鉴长编》卷五四,宋咸平六年四月。
⑨ 见《宋史》卷四八五,《夏国传(上)》;《续资治通鉴长编》卷五五,宋咸平六年十二月;同书卷五六,宋景德元年正月;《宋史》卷四九二,《吐蕃传》。

二、李德明时党项李氏割据政权的巩固与西夏建国基础的奠定

宋景德元年(1004年)正月,李继迁卒,其子德明立。李德明,小字阿移,母野利氏,生于宋太平兴国六年(981年),时年二十三,遂自称定难军留后。此时,党项李氏政权内部不稳固,处于"国危子弱"的境地,正是宋朝一举扫除李氏割据、统一西北的有利时机。然而,宋朝君臣长期与继迁争战,急欲罢兵息民,以官爵名位和财物笼络德明,以换取其名义上的臣属和边境的安宁。因此,在继迁死后,宋真宗即命鄜延钤辖张崇贵与李德明议和。崇贵先致书德明,回报因未葬难发表章,乞就便具奉。真宗指示说:"宜令崇贵与约,如果归顺,则须献灵州,归夏州治所,尽还番部质子,放散甲兵,即授银、夏节制;傥以银、夏荒残为辞,则河西先归顺人口见居河东管界者,并追还之。"①显然,真宗提出的议和条件是德明难以接受的。五月,真宗以兵部侍郎、知永兴军府向敏中为鄜延路缘边安抚使,与崇贵一起主持与德明议和事宜。

与此同时,宋朝也加紧对沿边党项部落的招抚,于景德元年初诏谕灵、夏、绥、银、宥等州党项万山、万遇、庞罗逝安,盐州李文信、万子都虞候及都军吴守正、马尾等,能率部归降者,授团练使,赐银万两、绢万匹、钱五万缗、茶五千斤,其军全职员外郎,将校补赐有差,其有自朝廷叛去者并释罪甄录。②宋朝也多次击退了沿边党项的寇扰,如此年二月,泾原部署陈兴之击康奴族;三月,段守伦击溃洪德堡之番部;麟府路败柳谷川番部的入寇等。③同年底,辽朝军队大举南下,宋真宗亲征,双方在澶州(治今河南濮阳)对峙,辽军败挫。结果双方签订合约,史称"澶渊之盟"。宋朝以每年给辽绢二十万匹、银十万两,换得了北边的和平与安宁。宋辽合议,对宋与党项李氏政权的关系也产生了一定的影响。

景德二年(1005年)二月,宋朝加强了对李德明的"招抚",宋真宗召张崇贵至京,面授与德明和议条件:

> 许德明以定难节度、西平王,赐金帛缗钱各四万、茶二万斤,给内地节度使奉,听回图往来,放青盐禁,凡五事。而令德明纳灵州土疆,止居平夏,遣子弟入宿卫,送略去官吏,尽散番汉兵及质口,封境之上有侵扰者禀朝旨,凡七事。④

---

① 《续资治通鉴长编》卷五六,宋景德元年元月。
② 《续资治通鉴长编》卷五六,宋景德元年二月、三月。
③ 《续资治通鉴长编》卷五六,宋景德元年二月、三月。
④ 《宋史》卷四六六,《张崇贵传》。

六月，李德明遣牙将王旻奉表请降，宋朝遣侍禁夏居厚赍诏答之。张崇贵等则积极与德明谋士张浦和议，张浦但多要求，不肯誓约。为表示和议诚意，宋朝还下令河西番族各守疆界，沿边诸部如德明无所侵扰，则勿纵兵出境。①此后，德明先后遣兵马使白文寿（景德二年九月）、教练使赦贵（十二月）、兵马使贺永珍、贺守文（景德三年五月）来贡，并商谈和议。②德明对宋朝提出的"七事"大部分同意，"惟以子弟入质及纳灵州为难"③，故双方争执不休。景德三年（1006年）五月，宋朝做出了让步，诏许德明毋纳灵州，可不遣子弟入侍卫，以及毋得攻劫西路进奉番部，纵有争竞，并取朝廷和断，"他约悉除之"。时主持和议的向敏中却上言，力主"先许五事悉愿与之，姑始羁縻，以缓争战可也"。真宗犹豫不决，命德明使贺守文携诏书，归谕德明。六月，德明又遣左都押衙贺永正来贡；七月，遣使贡马百五十匹④。

正在此时，宋朝廷内力主与德明争战的"主战派"代表、知镇戎军的曹玮于五月上言："继迁擅河南地二十年，兵不解甲，使中国（宋朝）有西顾忧。今国危子弱，不即捕灭，后更强盛，不可制。愿假臣精兵，出其不意，擒德明送阙下，复河西为郡县，此其时也。"⑤又有泾原仪渭都钤辖秦翰也请出兵讨德明。⑥然而，宋朝廷正与德明和议，均不从其请。尽管如此，沿边的党项部落见德明势孤，纷纷降宋。如景德三年五月，有府州兀泥族大首领名崖从父盛佶族、渭妙娥、延家、熟嵬等族率三千帐、万七千余人及牛马数万款塞内附。六月，又有叶市、潘、保、薛等四族来投镇戎军，秦翰出兵援之，德明诉于宋朝。秦翰上言：四族本皆内属熟户，兹还旧居，非新招纳部众。九月，伊普才迭三族首领率众降附镇戎军。⑦

景德三年九月，李德明终于遣牙将刘仁勖赴宋进誓表，并说继迁死时有遗言："尔当倾心内属，如一两表未蒙听纳，但连表上祈，得请而已。"⑧显然，这是德明为了从宋朝获得更多的利益而编造的谎言。十月，宋朝按约授德明为定难军节度使，夏、绥、银、宥、静等州管内观察处置押番落等使、西平王，食邑六千户，食实封一千户，仍赐推忠保顺亮节翊载功臣。又录德明誓表，晓谕西凉府及转告甘、沙等地割据政权。接着，遣张崇贵、赵湘等充旌节官告使，赐德明袭衣、金带、金鞍勒

---

① 《续资治通鉴长编》卷六〇，宋景德二年六月。
② 《续资治通鉴长编》卷六一，宋景德二年九月、十二月；同书卷六三，景德三年五月。
③ 《宋史》卷四六六，《张崇贵传》。
④ 《续资治通鉴长编》卷六三，宋景德三年五月、六月、七月。
⑤ 《宋史》卷二五八，《曹彬附子玮传》。
⑥ 《续资治通鉴长编》卷六三，宋景德三年五月。
⑦ 均见《续资治通鉴长编》卷六三、六四，宋景德三年五月、六月、九月。
⑧ 《续资治通鉴长编》卷六四，宋景德三年九月。

马,银万两、绢万匹、钱二万贯、茶二万斤。① 由于德明不遣子弟入侍,宋朝也取消开放青白盐禁,"故亦禁如旧"②。

李德明之所以最后与宋朝和约,主要原因是因其长期与宋朝争战,内部经济窘迫,处境较为艰难;沿边党项诸部又纷纷降宋,因而急需一个和平环境以整顿内部,巩固政权。而与宋朝和议,又可从宋朝那里获得大量的赏赐和经济利益,故愿与宋和议。此外,宋、辽的"澶渊之盟",使德明与宋战争时,再不能得到辽朝的直接援助。这也是德明同意与宋和议原因之一。不过,德明在与宋朝和议过程中,并没有放弃与辽朝的联盟,自其即位后就不断遣使至辽朝,接受其封号。

景德和约签订后,宋朝与李氏割据政权的边境再没有发生较大的战争,双方均获得了边境的安宁与和平。德明于是大力扩大与宋贸易,发展经济,"西击吐蕃、回鹘,拓疆数千里"③;加强政权建设,营都建政;从而奠定了西夏建国的基础。

1. 扩大与宋朝的贸易,发展经济

由于德明在位二十余年间,与宋朝议和,境内较为安定,夏州等地虽然遭受灾荒,但内地汉族先进的农业技术和农具通过贸易传入其境内,故其农业得到了进一步地发展。这正如宋庆历元年(1041 年)范仲淹遗元昊书内所说:景德和约后,"塞垣之下逾三十年,有耕无战,禾黍云合"④。特别是与宋朝的贸易和交往,使党项李氏政权获得了巨大的利益,有力促进其农业、手工业和商业的发展。景德和议时,宋朝一次赠德明"银万两、绢万匹、**钱二万贯**、茶二万斤",而德明每岁接受宋朝节度使廪俸,亦很可观。这些财物虽然**是**赠给德明的,但可减少其政权的开支及对百姓的勒索,有利于经济的发展。

李氏政权与宋朝的贸易,在德明时,**由**于宋朝给予的优惠政策,而获得了很大的发展。其贸易形式主要有通贡、榷场、**沿边**私贩贸易等。

通贡贸易 自景德和议后,德明几**乎**每年都以各种名义遣使入贡。贡品主要是羊、马、驼等牲畜,而宋朝回赐的主要**物品**是钱币、金银器、衾衣、金带、茶等。正如宋人范仲淹所记:德明在位时,"朝贡之臣,每来如家,马牛驼羊之产,金银缯帛之货,不绝于地"⑤。德明贡使及其随从**沿途**在京师还特许贸易,所谓"来使番汉之

---

① 《续资治通鉴长编》卷六四,宋景德三年九月;《宋史》卷四八五,《夏国传(上)》。按内赐德明银、绢、钱、茶数,与最初宋朝所议有出入,应以此为准。
② 《宋史》卷四六六,《张崇贵传》。
③ 《续治治通鉴长编》卷一三九,宋庆历三年(1043 年)二月,韩琦、范仲淹上言。
④ 《续资治通鉴长编》卷一三〇,宋庆历元年正月引《答元昊书》;《范文正公集》卷九,《答赵元昊书》。
⑤ 《范文正公集》卷九,《答赵元昊书》。

人,入京师贾贩,憧憧道路,百货所归,获中国(宋朝)之利,充入窟穴"①。"入贡至京师者纵其为市"②。更有甚者,这些贡使及随从沿途贸易还"挟带私物,规免市征,望行条约"③。为此,宋朝还下诏:"如闻夏州贡奉人在道市物,颇或扰民。宜令所在有司,严示约束。"④正因为有如此的优惠政策,因而通贡贸易成为党项李氏政权与宋朝的主要贸易形式之一,李氏政权从中获得了巨大的经济利益。

榷场、和市贸易 榷场,即沿边所建互市地。景德四年(1007年)七月,因德明之请,宋朝在保安军(今陕西志丹)置榷场,供双方百姓贸易。在榷场,宋朝百姓"以缯帛、罗绮易驼马、牛羊、玉、毡毯、甘草,以香药、瓷漆器、姜桂等物贸易蜜蜡、麝脐、毛褐、羱羚角、砒砂、柴胡、苁蓉、红花、翎毛,非官市者,听与民交易"⑤。同年十月,德明又请于麟州西置榷场,宋朝以保安军已置,不许。⑥到宋天圣四年(1026年)二月,宋朝又许开开、代二州和市场⑦,此地也多有党项部落。和市场虽然也是官方组织和民间交易市场,但其管理、控制不如榷场严格。或在此前后,宋朝于陕西北部又置一榷场(具体地点不明),与李氏政权百姓贸易。⑧总之,李氏政权对榷场、和市等沿边贸易十分重视。通过沿边贸易,不仅获得所需的各种物品,而且也利于边境的安宁。

边境私贩 这是指未经官方许可的私自贸易,或李氏政权与宋朝单方面设置而对方不承认的交易场所的贸易,或为边民私下交易和违禁物的交易等。早在宋咸平五年正月,李继迁就曾在赤沙川、橐驼口置会(贸易场所)贸易(见前述);宋大中祥符二年(1009年)十一月,河东缘边安抚司上奏:"麟、府州民多赍轻货于夏州界,擅立榷场贸易。"⑨在大中祥符年间(1008—1016年),德明"多遣人赍违禁物,窃市于边,间道而至"⑩;又筑堡于浊轮谷,将建榷场,以诱致商旅,宋朝"诏沿边禁止"⑪。这种边境私贩贸易是李氏政权多方设法进行,而宋朝则是屡屡禁止的。但是,宋朝则屡禁不止,说明其对李氏政权有利,对双方边民均有好处,故其延续时间很长。

---

① 《续治治通鉴长编》卷一三九,宋庆历三年二月,韩琦、范仲淹上言。
② 《宋史》卷一八六,《食货志下》。
③ 《续资治通鉴长编》卷八三,宋大中祥符七年十一月,鄜延路钤辖张继能上言。
④ 《续资治通鉴长编》卷七七,宋大中祥符五年二月。
⑤ 《宋史》卷一八六,《食货志下》。
⑥ 《续资治通鉴长编》卷六七,宋景德四年十月。
⑦ 《宋史》卷九,《真宗纪》;同书卷一八六,《食货志下》。
⑧ 《宋史》卷一八六,《食货志下》。
⑨ 《续资治通鉴长编》卷七二,宋大中祥符二年十一月。
⑩ 《续资治通鉴长编》卷七一,宋大中祥符二年三月;鄜延路都钤辖曹玮上言。
⑪ 《隆平集》卷二〇,《夏国赵保吉传》。

关于宋朝禁青白盐的问题,如前所述,今宁夏盐池县所产之青(一作"乌")白盐,质量较山西解盐为优,是沿边党项诸部及李氏政权运销今陕、甘一带的主要物品,从中可获大利,且为党项部众生计所在。继迁时,由郑文宝之建议,宋朝曾禁青白盐入党项境内,结果反而促进党项诸部的反叛和民族的凝聚。宋朝不得不下令解禁。但是,后因宋朝与继迁不断征战,宋又严禁青白盐入境。此后,德明先后于大中祥符元年(1008年)四月、八年三月,请求宋朝解青白盐禁,均遭拒绝。①因此,终德明之世,宋朝一直未解青白盐之禁。

总之,德明在位时,李氏政权通过与宋朝贸易,获取了许多经济利益,积累了财富,使社会经济得到较大的发展,为西夏的建国打下了经济和物质的基础。同时,双方贸易的加强,亦促进了内地汉族与党项族之间的经济、文化交往,有利于两者的融合。

2. 西击吐蕃、回鹘,拓疆数千里

唐末五代以来,由于吐蕃统一王朝的瓦解及漠北回鹘汗国的灭亡、西迁,到宋初,今甘肃河西地区形成了几个较大的割据势力或政权,即有以凉州为中心的吐蕃六合部潘罗支的割据势力;以甘州(治今甘肃张掖)为中心的甘州回鹘政权(或称"河西回鹘");据有沙州(治今甘肃敦煌)、瓜州(治今甘肃安西西南)的曹氏政权等。到10世纪末,在今青海湟水流域又兴起了一个以吐蕃唃厮啰为首的割据政权。甘州回鹘、沙州曹氏和唃厮啰三个割据政权,自宋初以来均经常遣使至北宋,接受北宋的封号。他们的贡使入宋的道路,因陇右诸吐番、党项部落的阻隔,而多走灵州,经旱海、青岗峡、环州、庆州,由长安而至京师汴京(今河南开封)。这条道路也即是五代至宋初中西交通的主要干道。②而他们所在的河西地区,水草丰美,土地肥沃,且处于中西交通的要道上,因此,自李继迁取灵州后,于翌年攻占西凉府,旋受伤死于是役。

李德明继立后,虽然与宋和议,但一直没有忘记向河西扩展。就在德明即位当年,吐蕃六合部首领潘罗支请求宋朝出兵,合讨夏州李氏;然不久,原继迁所属党项迷般嘱、日逋罗丹二族投凉州者龙族,发动变乱,袭杀潘罗支,并胁服者龙六族。西凉吐蕃诸部共立潘罗支弟厮铎督为首领,破者龙六族。宋朝为牵制和防止党项李氏政权向河西的扩展,授厮铎督为盐州防御使、灵州西面沿边都大巡检

———————
① 《续资治通鉴长编》卷六八,宋大中祥符元年四月;《宋史》卷二九五,《孙甫传》。
② 参见周伟洲《五代时期的丝绸之路》,载《文博》1991年第1期;罗丰《五代、宋初灵州与丝绸之路》,载《西北民族研究》1998年第1期。

使,后又加其朔方军节度、押番落使、西凉六谷大首领①,并在兵械及医药等方面予以支援。景德和议时,德明虽然同意宋朝提"七事"中关于"自今毋得攻却同属番部,纵有争竞,亦当奏裁"一事,但事实上并未执行。景德四年(1007年),德明谋发兵击西凉,袭回鹘,宋朝急令六合部厮铎督与回鹘相接为援,德明兵未出②。

至大中祥符元年(1008年)正月,德明截留回鹘至宋贡物,又遣万子等四军主领族兵攻西凉府,见吐蕃六合部强盛,转向西进攻甘州回鹘。回鹘先示以弱,万子等轻敌冒进,中伏大败,全军覆没,资粮被焚,仅万子军主遁走。至此,甘州回鹘与宋朝均有轻视德明之意③。惟宋吏部尚书张齐贤上言:"近知德明依前攻劫六谷,兼闻曾破却西凉府,所有节度使并副使折逋游龙钵及在府户民,并录在部下。万一不谬,则德明之心又似不小……若使挟制却六合之后,即虑瓜、沙、甘、肃(治今甘肃酒泉),于阗(仅新疆和田)诸处,渐为控制。"④但是,这一警告并没有引起宋朝廷足够的重视。同年八月,德明率军又攻甘州,回鹘可汗夜落纥率众拒战,乘胜追击,过黄河。⑤十二月,宋朝以甘州回鹘可汗夜落纥为特进、忠顺保德可汗王,其母为贤明宝物公主,进奉使悉授官,赐袍笏。⑥此为奖励回鹘可汗击败德明之功也。

大中祥符二年(1009年)初,德明为报去年甘州失败之仇,遣军再次进攻甘州,回鹘可汗夜落纥命其将翟符守荣乘夜突袭,德明军败还。⑦同年底,德明又欲率军攻甘州,因恒星昼见,占卜不利,还军。⑧三年五月,辽朝也企图具有重要战略地位及中西交通要道上的河西,派遣西北招讨使萧图玉攻甘州回鹘,破肃州,尽俘其民。⑨这一事件无疑对甘州回鹘是一次沉重的打击。同年八月,德明先将进攻目标转向湟水流域的吐蕃宗哥族及秦州(治今甘肃天水)缘边熟户。因为甘州回鹘每遣至宋朝贡使多为德明所掠,大中祥符三年后,宗哥族与宋通好,故宗哥族往往遣军护送甘州使者至京师。⑩大中祥符四年九月,德明遣其军校苏守信(凉州人)率军攻西凉乞当族,六合部首领厮铎督大败其众。⑪

---

① 《续资治通鉴长编》卷五六,宋景德元年六月;《宋史》卷四九二,《吐蕃传》。
② 《续资治通鉴长编》卷六六,宋景德四年九月;《宋史》卷四九二,《吐蕃传》。
③ 《续资治通鉴长编》卷六八,宋大中祥符元年正月。
④ 《续资治通鉴长编》卷六八,宋大中祥符元年四月。
⑤ 《续资治通鉴长编》卷六九,宋大中祥符元年八月。
⑥ 《续资治通鉴长编》卷七〇,宋大中祥符元年十二月。
⑦ 《宋史》卷四九〇,《回鹘传》云,大中祥符三年翟符守荣来贡,又云,"其年,夜落纥遣使言,败李德明立功首领请加恩赏"等,知《西夏书事》卷九,记大中祥符二年四月,翟符守荣败德明军一事确,故引用之。
⑧ 《宋史》卷四八五,《夏国传(上)》。
⑨ 《宋史》卷四八五,《夏国传(上)》。
⑩ 《宋史》卷四九〇,《回鹘传》。
⑪ 《续资治通鉴长编》卷七六,宋大中祥符四年九月。

总之，在大中祥符四年之前，德明多次进攻甘州回鹘及西凉府，均遭失败。其原因主要是因为这些进攻大多带有试探的性质，并没有全力以赴的势头。

到大中祥符八年（1015年）九月，据宋礼宾院译语官郭敏呈甘州回鹘可汗上表中说："臣在州与九宰相诸部落不住与西凉府人苏守信斗杀。见今人户平安。宝物公主于大中祥符六年二月疾亡。为苏守信劫乱，奏报迟违。"①据此，知在大中祥符六年二月前后，德明遣守信已夺取凉州，以"兵七千、马五千"驻守，并与甘州回鹘不断争战。②至九年底，因据凉州的苏守信卒，其子罗莽领西凉府事，甘州回鹘乘机出兵攻破罗莽族帐百余，斩首三百，获牛羊甚众。③或在此时，甘州回鹘据有西凉府。

宋元圣四年（1026年），辽朝西北招讨使萧惠攻甘州，败还。④自此辽朝夺取河西的希望破灭。这就为德明最后占据河西创造了时机。果然，到天圣六年五月，德明遣其子元昊率大军攻跋甘州，回鹘可汗夜落纥逃遁。⑤八年三月，瓜州回鹘王贤顺以千骑降于德明。⑥明道元年（1032年），德明复遣元昊攻得西凉府。⑦

德明用了二十余年时间，先后多次进攻甘州回鹘和西凉府吐蕃诸部，最终将势力伸入到河西，拓疆数千里。这对党项李氏政权来说，具有重大的意义：河西的富饶不仅为其提供了丰富的农产品和牲畜（特别是马匹），而且使其政权获得了巩固的后方。不过，德明时对河西的占领和统治仅只是开始，且并不巩固，到元昊继立后，整个河西才真正纳入了李氏所建的西夏领地范围之内。

3. 加强政权建设，营都建政

德明继立后，在积极与宋朝和议的同时，又不断遣使辽朝，以取得辽的支持。景德二年（1005年），辽朝封德明为"西平王"；大中祥符三年（1010年），又封其为"夏国王"⑧。天禧四年（1020年），辽圣宗因德明不允许假道其境，又不朝贡，而率军五十万，以狩猎为名，攻凉甸，德明率众击退。但是，双方为了自身的利益，又和好。德明奉贡如初，辽圣宗即于天禧五年（1021年）册封德明为"尚书令、大夏国王"⑨。天

---

① 《宋会要辑稿》番夷四之六。
② 《宋会要辑稿》番夷四之六。
③ 《宋会要辑稿》番夷四之六。
④ 《辽史》卷一七，《圣宗纪》。
⑤ 《宋史》卷四八五，《夏国传（上）》。
⑥ 《宋史》卷四八五，《夏国传（上）》。
⑦ 《续资治通鉴长编》卷一一一，宋明道元年十一月。
⑧ 《宋史》卷四八五，《夏国传（上）》。
⑨ 《宋史》卷四八五，《夏国传（上）》记此事在大中祥符元年，且记为"大夏国王"，误。应从《辽史》卷一一五，《西夏外记》。

圣七年(1029年),德明为子元昊请婚于辽。九年辽圣宗卒后,辽朝以兴平公主嫁于元昊,并以元昊为夏国公、驸马都尉。①在与宋、辽和议,边境基本保持安宁的情况下,德明才能有充裕的时间进行其政权建设。

早在德明即立初,他对其政权之官制即进行了一些改革。从宋朝一些文献记载看,其政权内有都押牙张浦,兵马使白文寿、贺永珍、贺守文,教练使郝贵,左都押衙贺永正,牙将王旻,牙校刘仁勗等。这些官职与宋朝相同,或即仿宋官制而来。由于文献记载阙如,具体情况已难以知晓。以后,宋、辽均封德明为王(西平王、夏国王),其政权建制由王而拟帝制。如德明曾追赠继迁为"太祖、应运法天神智仁圣至道广德光孝皇帝,庙号武宗"②。每当宋朝"朝廷使至,则撤宫殿题榜,置于庑下,使辖始出饯馆,已更赭袍,鸣鞭鞘鼓吹导还宫,殊无畏避"③。

与此相应的是,德明还大修宫室,营建新都。大中祥符三年(1010年)为迎接宋使,在夏、绥各州大建馆舍。④六月,德明于夏州鏊子山(今陕西延川西)大营宫室。⑤天禧四年(1020年),德明选中怀远镇(今宁夏银川)营建新都城,取名兴州,遂都之。⑥兴州之地,西北有贺兰山之固,黄河绕其东南,土地丰饶,且远离宋、辽,是理想的建都之地。德明定都兴州后,此地一直为西夏国之都城。

德明于宋明道元年(1032年)十月病卒,年五十一,在位29年,其子元昊立。德明继承父继迁开创之事业,使党项李氏割据政权进一步巩固,从而奠定了西夏正式建国的基础。

---

① 《辽史》卷一八,《兴宗纪》。
② 《宋史》卷四八五,《夏国传(上)》。
③ 田况:《儒林公议》卷上。
④ 《续资治通鉴长编》卷七三,宋大中祥符三年正月。
⑤ 《续资治通鉴长编》卷七三,宋大中祥符三年六月。
⑥ 从《续资治通鉴长编》卷九六,宋天禧四年十二月及考证。

元昊简论

过去,封建史家站在封建正统论和大汉族主义的立场上,对历史上非汉族所建立的政权,视之为"僭越",带有强烈的民族偏见。这是不符合中国历史发展的客观事实的。党项族所建之西夏,过去也遭到正统封建史家的忽视和丑化,但是这种情况自20世纪50年代以来,已发生了根本变化。如何还西夏政权的历史本来面目?首先应将西夏与宋、辽、金等政权置于相同的历史地位,均应视为这一时期不同民族所建立之政权,不能存有丝毫的封建正统和大汉族主义的偏见。这是我们研究西夏历史和文化,评价其创立者元昊个人在历史上作用的基本出发点。

一

元昊,党项族拓跋氏族人,宋真宗咸平六年(1003年)五月五日诞生于灵州(今宁夏灵武南)。祖父李继迁,是唐末割据夏州的党项拓跋思恭弟思忠后裔。宋咸平五年(1002年),继迁攻占了西北重镇、交通要冲——灵州,以为都城,改名西平府。六年,继迁转而攻取河西凉州(今甘肃武威),回军途中,为吐蕃潘啰支所袭,中流矢,于次年死去。其子德明继立,时元昊刚出生数月。德明为了巩固已取得的成果,并希冀从宋朝那里获取大量的经济利益,奉表归附宋朝,受封为"西平王"。元昊长大后,不满父亲附宋的政策。其父卒后,他遂外倚辽国,称霸于西北。宋宝元元年(1038年),元昊正式称帝,建国号大夏(西夏)。从此,宋、辽、西夏三国鼎立的局面正式形成。

翻开唐末至五代的历史,那是藩镇割据和五代十国分裂割据的时期,全国的经济、文化交流和发展受到一定的制约,各族人民饱受割据战争的苦难。宋朝建立后,与北方契丹族所建的辽朝对峙,形成了局部的统一。然而,广大的西北地区仍处于分裂割据之中。正是在这一历史背景之下,逐渐统一西北的西夏崛起,与宋、辽形成三国鼎立的局面,完成了由众多封建割据向局部统一的过渡。这是符合当时历史发展的趋势的,具有进步意义。

二

如果说,建立西夏的历史功绩,主要是元昊继承父、祖余绪,顺应了历史发展之潮流,即所谓"时势造英雄";那么,元昊作为中国历史上卓越的政治家、军事家的个人作用,也是不容抹杀的。

元昊继立后,首先是继续完成祖父李继迁统一西北的未竟事业。他先后多次遣军或亲自出征河湟地区的吐蕃唃厮啰部,又积极向甘州回鹘控制的河西走廊扩展自己的势力,相继攻占了甘州、凉州、肃州、瓜州等地,终于统一了河西,使其据有的领地,向西一直延伸到走廊的西端,控制了中西贸易和文化交流的通道——丝绸之路。这是元昊个人及党项族对中国历史发展所做出的贡献之一。因为它结束了自唐末五代以来河西的分裂割据,实现了西北地区的局部统一,有利于西北各族经济和文化的发展,为元朝的大统一打下了基础。

在西夏正式建立前后,元昊还采取了一系列不同凡响的改革措施。这些改革的主导倾向,就是竭力提高党项族的民族意识,试图摆脱宋王朝对他们的影响和束缚。他继立初,表面上承袭了宋朝授予其父德明之封号,但是废除了原唐、宋王朝"赐"与拓跋氏的"李"和"赵"姓氏,改为党项"嵬名"姓氏,自号"兀卒"("青天子"之意)。并且改宋"明道"年号为"显道"(显道元年为公元1032年),此后,元昊及其继立者均有自己的年号。

为了突出党项族的民族意识,显道二年,元昊颁布"秃发令",强迫国人三日内一律按他追认的祖先鲜卑拓跋氏的风俗"秃发",违者处死。在服饰上,元昊也标新立异,摒弃汉族和本民族的衣冠,而自"衣白窄衫,毡冠红裹,冠顶后垂红结绶"(《宋史·夏国传上》),并为百官制定仿汉人的职官袍服。对后世影响更大的是元昊命大臣野利仁荣根据本民族语言,仿照汉字,创"番书"(后世称为"西夏文"),尊之为"国字",下令在全国推广。又设番学、汉学,翻译藏汉典籍、佛经等。20世纪以来,在今宁夏、甘肃河西、内蒙古额济纳旗等地出土了大批西夏文的文书、佛经和文物,反映出西夏文化的特色和风采;说明元昊主持创制的"番书",对于当时西北地区文化的传播和发展所起的巨大作用。

元昊采取上述旨在强化本民族的民族意识的改革措施,是与唐末以来北方民族如契丹、女真等民族意识增强、企图摆脱内地汉族王朝影响的倾向完全一致。目的是为了团结、凝聚本民族力量,以与内地汉族政权相抗衡。这在当时历史条件下,是无可厚非的。更何况,具有政治家远见卓识的元昊,在强化本民族意识的同时,并不盲目排斥其他民族的先进文化,而是大力吸收。正因为如此,我们对元昊采取的上述改革措施,不能片面地加以否定;而应该充分评价其对党项及西北各族社会进步、文化发展的积极作用。

在建设和巩固政权方面,元昊也显示出一个卓越政治家的才干。宋明道二年(1033年),元昊正式由灵州迁都兴庆府(原为兴州,今宁夏银川),并在城内大兴土木,构筑宫室;定官制,仿宋朝设置文武两班朝官;改革军制,建立各级地方行政机构等。西夏正式建立后,元昊进一步仿照宋朝官制,建立起一整套中央和地方的行政体制和礼仪制度。此外,元昊称帝后,正式与宋朝决裂,应用其灵活的外交手段,联辽抗宋,处于较主动的地位。

元昊还十分重视国内的经济建设。其境内除党项族外,还有汉、回鹘、吐蕃等族,他们有的从事农业,有的则主要以畜牧业为生。夏国中心地区即今宁夏银川平原,水丰地沃,尤宜稻麦。元昊于中央设"农田司",管理农业,并十分重视兴修水利。他积极疏浚原有水利渠道,又开凿从今青铜峡至平罗县长达200余里的水渠,后人称之为"昊王渠"或"李王渠",沟渠遗迹至今犹存。他还注意党项族传统的畜牧业、手工业的发展,使西夏建立始,就有了较为坚实的经济基础。

三

元昊不仅具有政治家的雄才大略和远见卓识,也有运筹帷幄、决胜疆场的军事才能,历代封建史家对元昊之用兵和军事才能亦无不叹服。《宋史》撰者论曰:"元昊结发用兵,凡二十年,无能折其强者。"他的军事才能是在战争实践中形成的。党项族是一个尚武的民族,元昊自幼随军,长大后多次率军征战。史称其幼年始即习读兵书,"案上置法律,长携《野战歌》《太乙金鉴诀》"(《宋史·夏国传上》);每战谋勇为诸将先,富有实战经验。

他继立后,为了增强军队的战斗力,改革党项原有的兵制,即由部落兵制变为常备军制,设置左右十二监军司,镇守各重要地区;加强军队建设,严明军纪,并制定了一系列灵活机动的战略战术,故宋人称其"用兵多诡计"。经过改革和整顿后,西夏的军队成为一支战斗力十分强盛的军队。在与宋朝的战争中,元昊几乎是每战必胜,使宋朝君臣胆战心惊。

元昊建国后,与宋朝曾进行过三次大的战役,即三川口、好水川和定川砦之战。1040年春,元昊率大军突袭金明砦(今陕西延安西北),进围延州(今陕西延安)。宋朝遣大将刘平从庆州(今甘肃庆阳)率军来援。刘平与宋将石元孙会合后,赶至三川口(今陕西安塞东),中了元昊的埋伏,全军覆没,二将被俘。翌年秋,元昊又集大军向宋镇戎军(今宁夏固原)进攻,宋大将任福率军出击,夏军伪退诱敌。宋军追至好水川(今宁夏隆德北),遭元昊左右夹击,任福战死,将校共亡万余人。事隔一年,元昊再次向宋镇戎军发动进攻,宋大将葛怀敏领兵抵御,元昊诱敌深入,把宋军吸引到定川砦(今宁夏固原西北),然后集重兵加以围困,聚而歼之。在仅仅三年时间内,元昊与宋朝的三次大战役,均以全胜告终,使宋朝上下无不震惊。三大战役也奠定了元昊作为中国历史上著名军事家的地位。清代学者王夫之对此评论道:"及元昊之世,宋一败于延州,而刘平、石元孙骈首受刃;再败于好水川,而任福全军覆没。韩(琦)、范(仲淹)、王(沿)、庞(籍)分招讨之任,仅保残疆,无能报也。则中国落胆于西人,狡虏盖增其壮气。元昊死而余威在,度之彼势既然矣。"(《宋论》卷四)。

自然,作为西夏的创立者元昊,并非十全十美的英主和英雄。无论他统一西北,创建西夏政权并对宋的战争,抑或他个人品格等方面,均对中国历史发展产生了一定的负面影响。事物是复杂的,特别是历史上的著名人物,由于受时代的限制,往往是功过相间。统一西北,建立西夏政权,是元昊血腥征服、镇压西北各族人民的反抗为代价的;而与宋的战争,更是掠夺性质占了主导的方面。党项和汉、回鹘、吐蕃等族人民在元昊进行的各种性质的战争中,也遭受到了种种苦难。

(原载于《光明日报》1995年11月13日"史林")

附录

译文

西夏的兴起与青白盐问题

[日]宫崎市定撰　周伟洲译

一

从唐末至宋初东洋的形势一变。其一不仅是出现于中国周边异民族的活动变得活跃,而且他们兴起的各民族的自觉形成巩固的团结。中国周边的异民族,特别北方游牧民族的势力兴盛的事,自古以来并不少见。可是,唐末崛起的辽朝凡二百一十年,灭辽后的金朝百二十年,与他们约并存的西夏维持了近二百的国运。以上这些现象是迄此的历史上还未曾有过的事。此等诸国一方面极力输入中国内地的文明,另一方面则不断努力不失本国的国粹。辽、金、西夏各自创制了自己的文字,试书写自己的国语,即是这一政策的显著的表现。尤其是中国周边异民族感到有为中国内地文化同化的危险,不一定是从此时开始的。早在汉代中行说对匈奴单于的劝谏,唐代突厥君主及他的老宰相暾欲谷,也苦心防止本国人的中国汉化。[①]特别是突厥、回鹘创制的文字系引用了西方叙利亚文字系统的音符文字。他们接触的文明不仅是中国内地的文明,更有西方系统的文明。然而,辽、西夏居中国附近,更多的场合是受中国内地政权的羁縻,视为属国的民族。不过他们所接触的文明几乎仅限于中国内地的文明, 即便是在他们欲抛弃中国内地文明建设自己独特文明之时。这样的中国周边附近的异民族的自觉,与远在蒙古国等地民族的自觉不能同样地看待。我想以这一事实作为东洋近世史是从唐末

---

① 中行说本是汉人,因天子无理命其随公主入匈奴,遂以种种智谋教匈奴而困汉朝。匈奴单于慕汉风,造城郭时,他劝谏止之。见《史记》卷一一〇《匈奴列传》。突厥暾欲谷谏毗伽可汗是有名的事,见《旧唐书》卷一九四《突厥传上》毗伽可汗条。又见《资治通鉴》卷二一〇,开元四年条等。同样的事,在有名的鄂尔浑碑突厥文中也有:"唐人以甘言和奢侈品为之眩惑,多数突厥人因仿此而被诱杀。"见 Radloff, Die Alttürkischen Lnschriften der Mongolei·Neue Folge·s·151.

开始的主要理由,然而,这样的异民族人种的自觉是从哪里起来的呢?欲究明此点,正是本文写作的目的。

由中国周边异民族的民族自觉,东洋的局面为之一变,即便是中国内地本身,唐末至宋初的社会也发生了大的变革。这次变革最明显地表现在兵制之上。即迄止以前大体上建立在兵农一致精神上的军队,逐渐变成专门化、职业化的雇佣兵,到清代及今则完全变成兵农分离的兵制。伴随着这种兵农分离,则引起了各种新的社会问题,这一些问题使中国近世社会有了特色。

代替必要的即时征发农民而组成的军队,是从平时到战时都要维持的常备军,为此就需要很大一笔军事费用,其结果是不得不加重了一般人民的负担。于是近世的人民为免除兵役,须出很重的税,各种各样的恶税产生了。茶盐的专卖制度就是其中之一。即便户籍法、财产调查进行不周密,若欲得到最容易且确实的财源,那自然势必着眼于这种消费税。如盐的专卖,就成了如对全国人民无论贫富均课以人头税一样的结果。按今天的说法,可以说是恶税之尤①,同时由于它不是以普通的手段制定出来的,所以所谓盐法、茶法是人为地制造出的严酷的法律。然而,当这样的制度一产生,就不仅是拘束了中国内地的人民,而且周边的夷狄也受到重大的影响。如上所说,所谓中国周边异民族的民族自觉,实际也受中国国家政策的刺激不少。例如见于我们探讨的关于青白盐与西夏的关系。

二

盐的专卖大体有两种办法。政府仅于盐的原产地对盐的生产进行管理,商人买盐时一次抽税,此后商人即可自由搬运、贩卖,这就是所谓的通商法。从盐的生产管理,到搬运、贩卖均通过政府之手的称"榷盐",又叫"禁盐"。从字的含义看,通商法也有专卖的内容,实际上是榷盐的一种,但宋代对此的称呼有这样特殊的区别。宋代,全国分成几个行盐的地区,规定地方生产之盐到何地消费,或在何地通商,或住何地实行榷盐。与我们的问题相关的是与西夏接触的陕西地方的盐法。

今陕西附近的产盐地是中国内地解州地方的盐池和四川地方的盐井。此两

---

① 就对如盐等生活必需品的消费税为恶税的事而论,而且是更坏更恶。在中国富豪、官吏等以其权势千方百计逃避税收,下层的贫民则负担重税的事则不少见。然而,作为盐的消费税,前后结合论述的同时,有公平的向各个人课税的一面。例如不管没有载入户籍的人也好,不管僧侣也好,均得付这种没有名称的人头税。从这一点来说,它有公平的一面。

产地在宋的领地内;另外陕西边外盐州一带地方,自古以来青白盐产地很有名①,有采之不尽的蕴藏。从五代至宋,此地为党项部族所据。宋初四川地方行榷法,陕西地方内的河中府、解州、陕州、虢州、永兴军、同州、华州、耀州也行榷法,沿边的延州、环州、泾州、庆州行通商法。由于在地理上离解州近,故可消费解盐,实际上党项番部青白盐输入,在质量和价格上均压倒了解盐。

当时,宋在这一地方设立有夏州、盐州、灵州,州治的城郭内居住的是汉人、汉化之党项人,即所谓的"熟户";一出郊外,即是党项番部的族帐,他们被称为"生户"。他们已经处于脱离游牧而进入农业状态,尤其土地贫瘠,感到食粮不足,因其居地产盐,故运至内地交换谷物为生。然在宋太宗时,夏州党项酋长李继迁掀起叛乱。关于夏州的位置众说不一,我考虑此州在今绥远省、陕西长城外、河套内的西拉乌苏河与哈柳图河之间。此处因无必要详细考证,故省略之。②宋太宗为讨伐李继迁,在此方面用兵,借此机会禁止番部青白盐输入。采取这一措施至少有两个动机:一是为了困住李继迁,一是因此而扩大解盐之销路以增加国库收入,欲筹划出讨伐李继迁的军费。此年应是郑文宝在陕西转运使任中,即太宗淳化三年(992年)之事。③然而,禁止青白盐的输入却引起了意外的副作用。这一措施不仅在经济上苦了李继迁一伙,而且使对宋持好意、中立态度的党项部族与李继迁合流,反而引起更大的骚动。在朝廷内部,钱若水等提出反对,不久青白盐之禁就解除了,这是淳化四年八月的事。

可是,李继迁的势力仍然十分猖狂。夏州周围党项部众都倒向李继迁一边,因州城难保而放弃,城市失守后的人民于翌年向绥州、银州迁徙。至此之后,继迁向西以盐州附近为根据地,威胁灵州。灵州是宋经营西北的最前线,原有四千余户,此时仅存数百户,其中军人又占了大部分,财政也不能独立,须仰仗环庆路粮食的供给。④然而,从环庆路北端清远军至灵州的三百里路,大部分是沙漠,称为

---

① 青白盐有青盐和白盐,以其色而得名。在出长城以北之地、盐州以北有所谓乌池、白池,此地所出之盐虽称为青白盐,但盐的产地不仅仅限于此地。由于此地的产出,故凡是内蒙古番地所产之盐,均称为青白盐,又略称为青盐。河套地方地质之盐分甚多,河水、湖水一蒸发,然后盐呈现出来,便于采取,且质地优良。与此相反,中国内地的解盐仅靠风力是出不了盐的,而且在向远处运送时,由于人夫的捣鬼,混入其他东西,故质量甚差,价格高。

② 译者按,夏州治所,目前国内学界一致认为,在今陕西靖边县北白城子,即十六国夏国统万城遗址。

③ 据《续资治通鉴长编》,郑文宝任陕西转运使是在太宗淳化二年闰二月之事。《宋会要》卷二三食货部及《宋史》卷二七七郑文宝作转运副使,今从《长编》。最早禁止青白盐输入的年代,据《文献通考》卷一五征榷考注文,是在淳化三年,《宋会要》卷二三食货部记,淳化四年八月即出诏解禁。

④ 宋地方制度最大的区域是路,路没有长官,且财政上的路与兵制上的路不同。在财政上,陕西一路使转运使监督,而在兵制上又分由四路各设安抚使指挥。此四路是永兴军、环庆路、泾原路、鄜延路。

旱海。辎重到灵州途中,李继迁伺机劫掠。时灵州与内地交通断绝,太宗至道二年(996年),继迁袭灵州,几乎是难以守御。于是同年八月,宋大举将五路军击李继迁,攻其根据地,因各路军的联络不充分,东路军在乌白池附近与党项军大战后遁走。大概以此前后事考虑,宋于此时又严禁青白盐之输入。此后宋即再没有解除这个禁制。而因此宋以其所失的东西替代了其所得到的东西。

三

宋失去的是国境附近党项的同情,宋的管辖下的属户番部,如买卖青白盐,则有被处死的威胁,青盐的输入表面上是绝对的禁止。原来党项有二部住于河套沙漠中的鄂尔多斯的叫"平夏部",最初属李继迁;大体在今长城线内侧分水岭中居住着南山党项,或称横山部落,此部对宋维持着好意的中立。此部山中不产盐,盐多半是平夏部所产。由于横山部落多少生产一些谷物,所以他们多以谷物至平夏部易盐,将盐转卖于宋而获得利益,或为往来的客人安排住宿,从中取得生活的补助。因这种强制性的禁止青白盐的输入,从宋那里几乎得不到什么利益,于是他们便走投李继迁一方。横山部落人体格强健,在战斗上甚至比平夏部人更为强悍。由于他们倒向李继迁一方,故宋陷于非常困难的境地,孤立的灵州遂失陷。① 占领分水岭的党项,从据有利地势的上流进攻宋,威胁着环庆、泾源两路的内地。宋仁宗时,李继迁孙元昊更为强盛,遂称帝号。宋为了防御元昊的进攻,不仅陕西四路陷于混乱,而且天下为之骚然。财政陷于困境,赋税繁重,纲纪斋乱,盗贼蜂起。② 宋只好仿与契丹和好之例,不得不岁输币,对之进行怀柔。

然而,宋禁止青白盐输入得到的是什么呢? 是盐法的完成。原来陕西的盐法尽管受到塞外青白盐的冲击,但因对之采取不问的态度,故盐法是极暧昧和不彻底的,早晚必须改正。由于与党项族的关系断绝,宋于此地完全可以推行他想推行的政策。国初,陕西沿边的鄜、延、环、庆、仪、渭等州地方是行通商法地区,中国内地的解盐分行于此,番部的青盐所行之地如前述,其价格一斤十五钱。然而,同样在陕西路,内侧禁盐之地所行解盐价格一斤三十四钱乃至四十四钱,高出二倍

---

① 灵州的陷落,见《续资治通鉴长编》卷五一,咸平五年(1002年)三月条。
② 仁宗时虽与契丹遵守和约,但苦于西夏的入侵。《续资治通鉴长编》卷一四〇,庆历三年四月己未条有一个宝元元年与西夏未发生冲突时,和双方战争激烈时的庆历二年财政的比较:陕西路的钱帛粮草在宝元元年入1978万,出1551万。庆历二年入3390万,出3363万以上。收入增加数中大部分是中央补助而来(此时钱以贯,绢以匹,米以石,草以束为单位,不同种类的物资合起来统计出的数字)。仁宗时全国的兵数从91万增加到125万,这是为防备西夏的必要而产生的情况。参照《长编》卷一七九,至和二年四月乙卯条注。

到三倍以上。①宋最初禁止青白盐输入时,是在没有准备的情况下决然施行的,时还不十分涉及解盐在陕西的行销。商人,特别是从政府那里买到廉价盐的商人,若按廉价卖出,获利少,所以他们不卖到陕西地方,而是秘密输入到京西、四川方面禁盐地区,以获取不正当的利润。在未解禁及时断然禁止输入期间,宋政府惩于前事,制定了周密的计划,即将价格完全同于青白盐的解盐配给陕西。由于解盐的廉价供给,番部青白盐输入才完全禁止,人民并没有受多大的苦。②

为困李继迁的目的虽然达到了,但其一是宋政府的收入并没有增加,更没有卖成高价盐。况且仅限于陕西沿边卖廉价盐事,使政府害怕从此地向盐禁的地方流入,延及内地之官盐也将被这些廉价盐所压倒,侵害了自己的利益。如何才能彻底取缔同质量的解盐,及汉人从陕西向河东、京西秘密输入盐的事呢? 那至少应在陕西地方与内地施行相同的盐法,又因为有必要维持内地的盐法,所以不得不使陕西的盐法同于内地盐法。

真宗咸平中,从度支使梁鼎之议使陕西地方与内地实行同样的榷法,官自运,自卖,禁止商人买卖。这样盐的价格就与内地一样,是自不待言的。由于由官自运,役使人民来进行,骚扰了地方人民,商人也因为得不到利益,于是掀起了猛烈的反对运动,不久梁鼎所废的通商法又复行了。

可是陕西沿边与内地实行不同的盐法,因为无论如何是没有道理的,所以,在景德元年(1004年)于永兴军、同、华、耀州行通商法,从来实行的榷法废止了。同样的问题在陕西与三京地方也存在,这一次到神宗天圣八年(1030年),有内地也全部行通商法之议,十月始实行。开始成绩良好,渐渐地商人独占了利益,政府的收入减少,于是又行榷盐,后又停止,其总的趋势是行通商法。到了庆历八年(1048年)基于范祥之说,于全国行通商法,陕西沿边的延、环、庆、渭、原、保安、镇戎、德顺八州军相反却实行榷法,便由商人搬运,官买取再由官卖给人民,同时更严申禁止西夏青白盐输入之令。③陕西与内地的盐法,其间虽不断的变动,但禁止

---

① 盐的价格,参见《续资治通鉴长编》卷五四,咸平六年三月辛亥条;《宋会要》卷二三食货志,景德元年九月六日条。
② 再度禁止青白盐输入的年月不明。《续资治通鉴长编》卷四二,至道三年十二月条见李至之言,此时其再的朝廷提出禁止青白盐输入的意见,但未实行。翌年,即咸平元年,同书卷五〇,咸平四年十二月乙卯李继和上言中,因有云此时禁青盐的言论,故知禁青盐时离此时不远。《文献通考》卷一五注文仅云在咸平中。
③ 由于范祥的盐法树立了北宋一代的政策,故王安石行新法时认为没有改正的余地。他的盐法见《宋史》卷三〇《范祥传》;《宋会要》卷二三、二四,《续资治通鉴长编》卷一四六、一六五、一六七、一六八、一七一、一八〇等。

青白盐的输入,汉人食汉盐的原则未变。①

四

宋自太宗以来,禁止青白盐的输入对物资贫乏的西夏是一个大的打击。所以每当与宋开和议,西夏均请求解此禁令。先是在李继迁一代,与宋的战争告终,至子李德明之时,党项一方因疲于战争而望和平。宋要求德明的亲弟做人质,德明不听,所以对于德明请求商队入内地贸易及解青白盐之禁,不许。结果是给西夏银帛缗钱四万贯、两、匹,茶二万斤,达成协议,交换誓书。②时在宋真宗景德二年。

其后德明多次请解青白盐之禁,宋限于其不以亲弟为质,不许。可是对其归顺之志不加阻止,且有回答:德明出弟为质是很困难的,若出亲弟为质,则以后朝廷之所为将失去威信,故其仅希望得到宋许以的赏典;景德三年以后,德明接受宋给予的岁币,两国暂时继续着和平的关系。宋禁止青白盐的输入在当时果然励行着的吗？这虽然还是疑问,但是党项因有以上禁令,公开的贸易不行,无疑还是颇受其苦的。③李德明死后,李元昊立,两国的和约再次破裂。李元昊以前曾劝谏其父祝:党项应以党项固有的方式生活,宋的物资必要时可用武力夺取,向人屈膝是可耻的。可是当他继父嗣立后,继皇帝位,国号大夏,立年号,定都城。形式上的喧嚷,在宋则视为大事,于是遣军征讨,此后七年间两国不断地战争。兵制已腐败的宋朝军队,敌不过半游牧的、剽悍的党项人,而屡遭败北。韩奇、范仲淹等才气横溢的书生式的政治家出任陕西,总算是树立了对西夏的防御政策,因此变成两军对峙的胶着状态。这样一来,使西夏渐渐感到物资贫乏,而宋全国也疲弊。因此才有和平的动议。至仁宗庆历四年订立了和约,宋每年以银、绢、茶二十五万五

---

① 青白盐的输入常是严禁的,如《长编》卷三〇一,元丰二年十一月己亥条云:"诏外界青白盐入河东路,犯人罪至流,巡检或寨主监押津堡官,先次差替"。
② 宋与德明和议内容,详见《续资治通鉴长编》卷六〇,景德二年六月甲午条。其中宋与党项的金帛缗钱四万贯、两、匹的内容,据同书卷六三,景德三年九月丁丑条:银一万两,绢一万匹,钱二万贯。
③ 在宋若盐价提高,与此成正比例的是秘密输入的增加。可是秘密输入,例如内地相互之间、陕西与河东之间加以取缔,不如在汉人与异族交界之处取缔更为有效。况且其处时间均处于战线地区。一方是在番界内廉价盐的生产,而在内地又有很高的专卖价,这就势必不得不设置禁止食盐的障壁。而这一障壁,开始在内地,进而推向外部,落在两个民族交界处。在此障壁之外的异民族,持对宋反感的态度,产生了民族的自觉,这也是自然的趋势。

千两、匹与西夏。①

宋与李元昊战争,更加严禁青白盐的输入,特别设置了所谓制置青白盐使等官吏。②西夏于和议之时,要求于岁币之外每年许十万石青白盐输入做赏赐。可是宋朝一方估计本此利当解盐之半,计钱二十万贯,如合岁币不仅是一笔非常大的数额,而且若许其一部分输入,则秘密输入者将无从防止,因而遭强烈反对,遂不许西夏之请。

禁止青白盐的输入,结果是使党项部落团结起来,建设了所谓自立的西夏国。这样,在宋朝内部认为是最初建议禁青白盐输入的郑文宝的责任,非难之声甚高。真宗于太宗之后嗣立时,有一位叫李至的官员说:这样的政策非制敌怀远,不战屈人之意云云;既而党项势力确立,宋以武力平定无望,再没有谁敢称解青白盐之禁者。仁宗在与西夏缔结和议后,经筵的侍讲高若纳在回答仁宗之问时说:"禁青盐迄今,西夏失其厚利。郑文宝之策得也。李至非难,偏见耳。"仁宗对此也表赞同。③宋考虑到内地实行盐的专卖,而禁止番部所产优质的藏量丰富的青白盐输入是可行的,不论愿望与否此必然之势也。由于迄止目前已经这样做了,所以不得不赞成此事。可是这又背离了对天下一视同仁的王道理想、儒教主义,也没有人出来反对。可以说,促成西夏民族团结的是宋的盐碱经济的帝国主义。

同样在西羌部落,即黄河上游及湟水附近的青唐族,在离开西夏附宋之时,也有盐井问题存在。宋仁宗皇祐五年范祥进入渭水上源,今甘肃陇西县,于此筑古渭塞,作为经营西方的据点。此时,住于其西的青唐族因从来以领内之盐井(今漳县)的盐卖与附近的部落而获得利益,宋若夺其盐井之利,恐引起骚乱,故宋遣傅永宣谕,决定盐井不易手,于是皆承领之。若服属西夏,他们贫弱的盐井的出产

---

① 庆历四年宋与西夏的和约中岁币之数,早知有银绢茶二十五万五千两、匹、斤。但此中内容诸说不一,实际上,《续资治通鉴长编》卷一五二,庆历四年十月己丑条记载甚明。据此,知岁赐绢十三万匹,银五万两,茶二万斤,正合二十万之数。又祝贺宋天子诞生日乾元节,回赐西夏使所持礼物有绢一万匹、银一万两、茶五千斤;正月元旦大朝会的回赐有银、绢、茶各五千;在仲冬宋赐时服、作寒中见有银、绢各五千,其次西夏王诞生日礼物银器二千两、细衣一千匹、杂帛二千匹;此等合计共二十五万五千。近人戴锡章之《西夏记》,多广征博引各种资料,令人不解的是,此书对上述的纪事不知何故竟然缺载。

② 制置青白盐使管辖陕西之外河北(大体相当于今河北)、河东(大体相当于今山西)。《宋会要》卷二三《食货部》康定元年五月十七日记王兹出任陕西河东沿边制置青白盐使,可以说是此职的开始。《续资治通鉴长编》卷一二九,又见康定元年十二月甲辰,有陕西河北河东制置青白盐使之名;又卷一三二、一三三、一三七等内见有陕西制置青白盐使之名。最初是一个,后可能分为二。捕获秘密卖青盐的盐贼事,见《长编》卷三三三元丰六年二月庚申条。

③ 高若纳之事,见《宋会要》卷二三《食货部》庆历五年十一月条;又《续资治通鉴长编》卷卷一七五内有同样记载。

将为藏量丰富的青白盐所压倒,所以他们宁可与宋建立共同战线,才较为有利。后至熙宁五年王安石用王韶复熙河路时,实将此古谓塞作根据地。同年以此塞置通远军,王韶知军事,招抚今青海省西宁为中心的青唐族大首领,此时也约束不夺其领内盐池(在今青海湖西南)之利。因青唐族的盐与西夏青白盐处于竞争的位置,故迄此不愿与西夏合流,于是遂有三十万口的大部族降宋,宋于此置熙河路。①

五

以上虽不过是取起于陕西一隅的小问题,但是这一小事件却同时可以说明大的事实。西夏的兴起,正是宋禁止青白盐输入刺激的结果,宋的盐法也给予其他异民族以大的影响。

辽对燕云十六州汉人的统治,大体说来是成功的。他们对异民族统治的不满的代价,是得到辽政府缴纳较轻的税金和课役的恩典。原因是辽有契丹精兵的关系,这样军事费用较少。又政事简易,税金少,盐低贱。②多有禁止的辽盐潜运入中原。③宋于此地为支持庞大的军队而赋以重税,课以重役,贫困者只有食高价之盐。原来儒教的理想,不正是使周边的夷狄欢迎自己的统治,先于内地布善政于天下吗?然而今内地人民却羡慕夷狄的生活,正好颠倒过来。虽然表面上没有那样的说法,但是事实上宋人越过国境逃亡到辽国,后又甘心于金、蒙古的征服。中国之为政者见此,知夷狄侵入之危险以前代更为增加。宋以后中国多次受异民族统治,反在异族治下的中国内地有良好的治理现象,其原因大部分在于此。

中国内地的盐价高一事,给居住在南中国山地的苗族也有相当的影响。湖南方面的番地不产盐,盐价高,所以他们多以土产运入内地去换必要的盐。在中国又以盐作为操纵番人的工具,这种政策是错误的,往往酿成单纯的番人起而扰乱

---

① 见续资治通鉴长编》卷一七五,皇祐五年闰七月己丑条云:"青唐族最强,据其盐井,月获利,可市马八百匹。"又见同书卷二三〇,熙宁五年二月条记王安石之言:"不要地及盐井,固非欺朮征,今来招纳,何尝要彼盐井及地。"

② 在辽统治下的燕云十六州人民持种族的反感是存在的。而《续资治通鉴长编》卷一五九及《宋史》卷一八一引余靖之言:"燕蓟之地入敌几百年,民无南顾之心者,乃由辽法大率简易,盐麹俱贱,科役不烦之故。"

③ 在辽的海岸地方出盐外,亦用内蒙古的内地盐。《续资治通鉴长编》卷六一有辽给宋的礼物中有青白盐之名。辽的盐价远远比宋低廉之事,从同书卷一五九引张方平所说"契丹常盗贩不已"一句可知。《宋史》卷三一八《张平方传》无此语,同书卷一八一《食货志》引用之。再《长编》卷一九三有"北人或由海口,或载盐入界河,涉雄、霸,抵涿、易者",宋以此地作为通商之用,这一点也应考虑之。又可参照《长编》卷三四八吕希道之言。

的重大事件。①在四川、云南产盐的地方,也存在对盐井的争夺。②

与盐相关的重大影响,就中国的内政而言,原来所谓盐的专卖,仅是为政者为了便利而想出的事,对人民生活必需品的专卖,政府以此取得独占利益,显然是非人道的。由于这种专卖变成向一般人民课之人头税,所以越贫困者越感负担之沉重。如果说关系人们弱点的话,那就是秘密买卖,所谓私盐的流行,假如放任私盐的行销,官盐就将会被压倒,于是势必设置严酷的刑罚加以取缔。大多数场合是以处死刑相威胁。原来中国的刑法即律,是基于儒教主义,关系名教的罪则处以特别重的刑罚。然而至今世,变成了仅破坏为政者为便宜而设置的禁令,就要处以严刑峻法的事。近世虽也有律,但是多不用律,以临时的敕来处罚③。因律是儒教的东西,敕是法家主义而制,而与现今立宪国的法治主义性质不同,是独裁的、专制的东西。

近世中国社会问题,其弊害就由此产生。刑狱繁,官吏增,党争起,风起乱,贿赂行,遂使一般国民无尊重法律的观念。反抗暴官污吏统治的人民为自卫计,组织秘密结社,于是产生了社会的黑暗面。④这是宋以后至今,而且现今中国仍为此而苦恼。中国衰老了,日本亦如此。之所以下此结论,恐怕是因中国千余年间受以盐专卖为目的的刑名家的支配,而日本也未尝没有这个经验呢。专制政治虽然存在,但是这仍然是建立在道德理想之上的、由法律支配的事实吧。关于这个问题因一言难尽,今仅以小问题的情况按小问题来处理。

(原载于西北大学西北历史研究室编《西北历史资料》内刊,1984年第2期)

---

① 《续资治通鉴长编》卷五二及《宋史》卷四九三《西南溪洞诸番传》中,有侯延莹者答真宗说:"施州(湖北恩施)蛮无他求,所欲唯盐耳"。《长编》卷一六八记给施州归明军校食盐,同书卷一八六也有给辰州筑城之山猺盐三斤的记载。

② 盐井争夺之例,如宋代泸州涆井盐之蛮的骚动等,仍然有盐的问题在里面。《长编》卷一五人有关于邛州盐井,卷一一五有关于陵、渠州的盐井的记事。参照《历史与地理》,昭和六年十一月十二月号前嶋信次氏《云南的盐井与西南夷》一文。

③ 中国近世君主独裁政治的特色,治民的法从中世的律,为新的敕所代替一事为代表。关于敕的性质,在《朱子语类》卷一二八中有最好的记述。据此,律是历代相传的文字,敕是当对所发之命令。大概敕之罚重于律,特别是重上刑轻下刑。当时全用取来裁判,敕无规定时,不得禁止用律云云。不时整理前代的敕,编纂成现行法典,所谓编敕,据朱子说,在这些敕中,当时有势力者很好地按照自己方便的活动发布的条款,甚至有失去德义的内容。又据《续资治通鉴长编》卷一四三,庆历三年九月癸巳之诏,因当时编敕皆出于律之外,屡次改易,故令官吏欠晓。这样,胥吏乘机大行恶事。又《长编》卷一〇六也有同样的记事。

④ 盐的专卖制度与人民的反叛,又与叛乱的准备行动而结成秘密结社,有密切的关系。关于井上红梅氏的"匪徒",现今中国势力青帮、红帮等秘密结社,其一就是行盐的秘密买卖,以充维持团体的军资。盖因秘密买卖伴随着非常的危险,从决定预先发觉之准备到举事之时均如此。在即将被捕时,他们则不顾死活地进行暴动。古代汉武帝行专卖,盗贼增多,人民并非仅因困苦,而欲得秘密买卖之利的不逞之徒烽起之故。至宋有所谓盐贼等的议论,天下盗贼增多,政治家则有若降低盐价就可消灭盐贼的议论。见《长编》卷三一一,元丰四年三月戊子条注内有骞周辅之言:"今改立新额,官自卖,以救淡食,而消盗贼"。盐之价格与盗贼之数成正比例的。盖官盐的价格与秘密买卖的利益也成正比例。见《水浒传》第三五至六十回,宋江通揭阳岭会见李俊、李立、童威、童猛等豪杰,全是私盐买卖者。元末割据一方的张士诚其前身也是私盐贩者。

主要引用、参考论著目录

一、文献古籍

范晔撰:《后汉书》,北京:中华书局标点本,1962年。
魏徵等撰:《隋书》,北京:中华书局标点本,1973年。
李延寿撰:《北史》,北京:中华书局标点本,1974年。
刘昫撰:《旧唐书》,北京:中华书局标点本,1975年。
欧阳修撰:《新唐书》,北京:中华书局标点本,1975年。
薛居正撰:《旧五代史》,北京:中华书局标点本,1976年。
欧阳修撰:《新五代史》,北京:中华书局标点本,1974年。
脱脱等撰:《宋史》,北京:中华书局标点本,1977年。
脱脱等撰:《辽史》,北京:中华书局标点本,1974年。
杜佑撰:《通典》,北京:中华书局影印万有文库十通本,1984年。
王溥撰:《唐会要》,北京:中华书局标点本,1955年。
王溥撰:《五代会要》,上海:商务印书馆丛书集成初编本,1936年。
徐松辑:《宋会要辑稿》,北京:中华书局复制重印本,1957年。
董诰等辑:《全唐文》,北京:中华书局影印本,1983年。
李昉等撰:《文苑英华》,北京:中华书局影印本,1966年。
宋敏求辑:《唐大诏令集》,北京:商务印书馆,1959年。
钱若水辑:《宋太宗实录》,上海国粹学报《古学汇刊》第一集铅印本,1912年。
李昉等撰:《太平御览》,北京:中华书局影印本,1963年。
李昉等编:《太平广记》,上海:上海古籍出版社影印本,1990年。
王钦若等编:《册府元龟》,北京:中华书局影印本,1960年。
司马光撰:《资治通鉴》,北京:中华书局,1976年。
李焘撰:《续资治通鉴长编》,北京:中华书局标点本,1993年。

林宝撰:《元和姓纂》,金陵书局校刊本,清光绪六年(1880)。
邓名世撰:《古今姓氏书辩证》,上海:商务印书馆丛书集成初编本,1936年。
李吉甫撰:《元和郡县图志》,北京:中华书局标点本,1983年。
乐史撰:《太平寰宇记》,南昌万氏刻本,清乾隆癸丑年(1793)。
彭百川撰:《太平治迹统类》,适园丛书本。
曾巩撰:《隆平集》,清康熙四十年(1701)刻本。
王偁撰:《东都事略》,扫叶山房校刻本,清嘉庆二年(1797)。
田况撰《儒林公议》,学津讨原本。
曾公亮撰:《武经总要》,四库珍本初集本。
白居易撰:《白氏长庆集》,文学古籍刊行社,1955年。
元稹撰:《元氏长庆集》,四部丛刊集部本。
杜佑撰:《樊川文集》,四部丛刊集部本。
沈亚之撰:《沈下贤文集》,四部丛刊集部本。
李德裕撰:《李卫公会昌一品集》,北京:商务印书馆国学基本丛书本。
张说撰:《张说之文集》,四部丛刊集部本。
崔致远撰:《桂苑笔耕集》,四部丛刊集部本。
范仲淹撰:《范文正公集》,四部丛刊集部本。
司马光撰:《司马文正公集》,清刻本。
李之仪撰:《姑溪居士后集》,北京图书馆抄本。
王昶编《金石萃编》,扫叶山房民国十年石印本。
吴廷燮编:《唐方镇年表》,载《廿五史补编》,北京:中华书局,1955年。
吴广成编:《西夏书事》,龚世俊等校正本,兰州:甘肃文化出版社,1995年。

二、研究论著

吴景敖:《西陲史地研究》,上海:中华书局,1948年。
万斯同辑:《唐代文献丛考》,北京:商务印书馆,1957年。
岑仲勉:《突厥集史》,北京:中华书局,1958年。
余嘉锡:《余嘉锡论学杂著》,北京:中华书局,1963年。
石泰安著、耿昇译:《五代回鹘史料》,乌鲁木齐:新疆人民出版社,1982年。
吴天墀:《西夏史稿》,成都:四川人民出版社,1982年增订本。
白滨编:《西夏史论文集》,银川:宁夏人民出版社,1984年。
陈炳应:《西夏文物研究》,银川:宁夏人民出版社,1985年。

周伟洲:《吐谷浑史》,银川:宁夏人民出版社,1985年。

萨迦·索南坚赞撰,陈庆英、仁庆札西译:《王统世系明鉴》,沈阳:辽宁人民出版社,1985年。

周伟洲:《南凉与西秦》,西安:陕西人民出版社,1987年。

周伟洲:《唐代党项》,西安:三秦出版社,1988年。

戴应新:《折氏家族史略》,西安:三秦出版社,1989年。

石泰安著、耿昇译:《川青藏走廊古部族》,成都:四川人民出版社,1992年。

克恰诺夫、李范文、罗矛昆:《圣立义海研究》,银川:宁夏人民出版社,1995年。

李蔚:《简明西夏史》,北京:人民出版社,1997年。

李华瑞:《宋夏关系史》,石家庄:河北人民出版社,1998年。

李范文主编:《首届西夏学国际学术会议论文集》,银川:宁夏人民出版社,1998年。

韩荫晟编:《党项与西夏资料汇编》,银川:宁夏人民出版社,2000年。

咸阳市文物考古所编著:《五代冯晖墓》,重庆:重庆出版社,2001年。

康兰英主编:《榆林碑石》,西安:三秦出版社,2003年。

三、研究论文

王静如:《西夏国名考》,载《西夏研究》第1辑,1932年。

唐嘉弘:《关于西夏拓跋氏的族属问题》,载《四川大学学报》(社科版)1955年2期。

王忠:《论西夏的兴起》,载《历史研究》1962年5期。

李范文:《试论西夏党项族的来源与变迁》,载《民族史论丛》1980年。

史卫民:《党项族拓跋部的迁徙及其与唐、五代诸王朝的关系》载《内蒙古大学学报》历史学专刊,1981年增刊。

周伟洲:《魏晋十六国时期鲜卑族向西北地区的迁徙与分布》,载《民族研究》1983年5期。

周伟洲、黄颢:《白兰考》,载《青海民族学院学报》1983年2期。

黄颢:《藏文文书中的弥药》,载《青海民族学院学报》1985年4期。

吴天墀:《论党项拓跋氏族属及西夏国名》,载《西北史地》1986年1期。

汤开建:《关于西夏拓跋氏族源的几个问题》,载《中国史研究》1986年4期。

周伟洲:《八世纪中至十一世纪初吐谷浑族在河东地区的分布及活动》,载

《秦晋豫访古》,太原:山西人民出版社,1986 年。

戴应新:《宋"折克行神道碑"考释》附碑文,载《文博》1987 年 2 期。

周伟洲:《唐代六胡州与"康待宾之乱"》,载《民族研究》1988 年 3 期。

孙修身:《五代时期甘州回鹘与中原王朝的交通》,载《敦煌研究》1989 年 4 期。

苏哲:《伯二九二九号文书三通五代状文研究》,载北京大学中国中古史研究中心编《敦煌吐鲁番文献研究论集》第 5 辑,北京:北京大学出版社,1990 年。

周伟洲:《五代时期的丝绸之路》,载《文博》1991 年 1 期。

史金波:《西夏境内民族考》,载《庆祝王钟翰先生八十寿辰学术论文集》,沈阳:辽宁大学出版社,1993 年。

罗矛昆:《"白高"国名新探》,载《中国民族史研究》第 3 辑,北京:中央民族学院出版社,1993 年。

罗丰:《五代、宋初灵州与丝绸之路》,载《西北民族研究》1998 年 1 期。

戴应新:《有关党项夏州政权的真实记录——记〈故大宋国定难军管内都指挥使康公墓志铭〉》,载《宁夏社会科学》1999 年 2 期。

汤开建:《党项源流新证》,载《暨南史学》第 1 辑,广州:暨南大学出版社,2002 年。

邓辉、白庆元:《内蒙古乌审旗发现的五代至北宋夏州拓跋部李氏家族墓志考释》,载《唐研究》第 8 卷,北京:北京大学出版社,2002 年。

四、外文文献

J.R. Hamilton, Les Ouïghours Àl'époque Des Cinq Dynasties, Paris, 1955.

冈崎精郎,唐代に於ける党項の發展,《東洋史論》第一卷,養德社,昭和二十二年(1947)。

冈崎精郎,タングート古代史研究,東洋史研究刊之二十七,中村印刷株式會社,1972 年。

宮崎市定,西夏の興起と青白鹽問題,東亞經濟研究,第十八卷二号,昭和九年(1934)。

前田正名,河西の歷史地理學的研究,吉川弘文館,昭和三十九年(1964)。

索 引

A

阿埋 076,097
阿史那思暕 052
安从进 086,087,088
安重海 080,086,094,102
安重荣 082,083
安疆 179

B

把利 006,029,040,041,048
白河 004,005
白敬立 062,063,067,068,069
白兰 004,020
白狼 004
白麻 004,005
白马 076,097
白敏中 057,058
褒勒 076,097
别丛卧施把
秉常 178
毕諴 059
薄备家族 076,078
拨相公族 076,102

C

曹光实 186,187
曹议金 095,096
柴绍 018
叱利寨 055,056
种谔 177,178,179,182
种世衡 177,181,182
春桑(春桑)004
崔光远 038
崔宁 044
崔知温 032

D

党项国大王府 083
邓至 003,015,016
地斤泽 187
定川砦 178,208,209
窦轨 018
董木雅 037
东山部 042,048,075,093
杜佑 003,045,052
段志玄 021,022
东渭桥 064,066,067,186

F

蕃兵 182,183
蕃部 046,080,081,084,085,088,
　092,094,097,102,104,110,170,
　175,182
樊尼 012
范希朝 044,051
范延光 080,087,097
范雍 177,180
范仲淹 177,178,180,181,182,
　200,218
房当氏 005,006
方渠 076,077,094,097,099,101,
　103
费听氏 005,076
冯晖 081,102,103,168
冯继勋 154,155
冯继业 155,156
附国 004,016
浮图 179
伏允 006,016,017,020,022
符彦卿 094,099
府州 011,018,019,021,023,028,
　029,030,031,032,041,042,046,
　047,076,077,078,080,082,083,
　105,106,107,108,109,110,111,
　170,171,175,176,177,178,183,
　184,191,194,199,201

G

甘州 061,094,097,101,175,202,
　203,204,207

甘州回鹘 094,095,096,097,099,
　100,101,202,203,204,207
冈崎精郎 006,007,031,042,048,
　070
皋家族 076,078
高居诲 083,084,097
高骈 060
高宗益 084,085
唃厮啰 126,202,207
骨尾 076,097
刮城门 051
瓜州 099,100,101,175,202,204,
　207
郭彦钦 104,110
郭憺 038
郭子仪 037,039,040,041,043,044

H

韩澄 093,094
韩德威 189,191
韩荫晟 015,034,036
赫连锋 060
好水川 177,178,208,209
昊王渠 208
鹤剌唐古 006
贺兰山 005,097,098,195,205
黑党项 006,022
河西鲜卑 008
黑山 053,054
横山 013,030,035,041,091,176,
　177,178,179,180,181,216
弘州 015

侯君集 022
胡征 45,51
环州 076,078,104,189,191,192,
　194,195,196,197,202,215
回鹘 046,047,050,053,054,056,
　060,061,074,075,077,081,082,
　083,084,094,095,096,097,098,
　099,100,101,102,103,105,184,
　194,195,200,202,203,204,208,
　209,213

J

葭芦川 187
积雪山 005
金明 088,174,177,179,197,208
静边州都督府 024,025,026,027,
　030,033,034,038,040,041,044
泾州 038,039,044,052,059,076,
　085,102,215

K

康福 077,094,097,098,099,100,
　101,102
客户三族 076,097
库碉川 169
隗衍党项部 083

L

李安业 057,058,059
狼道峡(狼道坡)005,022
李承庆(李成庆)069,070,071
李存勖 075,078,081,085,107

李道彦 020,022
李德明 198,199,200,202,218
李德裕 052,054,055
李愕 055
李范文 004,005,224
李光睿(李克睿)185
李光颜 052
李吉甫 046
李继徽 072,085
李继隆 187,188,190,191,192
李继捧(赵保忠)184,185,186,188,
　193
李继迁 173,174,175,186,187,188,
　193,194,195,198,201,202,206,
　207,215,216,217,218
李靖 005,006,019,020,021,022
李绛 052
李克用 060,065,066,067,068,069,
　074,075,107
李茂贞 069,071,072,073,074,075,
　085,193
李仁宝 013,071,072
李仁福 066,067,069,084,085,086,
　088,089
李仁颜 086,186
李仁祐(仁祐)070,071,134,139,
　140,147,148
李士彬 177,183
李孝昌 063,064
李思谏 069,070,071,072,073,084
李思淰(思淰)071,124,129,138,
　140

李思孝 067,069,072

李思忠 054

李彝昌

李彝超 079,087,088,089,090

李彝谨 013,062,085

李彝敏 086,090

李彝兴 184,185

李彝殷(李彝兴)090,091,092,110,184

李蔚 224

谅祚 178

李愿 045,051

林宝 008,013

临洮 004,016,018

麟州 023,026,033,044,045,054,056,090,092,107,110,171,178,179,184,187,188,192,194,195,196,197,201

灵州 025,026,027,030,031,034,036,039,043,045,046,053,061,084,085,093,094,097,098,101,102,103,105,190,191,192,193,194,195,196,197,198,199,202,206,208,215,216

六府部 042

刘沔 053,054

刘师立 007,020,021

刘知俊 073,085,093

刘知远 107,109

卢家六族 097

陇西鲜卑 008

卢子关 053,087

论恐热 056

啰兀城 178

M

麻胡 151

马岭 102

马重英 043

埋厮 076,097

弥俄突 009,010

米擒氏 005,006

迷桑 004

弥药(婢药)004,005,006,007,009,012,037

米脂 169,178,179,181,187

岷山 005,007

慕容三藏 016

N

南山部 048,056,057

尼也六族 076,170

捻崖天子 084

牛儿族 076,097

牛知柔 094,098,099,101,102

奴剌 038,039

P

潘啰支 197,202,206

裴矩 016

平夏部 009,041,042,048,052,056,057,061,066,073,216

颇超氏 005,006

破丑夫人(破丑氏夫人)072

破丑氏 006,007,021,040,062,072,093
仆固怀恩 039,040

Q

乞伏氏 011
契苾 021,054
乾顺 179
强赖 076,097
青白盐 189,200,202,213,214,215,216,217,218,219,220
青冈峡 202
青岭门 088
清远军 190,191,196,215
庆州 024,025,027,028,030,031,037,040,042,048,072,076,077,085,093,094,097,098,099,101,104,105,110,177,189,191,192,196,202,208,215
屈悉保三族 076

S

三川口 177,178,181,182,208
三苗 003,013,042
杀牛族 076,102,104
沙陀 054,056,060,065,081,082
山后 076,083
山前 076,083
折逋游龙钵 195,203
折从远(折从阮)083,106
石存也廆褒三族
折德扆 109,110

折继闵神道碑 107,108,175
折克行 106,178
折磨布 041,048,109
折思三族 076
折嗣祚 106,107
折惟昌 194
折宗本 107,109,111
沈下贤 048,049,051
胜州 032,033,082,083,109,111
史金波 009,010,011
石敬瑭 082,083,090
室韦 006,048,049,050,051,054,082
史元 057
树弊族 076
司家族 076,077,174
厮铎督 203
宋琪 009,042,048,170
松州都督府 019,020,023,024,025,026,027,028,029,030,031
松赞干布 029,030,037
宋太宗 168,185,186,188,190,191,192,215
苏轼 179
苏守信 203,204
绥州 074,086,089,090,091,173,178,182,185,186,187,189,190,215

T

宕昌 003,004,007,015,016
唐古特 007

汤开建 008,011

天德军 037,046,049,050,053,054,
   060,081

吐蕃六合部 195,197,202,203

秃发令 011,176,207

秃发氏 011,012

突厥 004,007,019,021,028,032,
   033,034,037,038,050,081,082,
   083,101,107,171,175,213

土桥子 097,099,101,102

拓跋朝光 036,040,041

吐谷浑 003,004,005,006,008,011,
   012,013,015,016,017,018,019,
   020,021,022,023,031,038,039,
   040,042,047,048,050,052,054,
   060,061,062,082,084,102,169,
   170,175

拓跋澄澜(澄澜)035,036,120,122,
   137,140,148

拓跋承谦 061,083,084

拓跋赤辞(托跋赤词)005,020,021,
   022,025,034,061

拓跋崇斌 090

拓跋木弥 012,013,016,062

拓跋宁丛 016

拓跋乞梅 041

拓跋乾晖 044,061

拓跋戎德 039

拓跋氏(托跋氏、拓拔氏)005,006,
   007,008,009,010,011,012,013,
   030,034,041,042,047,064,066,
   071,072,073,074,075,076,084,
   085,092,107,169,175,206,207

拓跋守寂 013,027,030,034,036,
   041,044,047,061,062,071

拓跋守礼(守礼)035,036,119,122,
   137,140,148

拓跋思恭(李思恭)012,013,061,
   062,063,064,065,066,067,068,
   073,085,186,206

拓跋思泰 041

拓跋兴宗 036

拓跋彦超 076,103

拓跋忠义 053

W

王安石 178,182,220

王建 072,073,074

往利氏 005

王令温 103

王宰 053,056

王中正 178

嵬名氏 176

韦悉 076,097

吴广成 061,065,070

乌介可汗 054

吴景敖 005,007,019

乌仑红 097

兀泥族 171,194,199

吴廷燮 069,070

X

细封步赖 019,025

细封氏 005,006,019,076

悉利族 187
西路党项 075,076,077,093,097,
　098,101,102,103,104,105
喜玉(喜王或喜万玉)076
析支(赐支)003
夏州 009,010,013,027,028,040,
　041,042,043,044,045,046,047,
　048,049,051,052,053,054,055,
　056,057,059,062,063,064,065,
　066,067,068,069,070,071,073,
　074,075,077,078,079,081,083,
　084,085,086,087,088,089,090,
　091,092,093,098,105,110,111,
　172,175,178,179,184,185,186,
　187,188,189,190,192,193,194,
　195,197,198,200,201,202,205,
　206,215
兴平公主 205
兴庆府 176,178,208
杏子坪 187,188
雪山党项 006,007,021,040,072
徐禧 179

Y

押党项部落使 040,046
燕云十六州 220
延州 028,041,042,052,064,067,
　068,073,076,077,078,080,087,
　088,089,090,174,177,179,180,
　182,192,195,197,208,209,215
药彦稠 077,087,088,097,098
药元福 103

杨业 110
野辞氏(野律氏)005,006
野鸡族 076,077,104,110
野利氏 028,031,040,076,198
野龙十九族 076
夜落纥 203,204
耶律阿保机 081
义成公主 188
逸利 076,083
焉支山 005
圁阴 030
银州 026,027,030,031,033,034,
　040,041,043,044,045,049,052,
　071,074,086,091,173,177,179,
　180,186,187,188,189,215
永安军节度使 109
永乐 179
宥州 037,046,053,061,062,063,
　064,066,073,074,173,178,179,
　180,186,188
元昊 008,009,010,011,013,175,
　176,177,178,180,200,204,205,
　206,207,208,209,216,218,219
元谐 015,016
元积 049,052
越利族 076
云州 026,060,075

Z

臧希让 038
张濬 068
张亢 177,181

张浦 187,190,191,193,199,205
张希崇 099,100,101,102
张议潮 060,061,094
赵普 185,188
者龙六族 202
振武城 054
郑畋 064,066
郑文宝 189,191,202,215,219

钟利房 015
周智光 040
朱玫 065,067,068
朱全忠 068,072,073,074,084
朱温 064,065,066,068
朱邪赤心(李国昌)056,060
浊轮川 188
宗哥族 203